中国政法大学国际法文库
THE SERIES OF INTERNATIONAL LAW
CHINA UNIVERSITY OF POLITICAL SCIENCE AND LAW

跨国并购的反垄断规制
及国际合作机制研究

本书的出版得到
国家领土主权与海洋权益协同创新中心中国政法大学分中心的资助

跨国并购的反垄断规制
及国际合作机制研究

Research On Antitrust Regulation And International Co-operation
Of Transnational Mergers And Acquisitions

张　妍◇著

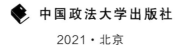

中国政法大学出版社

2021·北京

图书在版编目（ＣＩＰ）数据

跨国并购的反垄断规制及国际合作机制研究/张妍著. —北京：中国政法大学出版社，2021.1
ISBN 978-7-5620- 9739-6

Ⅰ.①跨⋯　Ⅱ.①张⋯　Ⅲ.①企业兼并－跨国兼并－反垄断－研究－中国
Ⅳ.①D922.294.4

中国版本图书馆CIP数据核字(2020)第225757号

出　版　者　　中国政法大学出版社

地　　　址　　北京市海淀区西土城路 25 号

邮寄地址　　北京 100088 信箱 8034 分箱　　邮编 100088

网　　　址　　http://www.cuplpress.com (网络实名：中国政法大学出版社)

电　　　话　　010-58908289(编辑部) 58908334(邮购部)

承　　　印　　北京九州迅驰传媒文化有限公司

开　　　本　　720mm×960mm　1/16

印　　　张　　15.25

字　　　数　　240 千字

版　　　次　　2021 年 1 月第 1 版

印　　　次　　2021 年 1 月第 1 次印刷

定　　　价　　65.00 元

总　序

进入 21 世纪以来，和平发展已经成为国际社会的主流和共识。各国政府认识到，基于和平共处的合作与发展是国家间关系的理想状态。尽管国际关系中依然存在各种矛盾和冲突，但是，在和而不同、求同存异的基础上解决国际争端，和衷共济地建设和谐世界符合各国人民的根本利益。而国际法在建设和谐世界，实现全球法治和治理方面无疑具有无可替代的作用。

中国的建设和发展同样需要这种和平共处的国际环境。不过，随着中国国力的增长和国际局势的演变，中国须直面的重大国际性法律问题与日俱增且日益复杂：从领土争端到海洋权益纠纷，从国际贸易摩擦到民商事法律冲突，从应对全球气候变化到资源争夺，从打击恐怖主义和国际犯罪到海外中国公民及企业权益的保护……这些超越国界的法律问题，无一不关乎中国的重大利益，也无一不需要中国国际法学者予以关注、思考和回应。

正是基于这一背景，在我的倡议下，经过中国政法大学国际法学院和中国政法大学出版社的共同努力，"中国政法大学国际法文库"得以破茧而出。值此"文库"面世之际，我在欣喜之余，感到有必要谈谈对国际法学界同仁和"国际法文库"的殷切希望。鞭策之言，不足以为弁首也。

中国政法大学拥有世界上最大的法学家集团，其法学研究与教育在我国乃至国际上均享有盛誉。作为这个法学家集团的一部分，中国政法大学国际法学人的规模和研究能力也一直为各方所关注和重视。不过，我们应该有更广阔的国际视野和历史责任感，不能故步自封，或者对过往取得的成绩沾沾自喜。坦率地讲，无论是与西方发达国家的国际法研究水准相比，还是与我国国际法同行的最高研究水平相比，我们仍然存在不小的差距。这主要表现在两个方面：第一，在面对重大、突发的国际法理论与实践问题时，鲜有我校国际法学者发出的声音、阐释的观点或者发表的著述；第二，与国内其他一流法学院校相比，我们在国际法研究方面的优势并不明显。现有的地位，在很大程度上是依靠规模而不是质量上的优势获得的。

因此，我希望中国政法大学从事国际法研究的各位同仁能对此有清醒的认识，并产生忧患意识和危机意识，自觉抵御浮华的社会风气和浮躁的学术氛围，沉下心来做学问，以科学的精神和理性的态度关注当代中国面对的重大国际法理论与实践问题，产出高质量、高水平并经得起历史检验的学术成果。"板凳须坐十年冷，文章不写半句空"。以此与各位共勉！

基于上述认识，我希望"中国政法大学国际法文库"能够成为激励中国政法大学内外国际法学界同仁潜心研究的助推器；成为集中展示具有高水平和原创力的中国国际法学术作品的窗口；成为稳定而持续地推出国内高层次国际法理论成果的平台。欲达此目的，确保"文库"作品的质量是重中之重。

"中国政法大学国际法文库"应该以"开放性"为宗旨、以"精品化"为内涵。第一，"开放性"是中国政法大学的办学理念之一，也是"文库"的首要宗旨。这里所谓的"开放性"，一是指"文库"收录的著述以"宏观国际法"为范畴，凡属对国际公法、国际私法、国际经济法，以及涉外性、跨国性法律问题进行研究的优秀成果，均可收录其中；二是"文库"收录的作品，应当囊括校内外和国内外国际法学者的精品力作，凡达到国内一流或国际领先的高水平的国际法著述，均在收录之列。在我看来，坚持"开放性"宗旨，是对"文库"范围的合理及必要的拓展，这不仅表明它海纳百川、百家争鸣的胸怀，更是它走"精品化"路线的前提与基础。

第二，"文库"以"精品化"为内涵与品质要求。所谓精品化，是指"文库"收录的作品应该是精品，只能是精品，必须是精品。为达此目的，"文库"要建立严格的申请和遴选制度，对申请文稿进行匿名评审，并以学术水平为评审的唯一标准。"文库"编委会应当适时召开会议，总结实际工作中的经验和教训，不断完善作品的遴选程序和办法，使"文库"出版的作品确实能够代表我国国际法学术研究的最新和最高水准。

我认为，只有秉持"开放性"与"精品化"的出版理念，坚持严格的遴选程序与标准，"中国政法大学国际法文库"才能获得持久的生命力。同时，我相信，经过一段时间的积淀，"中国政法大学国际法文库"必将成为法大乃至中国国际法研究的一个公认的学术品牌，并为构建具有"中国特色、中国风格、中国气派"的高水平国际法理论体系做出自己的贡献。

是谓序。

黄　进
2012 年 12 月 12 日于北京

目　录

引　言

一、本书的研究目的与研究意义

（一）研究背景与目的

在世界经济一体化日益深化发展的今天，跨国并购的浪潮已经席卷了全球，并逐渐取代了绿地投资，成为一国对外投资的主导方式。近几十年来，我国中资企业的海外并购也经历了从零起步，从无到有，从摸着石头过河到稳步高速发展的历程。尤其自"十一五"提出"走出去"战略以来，中国企业从事跨国并购的数量快速增长。根据商务部发布的数据，2018 年全年，我国全行业对外直接投资 1298.3 亿美元，同比增长 4.2%。其中，中资企业对外投资并购实际交易总额为 702.6 亿美元。日益深化的跨国并购在深刻地改变世界竞争格局的同时，无疑也给各国/地区对于并购的反垄断规制提出了新的挑战。

跨国并购使得企业经济势力实现跨国转移，进一步导致了世界市场上的经济势力集中日益严重。作为以保护竞争秩序为基点、控制企业并购为主要内容之一的反垄断法所赖以存在的经济环境已从一国市场的竞争走向了世界市场上的国际竞争，其所规制的企业并购交易也不再仅仅局限于一国境内，而扩展到整个世界市场上发生的、给本国市场造成限制竞争影响的跨国并购交易，这给一国反垄断法及其反垄断执法机构所带来的挑战是前所未有的。与此同时，由于跨国并购可能产生的反竞争影响并不仅仅局限于一国范围之内，一项跨国并购交易往往会被多个反垄断司法辖区列为审查规制的对象，并由此导致其相互间管辖权的冲突与对抗，使得原本复杂的企业并购反垄断规制问题显得更为棘手。尤其在当今的世界经济环境下，尽管区域乃至世界经济一体化已经成为当前国际关系的主要趋势，和平与发展仍是两大主题，然而各国间的贸易竞争日趋升级，贸易摩擦频发，美国退出太平洋伙伴关系协定（The Trans-Pacific Partnership，以下简称"TPP"）、英国公投脱欧等"逆全球化"潮流的情况也时有发生，就跨国并购而言，各国在反垄断审查的同时也进一步强化了国家安全审查力度。使得在国际社会开展跨国并购反垄断执法合作的难度进一步增加。

然而目前，无论是国际上，还是在国内，专门针对跨国并购的反垄断规制及其国际合作问题进行系统研究和论述的学者较少，相关问题的研究主要散见于对于企业并购的反垄断规制、反垄断法的域外适用及因此导致的冲突及国际合作等相关课题的研究和论述中，没有形成体系。而我国作为反垄断制度起步较晚的发展中国家，无论从反垄断法律制度及实践，还是相关理论的研究，都处于尚不成熟与完善的阶段，对于跨国并购的反垄断规制的立法和实践经验都不尽完备，对相关国际合作的参与度也不高，由此更折射出理论研究匮乏的问题。有鉴于此，本书旨在系统地梳理和研究跨国并购反垄断规制的价值目标、域外适用、实体标准等基本问题以及因管辖权与执法冲突等而导致的国际合作问题，通过对美国、欧盟等反垄断司法辖区理论与实践经验的借鉴，以及对国际社会就跨国并购反垄断执法开展的双边、区域性乃至全球化合作的实践经验的总结的基础上，探讨我国的相关应对策略。

（二）研究意义

第一，理论意义。跨国并购的反垄断规制，既涉及国内法框架下的公司法、反垄断法等相关法律问题，也涉及国内法的域外适用以及国际合作等国际法相关问题，同时并购与竞争、垄断的关系本身亦涉及经济学的相关理论。本书旨在以国际法的视角研究跨国并购、竞争、反垄断规制、反垄断法及其域外适用与国际合作等相关法律问题，作为商法与经济法、国内法与国际法、法学与经济学的交叉研究课题，在理论界具有崭新的角度和视野。因此，本课题的研究具有很强的理论研究价值。

第二，实践意义。从全球范围看，跨国并购已成为国际直接投资的主要形式，国际通过跨国并购的形式进行的资源跨国配置日益频繁，对相关国家和地区的市场竞争格局与竞争政策，乃至世界经济格局都产生了深远影响。

从我国来看，中国已成为亚洲地区最大的并购市场之一，我国企业也加快了海外并购的步伐，以进一步扩大企业规模，扩宽国际市场，提升国际竞争力与企业价值。而跨国并购的迅猛发展，尤其是巨型跨国企业的海外并购业务的拓展，不可避免地带来不同司法辖区的反垄断审查及冲突与执法合作问题。我国的反垄断法起步较晚，无论对跨国并购的反垄断法律制度及实践还是相关理论的研究，都处于尚不成熟与完善的阶段，在跨国并购的反垄断规制及国际合作机制方面，更欠缺立法与执法经验。因此，本课题研究具有很强的实践指导意义。

二、国内外研究概况和发展趋势

（一）国际研究概况

对于企业并购的反垄断规制问题，市场经济发达的欧美积累了大量的立法和司法实践经验，相关理论研究已经发展到比较成熟的地步，形成了众多的理论流派。19 世纪末 20 世纪初，西方发达国家普遍接受了以亚当·斯密为代表的古典经济学派的自由竞争理论，其关于自由竞争最大障碍的观点也得到了普遍认同。虽然亚当·斯密也同时提出，为防止经营者实施限制竞争的生产经营活动对市场调节机制造成干扰与破坏，应采取适当的保护竞争的措施，但其并未提出具体的竞争政策主张。20 世纪中叶至 70 年代初，哈佛学派的结构主义成为西方发达国家反垄断规制方面占主导地位的学术流派，其提出的市场结构方案——即从相关市场长期性的组织结构出发，要求市场上有足够的竞争者，以维护有效竞争的市场结构——对美国 20 世纪六七十年代的竞争政策产生了重大影响。自 20 世纪 70 年代初开始，芝加哥学派对哈佛学派的反垄断理论提出了强有力调整，其认为反托拉斯政策的最终目的是最大限度地满足消费者的需要，因此反托拉斯执法机构在评价一个案件时主要应考虑资源配置效率及生产效率这两个方面。芝加哥学派的相关理论逐渐成为美国并购反垄断规制的主要理论依据，并集中反映在这一时期的三个并购指南和一些重大案件的处理中。芝加哥学派因反对市场干预、只从企业最大效率出发而被称为"企业辩护者"。随着人们对其思想的反思，逐渐兴起了现代产业组织理论，即后芝加哥学派，其对芝加哥学派和哈佛学派的观点进行了

（载《政治与法律》2011 年第 11 期）等论文论述了反垄断法域外适用的管辖权基础的正当性问题及单边与多边的国际合作问题。并于 2013 年整理出版了专著《反垄断法域外管辖冲突及其国际协调机制研究》，就反垄断法域外适用的国际法基础展开讨论，其认为国际合作是解决反垄断法管辖冲突的必由之路，必须从地区多边合作的角度出发，构建统一的国际执行机制。

美国、欧盟作为当今世界并购反垄断规制最为先进的反垄断司法辖区。很多学者都对其反垄断规制进行了深入的比较研究。北京大学的卫新江博士在其 2005 年出版的专著《欧盟、美国企业合并反垄断规制比较研究》一书中从并购反垄断规制的市场界定、实体标准、程序问题等方面对美国与欧盟的相关制度进行了比较研究，特别强调了美欧并购规制实体标准的效率化转向。华东政法大学的刘和平博士 2006 年出版的专著《欧盟并购控制法律制度研究》一书对欧盟并购反垄断规制的特征、管辖权、实体标准、程序性制度、司法审查、国际冲突与合作进行研究，并与美国并购反垄断规制的立法进行了比较分析。中国社会科学院国际法研究所的黄晋博士在其 2013 年出版的专著《合并控制法：以美国和欧盟为视角》一书从并购反垄断规制的审查程序、实体标准、管辖权以及国际合作等方面，对美欧的相关制度进行了系统的比较分析。此外，黄晋博士在其 2014 年发表论文《欧盟与美国在合并控制领域的双边执法合作》（载《国际法研究》2014 年第 4 期）中对当今世界最有代表性的双边执法合作模式即欧盟与美国的并购反垄断双边执法合作的相关实践进行了详细的借鉴研究。

其他国内学者对跨国并购反垄断规制及国际合作所涉相关问题的研究均散见于其综合性著述中，如种明钊教授主编的《竞争法》，许光耀教授的"欧共体竞争法三部曲"《欧共体竞争法通论》《欧共体竞争立法》《欧共体竞争法研究》，刘宁元、司平平、林燕萍的《国际反垄断法》等专著也涉及企业并购反垄断规制、反垄断法域外适用等内容的探讨，但均不甚完善和系统。

三、本书研究方法

本书主要运用以下研究方法：

第一，文献研究方法。跨国并购的反垄断规制既涉及各反垄断司法辖区的相关反垄断制度及其域内实施，也涉及反垄断法的域外适用以及国际执法合作问题。本书在全面整理和系统归纳当今世界跨国并购反垄断规制领域最具代表性的美国、欧盟、德国、英国、日本等反垄断司法辖区的相关制度及其域外适用的理论基础及相关基本文献，以及双边、区域性乃至全球化反垄断执法合作相关文献资料的基础上，对当今世界在跨国并购反垄断领域已有的先进制度成果与研究成果进行总结归纳和全面分析，力求为我国相关制度的构建和国际执法合作的开展提出可行性建议。

第二，案例分析的研究方法。随着世界经济一体化的深入发展，跨国并购已成为国际投资的主要形式，尤其是很多巨型跨国企业的并购交易因影响范围广、涉及利益关系复杂而备受瞩目，所涉的相关反垄断审查案例也广受关注，且颇具理论指导意义。因此，本书在理论研究的同时，广泛运用了案例分析的研究方法，结合实践经验对国内外诸多经典的跨国并购反垄断规制案例进行研究，力争使研究成果更具实践意义和可操作性。

第三，比较研究的方法。鉴于跨国并购的涉外因素，研究其反垄断规制必然要将各司法辖区的反垄断制度之间的趋同性与差异性，以及其单边制度与国际执法合作制度之间的关联性进行比较研究。美国作为当今世界经济最为发达、跨国并购最为活跃的国家，其并购反垄断规制的起步最早，制度体系最为完备，相关理论研究也最为发达；作为当今世界一体化程度最高的区域组织，欧盟的并购反垄断规制体系是后来居上的典范；作为欧盟成员的德国，其并购反垄断制度对欧盟竞争法相关制度的发展和演变产生了深远影响；脱欧的英国作为判例法的另一典型代表，其并购反垄断制度深受美国、欧盟影响而深具特色；日本的并购反垄断规制则是产业政策与竞争政策博弈的典型立法例。因此，本书以美国、欧盟、德国、英国、日本等典型反垄断司法辖区的相关制度及其比较分析为切入点，进一步比较分析其相互间的反垄断执法合作实践情况，以期在借鉴国外研究的基础之上，对国内相关制度的构建提供有益借鉴。

第四，历史研究的方法。综观当今世界各反垄断司法辖区，其关于跨国并购反垄断规制的域外适用以及实体标准与分析框架的确立与适用都经历了长期的发展和实践，国际社会关于跨国并购反垄断规制的双边合作、区域性合作乃至全球性双边合作也经历了漫长的发展历程，其历史与现状以及发展变化的动因都是本书深入梳理和研究选题的重要参考。

四、本书研究框架

在世界经济一体化背景下，跨国并购已成为一国对外投资的主导方式。跨国并购不仅使得企业经济势力实现跨国转移，也进一步导致了世界市场上的经济势力集中日益严重。

本书第一章立足于这一背景，对并购、企业以及跨国并购在本书研究框架下的内涵进行了界定，概括介绍了各反垄断司法辖区并购反垄断制度概况，明确了跨国并购在反垄断规制领域区别于一般企业并购的重要特征，即其潜在反竞争效果的跨国性。这一特征给各国的并购反垄断规制带来不小的挑战，也由此产生了跨国并购反垄断规制的域外适用以及国际合作问题。

第二章论述了反垄断法多元价值目标以及跨国并购反垄断规制之为实现此等价值目标的独有特征。并购反垄断制度更为深刻地体现了反垄断制度与产业政策的博弈关系，而与一国境内的普通并购交易相比，跨国并购对国家战略利益有着更为深远的影响，因而对跨国并购的反垄断规制还会受到国家金融政策、外汇政策、投资政策以及国家安全政策等方面的影响，这使得跨国并购反垄断规制也均存在着相当程度的不确定性。

第三章对反垄断域外适用理论依据，即效果原则、单一经济实体原则与履行地原则，国际法基础以及其在跨国并购反垄断规制领域的适用实践进行了详述。各司法辖区在跨国并购反垄断规制的执法实践中，通过适用效果原则或扩张的属地管辖原则赋予其反垄断法以域外适用的效力，造成了管辖权的重叠，导致了法律适用与域外执行上的冲突，由此使得跨国并购反垄断领域的国际合作成为必然。

第四章对美国并购反垄断审查的实质性减少竞争标准（SLC 标准）以及欧盟的严重妨碍有效竞争标准（SIEC 标准）及其发展历程和各自的分析框架进行了比较分析。SLC 标准与 SIEC 标准目前已成为当今世界所普遍采纳的两大主流实体标准，其各自历经修正与完善，在内涵与分析框架上已经日渐趋同，有利于推动实现个案中分析结论的基本一致性，为跨国并购反垄断领域开展国际合作奠定了制度基础。

第五章论述了国际礼让在反垄断国际合作中的实践意义，并对于国际社会已经开展的跨国并购反垄断执法合作实践进行了评价。目前的国际双边反垄断执法合作通常不具有强制效力，也缺乏必要的争端解决机制，在触及国家战略利益的案件中，冲突与矛盾仍然在所难免。在地区性多边合作的框架下，欧盟在跨国并购反垄断规制领域实现了深度的一体化，但北美自由贸易区与亚太经合组织（APEC）的多边合作仍处于较低层次。在全球多边的框架下，在 WTO 法律框架下的相关谈判很难取得实质性的推进，而联合国贸易和发展会议（UNCTAD）、经济合作与发展组织（OECD）以及国际竞争网络（ICN）等多边性国际组织的国际合作探索均存在一定程度的局限性。

第六章回归我国的立法与实践现状，对我国现行反垄断法律体系下的价值目标、域外适用、并购审查的实体分析框架以及开展跨国并购反垄断国际执法合作的现状进行了剖析，并在此基础上对我国的相关制度建设提出了相应的完善建议，同时提出我国现阶段参与跨国并购的反垄断国际执法合作的策略，即进一步开展深度双边执法合作，并适时探索并进一步推进多边反垄断执法合作的进程。

第一章 跨国并购反垄断规制概述

第一节 并购与跨国并购

鉴于企业、并购、跨国并购是贯穿全书的关键词，且分别作为反垄断法框架下的行为主体与规制对象，因此，在本书展开论述前，有必要对其及与之相关的概念与内涵进行界定。

一、相关概念的厘清

（一）企业与公司、经营者

这一组概念主要涉及并购反垄断规制的行为主体问题。

公司和企业是民商事法律中广泛使用的概念。企业一般是指以营利为目的，运用各种生产要素（如土地、资本、技术、管理、劳务等），向市场提供商品或服务，实行自主经营、自负盈亏、独立核算的法人或其他社会经济组织。公司则是依照公司法规定的程序和条件设立的以营利为目的的企业法人。从外延上看，公司是企业组织形式的一种。早期的并购反垄断规制的行为主体仅限于公司，如美国 1914 年颁布的《克莱顿法》（Clayton Antitrust Act）将并购的行为主体限定为"公司"（corporations），至 1980 年的《反托拉斯程序改进法》（Antitrust Procedural Improvements Act）才将其扩大为"人"（persons），即根据美国法律或他国法律而设立的公司或组织。日本、英国的反垄断法中将其规制的并购行为主体定义为"企业"（enterprise），日本的《禁止私人垄断及维护公平交易法》第 2 条即规定，其所称企业指经营商业、工业、金融或其他业务的人。

此外，国际上另一被广泛使用的反垄断规制的行为主体的概念为"经营者"（undertakings）[1]，有的学者亦将其翻译为"事业"[2]。欧盟的条约和并购条例中也没有对经营者进行界定，欧洲法院在判例中倾向于对其进行扩大解释，即指在市场中参与经济生产及交换的所有主体（entity）。[3]《中华人民共和国反垄断法》（以下简称《反垄断法》）也采取了类似的扩大解释，其第12条第1款规定，"本法所称经营者，是指从事商品生产、经营或者提供服务的自然人、法人和其他组织。"

综上所述，反垄断法规制的行为主体十分广泛，包括从事经济活动的任何组织和个人，而无论其是否以营利为目的，也无论其是何种组织形式或者是否具有法人主体资格，也即前述"经营者"的概念外延。因此，理论上并购反垄断规制的行为主体应为经营者；但考虑到实践中的并购行为大都是企业间行为，因此本书为方便论述，除特别注明外，均使用"企业"这一概念表述。

（二）并购与兼并、合并、收购、集中

通常意义下的并购（Merger & Acquisition）是指兼并（Merger）与收购（Acquisition）的合称，缩写为 M&A。

兼并的概念有广义与狭义之分：

广义的兼并包括吸收兼并和新设兼并（或称创设兼并）。《新大不列颠百科全书》对于兼并即采取广义解释："指两家或更多的独立企业或公司合并组成一家企业，通常由一家占优势的公司吸收一家或更多的公司。"[4] 经济合

---

〔1〕 我国《反垄断法》中使用的是"经营者"的概念，在该法的官方英文版本中，对应的概念即为 Undertakings。

〔2〕 参见卫新江：《欧盟、美国企业合并反垄断规制比较研究》，北京大学出版社2005年版，第10~12页。

〔3〕 在 Hofner v. Macrotron（Case C −41/90，［1991］E. C. R I−1979；［1993］4 C. M. L. R. 306.）一案中，欧洲法院即认为，事业包括每一个从事经济活动的主体，而无论其采取何种法律形态，也无论其融资方式如何。自然人、合伙企业、公司、行业协会、合作社、互助保险公司等都属于竞争法上的主体。

〔4〕 See *The New Encyclopedia Britannica*（*15th Edition*），*volume* 8，Encyclopedia Britannica, Inc. 1997, pp. 34−35.

作与发展组织亦从广义角度将兼并解释为两个或者多个企业并入一个现存的企业，或者结合形成一个新企业。[1]《中华人民共和国公司法》中与之相类似的概念是合并，其第 172 条规定："公司合并可以采取吸收合并或者新设合并。一个公司吸收其他公司为吸收合并，被吸收的公司解散。两个以上公司合并设立一个新的公司为新设合并，合并各方解散。"

狭义的兼并仅指吸收兼并。《布莱克法律词典》即对其采取了狭义的定义："一个公司被另一个公司吸收，后者继续保存它的名称和地位，以及获得前者的财产、责任义务、特权、权力等。而被吸收的公司则不再以一个独立的商业实体存在。"[2] 而我国民商事法律中所称的兼并，一般也指吸收兼并，我国《关于企业兼并的暂行办法》（〔89〕体改经 38 号）规定："本办法所称企业兼并，是指一个企业购买其他企业的产权，使其他企业失去法人资格或改变法人实体的一种行为。"故有学者认为"吸收合并又称兼并"[3]。

关于收购，《布莱克法律词典》对于其定义是："指获取特定财产所有权的行为，通过该项行为，一方取得或获得某项财产，尤指通过任何方式获得实质上的所有权。"[4] 据此，根据标的的不同，可将收购分为股份/股权收购与资产收购两种类型：资产收购指买方企业收购卖方企业的全部或部分资产，使之成为买方的一部分；股份/股权收购则指买方企业直接或间接购买卖方企业的部分或全部股份/股权的行为。而从控制权是否发生变更的角度，收购既包括通过收购大部分股份/股权或资产而控制被收购企业，也包括收购少部分股份/股权或资产而参股被收购企业。我国民商事法律中所称的并购，即与前述收购的概念相类似。根据商务部《关于外国投资者并购境内企业的规定》（商务部令 2009 年第 6 号）第 2 条的规定："本规定所称外国投资者并购境内企业，系指外国投资者购买境内非外商投资企业（以下称'境内公司'）股

---

〔1〕 "As Distinct from a Merger, an Acquisition Does not Necessarily Entail Amalgamation or Consolidation of the firms." See OECD Glossary of Industry Organization Economics and Competition Law, p. 10.

〔2〕 See Henry Campbell Black, *Black's Law Dictionary* (5th edition), West Publishing Corporation, 1979, p. 981.

〔3〕 王保树：《企业合并与企业合并控制》，载季晓楠主编：《中国反垄断法研究》，人民法院出版社 2001 年版，第 319 页。

〔4〕 See Henry Campbell Black, *Black's Law Dictionary* (5th edition), West Publishing Corporation, 1979, p. 23.

东的股权或认购境内公司增资,使该境内公司变更设立为外商投资企业(以下称'股权并购');或者,外国投资者设立外商投资企业,并通过该企业协议购买境内企业资产且运营该资产,或,外国投资者协议购买境内企业资产,并以该资产投资设立外商投资企业运营该资产(以下称'资产并购')。"

值得说明的是,并购、兼并、合并、收购一般都是民商事法律中广泛使用的概念,反垄断法律框架下更多使用的是集中(concentration)的概念。关于集中,欧盟并购条例将其界定为将会导致控制权发生长久变更的行为,具体包括:两个或多个原本彼此独立的企业全部或部分合并;已控制至少一个企业的一个或多个自然人、一个或多个企业,通过购买股票/股权或资产、订立合同或其他方式,直接或者间接取得对一个或多个企业的全部或部分控制权。我国《反垄断法》第 20 条规定:"经营者集中是指下列情形:①经营者合并;②经营者通过取得股权或者资产的方式取得对其他经营者的控制权;③经营者通过合同等方式取得对其他经营者的控制权或者能够对其他经营者施加决定性影响。"以上定义可以看出,集中的方式除前述合并/兼并、股份/股权/资产收购外,还包括协议控制或其他能够直接或间接施加支配性影响的情形。

综上所述,本书认为,并购、兼并、合并、收购在相关理论中是核心意指有相近、实践意蕴有并向的概念,其本质上均是企业的某种民商事法律行为,强调的是最终致使企业控制权发生变更的形式和手段。而集中则强调的是通过兼并、收购等行为所致控制权变更而达成的一种经济控制力的集中和聚集的结果及其对市场竞争可能产生的影响。

本书研究框架下所称并购,采用的即是与集中在相同的意义上使用的广义的概念,包括前述兼并、合并、收购股份/股权或资产等行为,以及协议控制、管理层交叉任职、联营等其他形式在内的,可致企业控制权变更进而可能导致经济控制力集中的行为。

二、并购的类型

根据参与并购的企业之间的相互关系,可以将并购划分为横向并购、纵向并购、混合并购三种类型。横向并购通常是各国并购反垄断制度的重点规制对象，与之相应的，纵向并购与混合并购通常被统称为非横向并购。

横向并购又称水平并购，指在同一相关市场上发生的，因生产或销售同类产品或者提供同类服务而具有直接竞争关系的企业之间发生的并购。横向并购有利于并购参与方实现整合，有利于企业扩大规模，实现规模经济，进一步扩张市场势力和提高市场竞争力，是最主要的一种并购类型。同时，横向并购对于市场竞争的潜在影响也是十分明显的，其直接减少了同一市场上的竞争者数量，导致市场集中度过高，可能显著影响市场结构，进而损害市场的有效竞争。因此，横向并购一直受到各国反垄断法的严格规制。

纵向并购又称垂直并购，是指处于同一产业中不同生产阶段的企业，也即同类产品的买方与卖方之间或上下游企业之间的并购。纵向并购有利于并购方稳定上下游渠道、节约交易成本、提高生产效率，且因并购双方不具有直接的竞争关系，其对市场竞争的影响并没有那么直接和明显。然而，由于纵向并购会进一步扩大并购方原有的市场优势，减少其他企业与并购方进行交易的机会，造成市场进入的障碍，尤其在并购参与方所涉的市场范围过大的情况下，纵向并购也会导致严重的反竞争效果。因此，各国的并购反垄断制度对纵向并购的态度相对宽容，但也并不会完全放任不管。

横向并购与纵向并购以外的其他并购形式均被称为混合并购。混合并购可进一步划分为产品延伸的并购——如百事可乐收购必胜客，市场延伸的并购——如美国沃尔玛收购加拿大连锁企业沃科，以及没有任何明显关联的纯混合的多部门并购，如美国雷诺烟草公司和伯马石油与天然气公司之间的并购。[1] 混合并购由于发生于不同行业、不同部门的企业之间，其对于相关市场结构的改变不易被发现，限制竞争效果也不甚明显，因此所受的监管一般而言都较为宽松。但其可能通过跨领域、跨行业的并购行为间接产生叠加、放大企业优势地位的效果，对于相关行业或市场竞争可能产生更为深刻的限制竞争的影响，因此仍应予以关注，必要时应对其进行相应的控制。

---

〔1〕 参见 〔美〕W. 基普·维斯库斯、小约瑟夫·E. 哈林顿、约翰·M. 弗农:《反垄断与管制经济学》(第4版)，陈甬军、覃福晓等译，中国人民大学出版社2010年版，第203页。

三、全球并购浪潮与跨国并购

一般而言，企业扩大规模、提高市场竞争力有两个途径：一是内部扩张，即通过市场开拓以扩大市场占有率，同时降低成本、提高产出以实现企业内部的资本积累；二是外部拓展，即通过企业间并购迅速扩大规模。与内部积累的渐进式成长相比，并购有利于企业实现规模经济和规模效应，提高生产效率，提高市场竞争力，促进企业实现跳跃性发展。正如美国经济学家施蒂格勒所言，"没有一个美国大公司不是通过某种程度的、某种方式的并购而成长起来的，几乎没有一家大公司主要是靠内部扩张成长起来的。"[1]

有鉴于此，19世纪末期起至今，以美国为首的资本主义世界发生了多次并购浪潮。第一次并购浪潮发生在19世纪末20世纪初，彼时的并购活动主要是以横向并购为主，鉴于当时《谢尔曼法》（Sherman Antitrust Act）虽已生效但并无明确的反并购条款，大规模的横向并购最终形成了垄断资本主义。第二次并购浪潮发生于第一次世界大战后至1929年经济大萧条以前，由于1914年出台的《克莱顿法》对于横向并购的限制，这一时期，以控制产业链为目标的纵向并购异军突起，形成了大量的纵向托拉斯组织。第三次并购浪潮始于第二次世界大战后，并于1968年达到高潮，在这一阶段，以控股集团为主要形式的资本集中到追捧，混合并购成为主要的并购形式，并由此形成了众多跨行业的巨型跨国企业。20世纪80年代见证了第四次并购浪潮，这一时期杠杆收购、敌意收购以及小企业并购大企业盛行，在此基础上，美国的产业结构进一步调整。从发生地看，前四次并购浪潮均主要发生在美国，而20世纪90年代以来至21世纪初期的第五次并购浪潮则明显席卷了全球，不止美日等发达资本主义国家，发展中国家也逐渐参与其中，形成了真正意义上的全球并购浪潮，这一时期的并购活动涉及领域更广，交易金额更高，强强联合成为主要趋势，由此催生出大批的"巨无霸"式巨型跨国企业集团，而且发展中国家向发达国家"逆向并购"的规模也不断扩大，如中国联想集团对美国IBM的并购等。进入21世纪，自2008年全球性金融危机过后，特

---

〔1〕　参见［美］乔治·J.施蒂格勒：《产业组织和政府管制》，潘振民译，上海三联书店1989年版，第3页。

别是自 2013 年起，巨型跨国企业的并购交易不断涌现，竞购大战层出不穷，世界市场无疑正处在新一轮全球并购浪潮之中。

在全球性的并购浪潮中，跨国企业无疑扮演着极其重要的角色，全球涌现出了许多巨型跨国企业相互之间的并购案例——如波音与麦道并购案、迪士尼收购美国广播公司，以及 2018 年完成的德国拜耳收购美国孟山都、美国电话电报公司收购时代华纳公司，等等，都对世界经济及市场竞争格局产生了深远的影响。从法律的层面而言，跨国企业并不是一个严格意义上的法人实体，而是由分设于不同国家、活跃于各地市场上的母子公司、总分公司以及总部与分支机构等组成的，通过控股或其他方式而处于统一控制下或具有一定关联关系，并服务于统一经济目标的企业集团。自 20 世纪 90 年代兴起全球并购浪潮之始，以跨国企业为主导的跨国并购便逐渐取代了绿地投资，成为一国对外投资的主导方式。

跨国并购（Transnational Mergers & Acquisitions）又称国际并购（International Mergers & Acquisitions）或跨境并购（Cross-border Mergers & Acquisitions），目前国内法中尚没有对于跨国并购的明确定义。如果仅从字面理解，跨国并购是一国企业对另一国企业的并购。在联合国的相关文件中，对于跨国并购的定义以取得另一国企业 10% 以上的股份为标准。[1] OECD 也将跨国并购定义为是发生于不同国家的企业之间的兼并和收购行为。[2] 也有学者从并购活动的一般特征、并购活动的跨国性特征、并购行为的国际规制性特征三个层面出发，将跨国并购定义为：跨国并购是指国际直接投资中以兼并或收购方式进行的受国内法和国际法多重规范的跨国产权交易行为。[3]

本书认为，以上定义均是对跨国并购的狭义解释。跨国并购是在国内并购发展到一定程度后逐渐兴起的，是企业并购在世界经济一体化过程中的跨

［1］ See WTO Document：WT/WGTI/W/103，7 June 2001，available at https：//docs.wto.org/dol2fe/Pages/FE_Search/FE_S_S009-DP.aspx? language=E&CatalogueIdList=66301，52845，52843，40987&CurrentCatalogueIdIndex=3&FullTextHash=371857150&HasEnglishRecord=True&HasFrenchRecord=True&HasSpanishRecord=True.

［2］ See OECD Document：DSTI/DOC（2001）1，available at http：//www.oecd.org/officialdocuments/publicdisplaydocumentpdf/? cote=DSTI/DOC（2001）1&docLanguage=EN.

［3］ 漆彤：《跨国并购的法律规制》，武汉大学出版社 2006 年版，第 13 页。

国延伸。尤其是随着世界经济一体化的不断深入和全球统一市场的形成，一国内的企业，尤其是大型跨国企业的业务辐射范围和影响范围越来越呈全球性特征。因此，注册地为同一国家的跨国企业的并购也将会影响其他国家的市场，乃至影响世界市场的竞争格局，例如前文提及的波音与麦道并购案、美国电话电报公司收购时代华纳公司等，虽然是美国企业之间的并购行为，但因其对其他国家/地区的竞争格局也产生了深远影响，也由此而受到了其他国家/地区反垄断法的管辖和规制，所以无疑也应属于跨国并购。因此，实践中的跨国并购一般包括以下几种形式：一是外国并购方直接并购东道国目标企业的并购行为，这即是前述狭义理解下的跨国并购，也是外商直接投资的主要模式之一；二是外国跨国企业利用其在东道国设立的子公司去并购东道国目标企业的并购行为；三是一国跨国企业之间的并购行为。其中，后两种形式从主体上看均属于一国内资企业之间的并购行为，但鉴于跨国企业的经营活动及经济势力的影响早已突破一国境内而具有跨国属性，从经济控制力集中的影响上来看，这两种情形均是通过并购实现了企业经济控制力的跨国转移，也将因此而受到其他国家/地区的并购反垄断规制。因此，其本质上都是跨国并购。

综上，本书从反垄断法的视角出发，对跨国并购采取广义上的理解，即将涉及影响他国乃至世界市场的竞争秩序、导致经济控制力跨国转移且将同时受多国/地区的反垄断法规制的并购行为均纳入本书的跨国并购研究框架下。

第二节　跨国并购与反垄断

如前文所述，无论是横向并购还是非横向并购均会扩大企业的市场势力，提高其在市场上滥用优势地位的可能性，进而给市场竞争带来不同程度的潜在影响：过度的横向并购可能会导致企业之间的协同或者单方限制竞争行为；纵向并购可能会妨碍市场现有的竞争、提高市场进入的壁垒，以及导致价格歧视；而混合并购，尤其是大企业之间的混合并购可能加强其在相关市场的支配地位。

与卡特尔等垄断行为相比，企业并购可能会导致市场竞争结构的根本性改变，因此，世界各司法辖区的反垄断法都有规制企业并购的相关制度。然而，需要明确的是，并不是所有并购的发生都是以限制竞争、形成垄断为目的。经济学中的产业组织理论认为，并购有利于形成规模经济；适度的并购是企业扩大生产规模、提高生产效率的手段，有利于进一步推动整个社会实现规模经济和规模效应。因此，反垄断法对于并购进行规制是为了避免产生一家企业垄断市场或者少数企业共同垄断市场进而导致限制市场有效竞争的局面发生，其目的是控制并购，而并非是禁止并购。

一、各司法辖区反垄断法对企业并购的规制概览

反垄断法在美国通常被称为反托拉斯法，即 Antitrust Law，在欧洲一般被称为竞争法，即 Competition Law，我国则译为 Anti-Monopoly Law。因被视为政府从微观层面干预经济运行的主要法律依据，也被称为"经济宪法"。美国是现代反垄断法的发源地，也是世界上最早对企业并购进行反垄断规制的国家；作为当今世界上最具影响的区域一体化组织，欧盟及其前身欧共体的并购反垄断制度也后来居上成为典范：美国、欧盟的并购规制制度无疑代表了世界并购反垄断制度的最高水平，其二者之间关于反垄断执法的国际合作实践也对全世界相关领域的国际合作产生了深远的影响。英国、德国分别作为两大法系的典型代表，其各自的并购反垄断制度既对欧盟竞争法的相关内容产生了重大影响，其自身也深受欧盟竞争法影响，而体现了不同的特点。而亚洲的日本的并购政策，最为深刻地体现了其战后产业政策的变革。

有鉴于此，本章以下将对前述颇具代表性的反垄断司法辖区以及我国的企业并购反垄断制度进行概要介绍。而在本书此后章节的制度详述与比较研究中，也将以美欧为主，辅之以德国、英国、日本等国的相关内容，以求管窥全球跨国并购反垄断制度的发展趋势。

（一）美国反托拉斯法对企业并购的规制

因为美国的反垄断思潮肇始于反托拉斯，其反垄断法也通常被称为反托拉斯法。作为美国历史上第一次并购浪潮的产物，1890 年《谢尔曼法》的颁

布一直被视为现代反托拉斯法诞生的标志。在此之前，美国就曾运用普通法反限制贸易行为，正如谢尔曼所说，《谢尔曼法》并没有提出新的法律原则，而是使用普通法上众所周知的原则。《谢尔曼法》的核心内容是第 1 条和第 2 条。其第 1 条规定，任何妨碍州际贸易或者对外贸易的商业活动、托拉斯或者其他任何形式的联合或者共谋，都是非法的；其第 2 条规定，任何人若从事垄断或者企图垄断，或与他人联合或者合谋以图实现对州际贸易或对外贸易或商业的垄断，均应被视作犯有重罪。鉴于《谢尔曼法》的这两条规定过于概括和原则性，法院在 1911 年的美孚石油公司一案中提出了"合理原则"。根据这一原则，在企业并购案中，法院不仅要考量因并购而被减弱的市场竞争的程度，还应考量相关市场的所有情况，包括并购可能产生的所有后果。[1]

　　但由于实践中所谓的"合理"很难明确界定，美国联邦最高法院也曾根据"合理原则"批准过大型企业的并购案，加之当时政府所执行的放松反托拉斯管制以及控股公司的合法化政策，导致《谢尔曼法》及据此衍生出的"合理原则"并未能有效规制企业并购。在这一背景下，1914 年美国出台了《克莱顿法》，其第 7 条至今都是美国控制企业并购的最重要的法律依据：从事商业或从事影响商业活动的任何公司，不能直接或间接占有其他从事商业或影响商业活动的公司的全部或部分股票或其他资本份额。联邦贸易委员会管辖权下的任何公司，不能占有其从事商业或影响商业活动的公司的全部或一部分资产，如果该占有实质上减少竞争或旨在形成垄断。这一条同时也确立了美国并购反垄断规制的实体标准，即实质性减少竞争标准。但由于《克莱顿法》第 7 条的规定旨在规制引起实质上减少收购企业与被收购企业间竞争的股票收购行为，并不适用于资产收购。美国于 1950 年出台《塞勒-凯弗维尔反并购法》（The Celler-Kefauver Antimerger Act），扩大了《克莱顿法》第 7 条的适用范围，将资产收购也纳入其管辖范围。1976 年出台的《哈特-斯考特-荣迪诺反托拉斯改进法》（Hart-Scott-Rodino Antitrust Improvements Act）是对《克莱顿法》的进一步补充，规定达到一定标准的并购需事先向联

---

〔1〕　参见王晓晔：《反垄断法》，法律出版社 2011 年版，第 258 页。

邦贸易委员会或司法部反托拉斯局进行申报，违反申报义务的企业将被科以罚款。该法所确立的企业并购事先申报制度虽然是一个程序性规定，但它是美国反托拉斯执法机构对并购行为进行实质性干预的基础和前提条件。1980年出台的《反托拉斯程序改进法》进一步扩大了《克莱顿法》第 7 条的调整范围：一方面，将任何"人"（persons），包括自然人、合伙企业以及其他非法人协会和商业组织等之间的并购均囊括至其管辖范围内，而不再仅仅局限于"公司"（corporations）间的收购；另一方面，原第 7 条仅涉及州际商业内的并购行为，本次修订使得其可适用于影响州际商业的并购行为。

与《克莱顿法》相同时段制定并公布，后历经修订的《联邦贸易委员会法》（Federal Trade Commission Act）规定了联邦贸易委员会的职权和程序，该法第 5 条规定，商业中或影响商业的不公平的竞争方法，商业中或影响商业的不公平或欺骗性行为及惯例，均是非法的。该条被认为在企业并购领域与《谢尔曼法》第 1 条具有同样的效力。

《谢尔曼法》《克莱顿法》《联邦贸易委员会法》与各州反托拉斯法相互配合，在美国的并购反垄断规制的实践中发挥着重要的作用。而美国作为判例法国家，相关成文法关于企业并购规制的相关条款只是原则性规定，法院从国会的立法意图出发对于上述法律的解释和作出的相关判例也同样成为美国并购反垄断规制法律制度的重要渊源。

在美国，联邦贸易委员会及司法部反托拉斯局均是美国企业并购反垄断规制的执法机构。《联邦贸易委员会法》第 5 条主要由联邦贸易委员会实施，而《克莱顿法》第 7 条的执行机构是司法部反托拉斯局与联邦贸易委员会。据此，一项并购交易可能被以上两个机构中的任何一个机构审查，在某一具体案件中具体由哪个机构负责审查通常通过磋商来确定，一般情况下，哪个机构对案件所涉及的产业或者企业更为熟悉就由哪个机构来承担审查责任。虽然根据《联邦贸易委员会法》，联邦贸易委员会拥有对企业并购案的调查、起诉、审判等准司法权，但纵观美国一百多年的反托拉斯实践，美国对于企业并购的反垄断规制采取的是以法院为主导的程序模式。即使联邦贸易委员会认定某一并购违反了《克莱顿法》第 7 条规定，构成了对竞争的实质减少或产生垄断趋势，其仅有权签发违法行为令，无权发出并购禁令，而只能向地区法院提出申请临时禁令或永久禁令；与此同时，利害关系人亦可就联邦贸易委员会的决定向法院提起司法审查。此外，除联邦贸易委员会和司法部反托拉斯局这两个并购反垄断执法机构外，与并购有关的利害关系人或第三方均可向法院提起反托拉斯诉讼，要求民事赔偿。

为提高执法透明度，美国司法部和联邦贸易委员会还以发布并购指南的形式为其自身提供执法依据。最早的并购指南是 1968 年美国司法部发布的《企业并购指南》，该指南历经 1982 年、1984 年两次修订，特别是 1982 年修订版指南，提供了更为科学的界定相关市场的经济学方法，提高了判断市场集中度的门槛，并设置了相应的安全港指标，在很大程度上消除了并购反垄断分析中的模糊性与不可预测性，被视为是现代反托拉斯法的一个里程碑；1992 年联邦贸易委员会和美国司法部联合发布了《横向并购指南》，历经 1997 年、2010 年两次修订，特别是 2010 年的修订，进一步体现了去结构化的趋势，打破了传统的五步分析框架，创设了一个更具弹性和灵活性的分析框架。[1] 虽然前述并购指南不具有法律约束力，但其反映了作为美国反垄断执法机构的司法部与联邦贸易委员会在执法过程中所适用的标准和分析方法，是其进行并购审查的重要依据。

（二）欧盟竞争法对企业并购的规制

欧盟作为当今世界上最具影响的区域一体化组织，也是当今世界举足轻重的反垄断司法辖区。欧盟的竞争法并不是一个主权国家的立法，其竞争法是在条约的基础上形成的，然而，其并购反垄断规制却并无直接的条约基础。欧盟并购反垄断规制的法律渊源包括欧盟理事会制定的条例、欧盟委员会（欧共体时期一般译为欧共体委员会，本书以下简称"欧委会"）发布的各项通告以及欧洲法院的有关判例等，其均属于条约的授权性立法。没有条约作为直接法律渊源也是欧盟并购反垄断规制与欧盟竞争法的其他部分的最大的差别。

1958 年生效的《建立欧洲经济共同体条约》（Treaty Establishing the European Community，其与《欧洲原子能共同体条约》统称为《罗马条约》，本书

---

〔1〕　参见韩伟：《美国〈横向合并指南〉的最新修订及启示》，载《现代法学》2011 年第 3 期。

以下简称《罗马条约》）第 85 条、第 86 条、第 90 条、第 92 条分别对限制私人竞争协议、滥用市场支配地位、政府对竞争的限制以及国家补贴等行为进行了规范，初步构建了彼时的欧共体的竞争法体系，但其并未对企业并购行为做出限制。其原因除各成员就向共同体让渡并购管辖权并未达成一致外，主要还在于二战后西欧经济一片萧条，而大洋彼岸的美国却正值经济鼎盛时期，欧洲东部的苏联也飞速发展，地处两大阵营夹缝之中的西欧在政治、经济等方面均面临着强大的压力。因此，成立欧共体的宗旨之一便是消除成员之间的关税壁垒，促进经济恢复与发展，提高成员的国际竞争力，而并购则是实现企业跨越式增长，快速提高综合竞争力的重要手段之一。因此，彼时的欧共体鼓励各成员之间的企业进行并购，促进企业经济势力的集中，以增强欧洲企业在世界市场的竞争力，促进共同体贸易的发展。

但随着欧洲经济的复苏，企业并购活动的日益活跃在极大提高经济效率的同时，其导致的经济势力集中、寡头垄断等负面影响也日益凸显。1971 年，欧委会在大陆制罐公司案中运用《罗马条约》第 86 条规制企业并购，并得到了欧洲法院的支持[1]。但基于该案而对《罗马条约》第 86 条的适用是基于并购方已经取得市场支配地位，而无法适用于因并购而产生市场支配地位的并购行为。为了有效抵御企业并购带来的经济势力集中对共同体市场产生的限制竞争影响，欧共体理事会于 1989 年通过了《关于控制企业并购的第 4046/89 号理事会条例》[Council Regulation（EEC）No. 4064/89 of 21 December 1989 on the Control of Concentrations between Undertakings]（以下简称《4046/89 号并购条例》），授权欧委会集中对那些具有“共同体规模”的并购提供“一站式”“同一竞争规模”的审查。所谓“共同体规模”，指仅当一项并购可能导致在共同体市场上产生或加强市场支配地位时，才会受到欧委会的干预；同时该条例还规定了欧委会和成员控制企业并购的管辖权，以避免管辖权冲突。所谓“一站式”并购审查，指对于具有共同体规模的并购，由欧委会实行同一机构一次性审查，成员不得对该并购进行二次审查，当事人只需向欧委会申报即可。实践中，并购条例是欧委会为维护市场竞争秩序

---

[1]　Europemballage Corporation and Continental Can Co. Inc. v. Commission, Case 6/72, [1973] ECR. 215；[1973] C. M. L. R. 199.

最常使用的法律武器，它与《罗马条约》第 85 条和第 86 条（也即 1992 年签署的《欧盟条约》第 81 条、第 82 条，2007 年签署的《里斯本条约》第 101、102 条，具体演进情况详见本书第五章第三节）共同构筑了欧盟竞争法的三大支柱。[1]

尽管《4046/89 号并购条例》得到广泛的认同和应用，但该并购条例本身仍存在并购起点过高、实体标准不完善等问题。1997 年，该条例局部修订，进一步强化了欧盟并购反垄断审查的集权程度，简化了程序，提高了审查效率。随着欧盟一体化程度不断加深以及双边、多边国际合作的日益紧密，企业的国际化程度不断提高，欧盟市场上的企业并购活动不断增加，所涉及的相关问题也日趋复杂，而《4046/89 号并购条例》及其实体标准的缺陷却导致了对于寡头市场的监管空白，基于此，并购控制制度的修订势在必行。2004 年，欧盟理事会通过了经修改的《关于控制企业并购的第 139/2004 号理事会条例》［Council Regulation（EC）No. 139/2004 of 20 January 2004 on the Control of Concentrations between Undertakings］（以下简称《139/2004 号并购条例》，《4046/89 号并购条例》与《139/2004 号并购条例》统称为"欧盟并购条例"），其最核心的修改即是将并购反垄断规制的实体标准由《4046/89 号并购条例》确立的市场支配地位标准（MD 标准），修改为严重妨碍有效竞争标准。除《139/2004 号并购条例》外，2004 年欧委会还发布了《横向并购评估指南》《欧盟企业并购控制程序最佳行动指南》《关于实施控制企业并购的第 139/2004 号理事会条例的第 139/2004 号委员会条例》，并与《139/2004 号并购条例》同时生效实施。在 2004 年《横向并购评估指南》出台后，为填补纵向并购和混合并购的空白，欧委会于 2007 年发布了《非横向并购评估指南》。一揽子并购条例、实施细则和指南的出台及实施，构筑起了欧盟比较完整的并购控制法律体系，具有划时代意义。[2]

此外，欧委会基于其对并购条例的重要条款、概念和程序的看法而发布的通告虽然不具有法律拘束力和直接适用的效力，但反映了欧委会在适用并购条例上的意图，具有重要价值，也是欧盟反垄断规制的法律渊源。欧洲法

〔1〕　参见王晓晔：《反垄断法》，法律出版社 2011 年版，第 261 页。
〔2〕　参见刘和平：《欧盟并购控制法律制度研究》，北京大学出版社 2006 年版，第 25~26 页。

院对欧委会做出的并购决定具有司法审查权，"欧洲法院虽不受其先例判决束缚，但在实践中欧洲法院也不经常背离其先行判例"[1]。事实上，很多欧盟企业并购反垄断制度是通过对欧洲法院的判例采用实用主义的目的解释发展出来的，如欧洲法院在 Kali und Salz 案中确立了并购条例适用于寡头市场并购的原则，在 Airtours 案中确立了寡头市场并购案中的高标准证据要求等。[2]

欧盟的并购反垄断规制制度中充分体现了其以行政为主导的程序模式。欧委会作为欧盟反垄断执法机构，享有根据条约授权制定规制有关企业并购相关规章制度、调查取证、起诉和审判等多项权力，集立法、调查和审判于一身，有利于提高欧委会在企业并购反垄断规制方面的工作效率。另一方面，为防止权力滥用，欧盟也建立起了一系列对于欧委会的内部检查和外部监督制衡监督机制，包括听证、法律咨询、行业咨询以及欧洲法院的司法审查等，以确保欧委会正当行使其权力，这与欧洲大陆奉行以行政为主导的程序、强调行政机构的工作效率的传统是分不开的。

（三）德国卡特尔法对企业并购的规制

德国是采取反不正当竞争法与反垄断法独立并行立法体例的典型国家，其对于并购的规制主要见于《反对限制竞争法》（又称卡特尔法）。德国卡特尔法是反垄断法领域除美国反托拉斯法之外的又一面典型旗帜，其立法理念和制度设置直接影响到了欧洲其他国家以及欧盟的反垄断法律制度的建设。

由于历史传统、经济状况和法律文化的差异，卡特尔等垄断组织在德国一度是合法的，是由政府扶持而发展的。二战后，在盟军政策以及弗莱堡学派关于保护竞争和反对限制竞争不仅可以提高经济效益，还可以保障政治民主的新自由经济理论影响下，联邦德国于 1957 年颁布了《反对限制竞争法》，但企业并购在当时并未被该法所规制，所以该法也没有对其作限制性的规定要求，只是要求达到一定规模标准的并购交易应予以登记，以便于监管当局及时了解和掌握市场上经济势力集中的情况，从而实现对那些取得市场支配

[1] A. M. Arnull, A. A. Dashwood, M. G. Ross & D. A. Wyatt, *European Union Law, Fourth Edition*, Sweet & Maxwell, 2000, p. 200. 转引自卫新江：《欧盟、美国企业合并反垄断规制比较研究》，北京大学出版社 2005 年版，第 28 页。

[2] 参见卫新江：《欧盟、美国企业合并反垄断规制比较研究》，北京大学出版社 2005 年版，第 28 页。

地位的企业可能产生的影响市场竞争的滥用行为进行监督。

　　20世纪六七十年代，德国经济集中发展得十分迅速，大企业所占的市场份额不断扩大，除企业自身积累外，最重要的原因就是企业并购逐年增长。德国也逐渐认识到，相较于卡特尔而言，并购除了会对市场产生限制竞争影响外，其对于市场结构的改变也是不可逆转的。因此，并购逐渐取代卡特尔协议，成为这一时期德国卡特尔法的重点调整对象。同时期，美国的有效竞争理论在德国经济学界兴起，并进一步发展为"优化竞争强度"理论，其认为，在透明度不高的相关市场上，如果存在着诸多的竞争者，且这些竞争者所提供的产品或者服务存在着一定程度的差异性，即可被认为是优化的竞争强度。[1] 在这一理论推动下，德国于1973年对《反对限制竞争法》进行修订，首次明确了企业并购反垄断规制的内容，对企业并购的概念、并购反垄断审查的实体标准及程序、并购救济以及联邦经济部长的特别许可权限等进行了详细规定；1976年，德国第三次修订《反对限制竞争法》，加强了对印刷媒体企业的并购控制；1980年的第四次修订进一步明确了对于市场支配地位的法定推断；1989年第五次修订则增加了对于市场支配地位的两个考虑因素。

　　作为欧盟的重要成员之一，德国竞争法在欧盟成员竞争法中始终处于比较领先的地位，对欧盟竞争法的形成与发展也产生了重要影响。但与此同时，在欧洲统一市场的建立过程中，德国的市场竞争秩序不仅受德国反垄断法的规范，还要适用欧盟法，欧盟成员的竞争法规范与欧盟竞争法的基本规则保持一致也是一直以来欧洲一体化的要求，这也推动了德国《反对限制竞争法》的第六次修订。1998年的该次修订在体例上做出了新的安排，并购控制的相关规定被置于第35条至第43条，内容上很多也吸收了《4046/89号并购条例》的相关规定：对企业并购程序实行单一的申报制度，降低了申报门槛，同时增加规定了"取得支配权"的并购形式。尽管如此，本次修订仍保留了对市场支配地位的法定推断等富有德国竞争法特色的内容。

　　2002年欧盟理事会通过了《关于执行条约第81条和第82条制定的竞争

---

〔1〕　参见王晓晔：《德国控制企业合并的立法与实践》，载中国法学网，https：//www.iolaw.org.cn/showArticle.aspx？id＝1036，最后访问日期：2018年11月28日。

规则的第 1/2003 号理事会条例》〔Council Regulation（EC）No. 1/2003 of 16 December 2002 on the implementation of the rules on competition laid down in Articles 81 and 82 of the Treaty〕，要求成员竞争主管机关和法院优先适用欧盟的《欧盟条约》第 81 条和第 82 条的规定处理相关限制竞争行为。在这一背景下，2005 年，为了进一步与欧盟竞争法对接，德国第七次修订了其《反对限制竞争法》。此次修订被认为是一次比较彻底的"欧洲化"改革，是传统德国卡特尔法的转折点，由此导致其一些坚持了几十年的特有规定被取消。但由于前文所述之 2004 年欧盟一揽子并购规则的生效比本次《反对限制竞争法》修订案的修订时间略早，本次修订暂未对并购制度采用最新的欧盟标准，尤其在实体标准上，并未采用《139/2004 号并购条例》修改后的严重妨碍有效竞争标准，仍采用其原来的市场支配地位标准。[1]

　　有鉴于前述问题，为进一步实现德国反垄断法的欧盟化，德国于 2013 年第八次修订《反对限制竞争法》，在并购控制方面，本次修订正式接受了欧盟《139/2004 号并购条例》的严重妨碍有效竞争标准，同时，也保留了德国原有的市场支配地位作为审核考量因素，并且提高了市场支配地位的判断标准；进一步严格规制了通过多项并购交易试图规避企业并购规制的行为；同时降低了对印刷媒体企业并购的监管力度。本次修订进一步实现了德国并购规制制度与欧盟竞争法的协调与统一，与此同时，其仍保留了容忍规定、联邦经济部长特许令、小股权可审核性等德国特色。

　　《反对限制竞争法》最近一次修订是 2017 年生效的第九修正案，为适应互联网时代数字化经济的需求，其并购规制申报标准在营业额的基础上引入了交易价格这一新的门槛，进一步拓宽了并购反垄断申报的范围。该次修订显然受到美国 1976 年《哈特－斯考特－荣迪诺反托拉斯改进法》的影响，也是欧盟境内对反垄断申报标准修订的一项大胆尝试。

　　在现行德国卡特尔法体系下，企业并购规制的主管机关是联邦卡特尔局，符合其门槛要求的一切并购计划均应事先向联邦卡特尔局申报；有必要对并购进行进一步审查的，则进入主审程序。在主审程序中，联邦卡特局以处分

---

〔1〕 参见〔德〕约瑟夫·德雷斯：《德国卡特尔法的欧洲化和经济化》，王卫东译，载《中德法学论坛》第 4 辑。

的方式作出禁止或准许并购的决定，企业不得实施或参与实施联邦卡特尔局未予准许的并购，否则其法律行为不发生效力，相关已实施的并购应予以拆分，联邦卡特尔局可以采取为拆分该等并购所必需的措施。

德国卡特尔法及其相关并购反垄断制度的修订过程，尤其是20世纪90年代至今的修订历程，充分反映了欧盟竞争法一体化的国际协调过程。德国并购反垄断制度在欧盟化的过程中，也吸收了美国反托拉斯法等先进经验，同时也适度保留了自己的特色，这一点尤为值得思考与借鉴。

（四）英国竞争法对企业并购的规制

英国的竞争法规制对象主要是限制性贸易行为以及企业并购，但其对于企业并购的规制在较长一段时间内都滞后于对于限制性贸易行为的规制。英国的现代竞争法肇始于1948年的《垄断与限制性行为（调查与控制）法》[Monopolies and Restrictive Practices (Inquiry and Control) Act]，其确立了英国反垄断规制的公共利益的评价标准，但其并未对企业并购作出规制。1956年的《限制性贸易行为法》（Restrict Trade Practices Act）及后续的几部立法均未能将企业并购纳入反垄断规制的范畴。直至1965年，英国才颁布首部并购反垄断规制的《垄断与并购法》（Monopolies and Mergers Act）。英国并购反垄断立法的起步明显滞后，主要原因在于英国社会固有的理念认为，大企业主所管理的企业通常归属于其家族所有，他们是相对具有同质性的小团体，既相互负责，也对英国的社会福利负责，因此社会大众信任大企业主不会滥用市场地位，并认为与政府管制相比，企业自律更为有效。[1]这直接导致了企业界对于并购反垄断立法的强烈抵制，这一态度直到20世纪60年代以后才逐步发生变化，也是基于这种观念的变化，英国并购反垄断制度的基本框架才得以逐步建立。

在这一背景下应运而生的1965年《垄断与并购法》确立了英国规制企业并购的基本框架，同时扩大了贸易委员会的监管权限和垄断委员会的调查权限。但由于1965年《垄断与并购法》确定的并购规制门槛比较高，且执法机构的规制手段比较软弱（只有禁止并购的权力，无权拆分已完成的违规并

---

〔1〕　参见［美］戴维·J. 格伯尔：《二十世纪欧洲的法律与竞争》，冯克利、魏志梅译，冯克利、冯兴元统校，中国社会科学出版社2004年版，第261页。

购），导致该法的规制力度非常有限，无法在实践中发挥明显的效用，其规制企业并购的条款在此后的若干年里都很少被运用。[1]

为弥补上述不足，英国于 1973 年出台了《公平贸易法》（Fair Trading Act），首次将并购与其他垄断行为置于同一法律文件中进行规制，并适用大致相同的执法程序和法律后果体系。1973 年《公平贸易法》的并购规制条款主要从两个方面弥补了 1965 年《垄断与并购法》的不足：一是降低了市场份额标准，调低了企业并购的规制门槛；二是强化了执行手段，引入了拆分企业的事后救济手段。此外，1973 年《公平贸易法》还新设了公平交易局长及其办事机构公平交易局，其中，行使职权的是公平交易局长，公平交易局只负责为公平交易局长提供工作支持，不具有独立地位。

随着 20 世纪 80 年代国际进出口贸易和国际投资迅速增长，跨国并购浪潮不断涌现，跨国公司日益增多，国家间国际经济依存度日益提高，而英国的竞争法得益于其市场环境和地理位置，长期以来一直按照自己的轨迹发展，与其他欧洲国家以及欧盟的竞争立法都存在显著差异，尤其是欧盟并购条例出台后，欧盟相关竞争政策已经成为欧盟诸国纷纷推行和信服的规制模式。[2] 更为关键的是，随着英国加入欧共体，其与欧盟诸国在经济上有了更深层次的联系，政治上也有了更为全面的合作，这就要求英国也不能对其之间的竞争政策及立法的差异视而不见。在这一背景下，同时也为了弥补已有竞争法的诸多缺陷，英国于 1998 年出台了《竞争法》（Competition Act）取代了 1956 年《限制性贸易行为法》，该法在很多方面变革了英国竞争法的传统，完善了实施程序，初步完成了对英国原有竞争法的整合；同时，该法规制内容在很大程度上是以《罗马公约》第 81 条和第 82 条为蓝本，基本实现了与欧盟竞争法的对接。但其并没有将并购反垄断规制纳入其调整范围，也即该法并未对 1973 年《公平贸易法》中的并购反垄断制度做出重大修改。

为弥补上述缺陷，进一步促使英国竞争法现代化，英国政府分别于 1999 年 8 月与 2000 年 10 月由国务秘书发表了两份咨询文件，皆在呼吁建立完整

---

〔1〕　参见［美］戴维·J. 格伯尔：《二十世纪欧洲的法律与竞争》，冯克利、魏志梅译，冯克利、冯兴元统校，中国社会科学出版社 2004 年版，第 272 页。

〔2〕　参见李国海：《英国竞争法研究》，法律出版社 2008 年版，第 25~27 页。

的、系统的英国企业并购法律体系。随后，英国财政部与贸易产业部公布了《生产力与企业：一个世界级的竞争制度》（2001 年 7 月）白皮书，明确提出竞争制度改革的原则，其还以过去大量关于企业并购管制的案例为基础，对于现存的英国企业并购控制的法律体系提出了两点主要的修改意见，成为英国并购反垄断立法改革的立法基础。[1] 在这一背景下，英国于 2002 年颁布了《企业法》（Enterprise Act），该法除竞争事务外，还包含了大量的消费者权益保护、破产等内容，但关于竞争的内容在该法中占据主体地位。该法建立了新的企业并购反垄断规制体系，其目的并非对先前体系的一种彻底性颠覆，而是在现存的制度基础上进行大量犀利的变革。这种变革具体体现在：制度上，公平交易局和改组后的竞争委员会，依照改革后的具体安排，对于大多数的并购行为依其职权独立做出决定，国务大臣只在涉及特殊公共利益（如国家安全等）的情形下才予以干预；在实体标准上，取消了英国长久以来的公共利益标准，转而采纳美国反托拉斯法框架下的实质性减少竞争标准；程序上，设立竞争上诉法庭，明确当事人有权就主管机关在并购审查中发表的声明提起上诉。2002 年《企业法》及其后据此制定和修订的《并购指南》在推进英国的并购反垄断规制制度与欧盟的对接同时，还借鉴了许多美国的做法，如采纳实质性减少竞争标准作为并购反垄断规制的实体标准，但又有不同于欧盟和美国的内容，如采用了企业并购的自愿申报模式而非强制申报模式，可以说是在保留自身传统的基础上，融合了欧盟与美国竞争立法之长处，完成了英国竞争法律制度的变革性改造。

　　作为英国的竞争法机构，英国公平交易局和竞争委员会分别于 2002 年《企业法》出台后发布了《并购评估指南》和《竞争委员会并购指南》，以分别指导其各自的并购反垄断执法工作。2010 年，在总结各自执法经验，并吸收美国与欧盟先进研究成果和实践经验的基础上，英国公平交易局和竞争委员会联合发布了新的《并购指南》，成为英国并购反垄断执法审查方面的重要依据。

　　鉴于 2002 年《企业法》确立的并购规制体系，英国公平交易局和竞争委

---

　　〔1〕　参见王健：《2002 年英国〈企业法〉与英国竞争法的新发展》，载《环球法律评论》2005 年第 2 期。

员会分别行使执法权，不可避免地导致程序重复、职能冲突、效率欠缺以及案件调查时间过长等问题，直接影响了并购反垄断规制的执法程序。为组建更强的反垄断执法机构，2012 年英国政府进行了机构改革，并于 2013 年颁布《企业和监管改革法》（Enterprise and Regulation Reform Act），将公平交易局和竞争委员会合并改组为竞争与市场管理局，负责调查反垄断案件，审查企业并购与开展市场调查。

英国自 1973 年加入欧盟后，欧盟并购规制的相关制度对其也有效；但正式脱欧后英国将不再适用欧盟的相关并购规制制度。

（五）日本反垄断法对企业并购的规制

日本的《禁止私人垄断及维护公平交易法》（Act on Prohibition of Private Monopolization and Maintenance of Fair Trade）（以下简称《禁止垄断法》）是 1947 年根据美军对日的占领政策制定的，被称为原始反垄断法。该法是二战后在美国干预下，以美国反垄断法为蓝本制定的，其目的是解散为日本发动军国主义战争提供物质基础的各大财阀，排除过度的经济势力集中，促进日本的经济民主化[1]。为了达到这一目的，这一时期的日本严格管制市场结构，不仅通过 1947 年《禁止垄断法》第 9 条禁止控股公司的设立和运作，对企业并购进行了严格的限制，而且先后出台解散控股公司的法令即《终止财阀家族控制法》《排除经济力过度集中法》等，解散了数百家大企业；同时规定了反垄断执法机构为日本公平贸易委员会。这一时期日本的《禁止垄断法》虽然脱胎于美国的反托拉斯法，但却更为激进和严厉。

尽管 1947 年《禁止垄断法》在美国的干预下严厉推行，但因不适合日本的国情，且日本政府及国民对于美国及其对日政策的抵触和排斥情绪，加之对于并购过于严格的限制也阻碍了日本的经济复苏。基于此，日本于 1949 年对该法进行了修订，放宽了对企业并购的限制，除非其将导致实质上的限制竞争或涉及不公平贸易行为。20 世纪 50 年代，为复苏国民经济，政府采取了一系列直接干预经济活动的产业政策。在这一背景下，日本于 1953 年再次对反垄断法进行了修改，删除了原第 8 条禁止协调一致、限制经济势力过度集

---

[1]　参见［日］松下满雄：《经济法概论》（第 4 版），东京大学出版会 2006 年版，第 19 页。转引自戴龙：《日本反垄断法实施中的竞争政策和产业政策》，载《环球法律评论》2009 年第 3 期。

中的规定，进一步放松了对企业并购的限制，并且引进了豁免制度。

20 世纪 50 年代到 70 年代，日本进入经济复苏时期。在此时期，国际社会的自由化贸易和外汇市场环境对于刚刚复苏的日本企业和出口产业造成了很大的冲击，同时在国际垄断资本的参与下，复苏时期的日本经济鲜有可以称道的国际竞争力。日本通产省认为日本的产业结构助长了规模不足的企业之间的过度竞争，因此须鼓励企业并购，促进生产和经济势力集中，以扩大企业规模，更好地应对国际竞争。在这种背景下，日本的产业政策是优先于竞争政策实施的，前者指关于经济活动方向的官方政策，包括利用税收规则和政府资金鼓励研究和开发，干预金融市场，将投资资金导向有利的部门，以及干预并购市场，以争取获得足够大的规模经济的公司。在这一政策目标下，政府为促进产业集中，鼓励企业并购，进一步扩大规模，针对许多产业领域相继出台了《禁止垄断法》的豁免法。与此相对应的是，公平贸易委员会的角色和地位及其对反垄断法的实施也非常尴尬。在此时期，日本政府干预了一批企业的并购，同时也在市场经济活动中推动支持企业并购产业政策，从而直接导致了日本企业以巨型规模和产能集中为特点的并购高潮，[1] 如中央纤维与帝国制麻的并购、雪印乳业并购案、三菱重工并购案以及八幡制铁与富士制铁的并购等，日本也因此而发展壮大了一批世界级的大企业，如八幡制铁和富士制铁并购后的新日本制铁发展成为世界最大的钢铁公司。得益于此，日本经济迅速复苏，年经济增长率几乎保持在 10% 左右，国际竞争力也大大提升。然而，这一时期的产业政策在极大提高日本国际竞争力的同时，也催生了一系列的社会矛盾和政治问题——通货膨胀始终伴随着日本经济的快速增长，鼓励并购导致了日本市场结构的垄断化程度不断加深，由此导致的不公平竞争行为使得大企业和中小企业之间、企业和消费者之间的矛盾日益加深。以应对石油危机产生的卡特尔以及因此导致的结构萧条和价格飞涨为契机，日本在 1977 年对《禁止垄断法》进行了较大规模的修改，对垄断行为作出了严格的限制，同时导入了课征金等制度以进一步强化反垄断法的实施，公平贸易委员会的地位也得到加强。

---

〔1〕 杨荣：《日本企业合并政策与产业政策协调关系的变迁》，载《世界经济与政治论坛》2005年第 5 期。

在 20 世纪 80 年代到 90 年代的日美贸易摩擦的背景下，为应对国际市场的强大压力，90 年代及其后的日本《禁止垄断法》进一步强化实施：90 年代，日本陆续废除和改革各种法律中免于适用《禁止垄断法》的内容，豁免的范围日益缩小，豁免的条件日益严格；1999 年和 2002 年，日本先后对《禁止垄断法》第 9 条进行了修订，修正了关于控股公司和经济势力过度集中的规定；2005 年的修订进一步加强了《禁止垄断法》威慑作用，提高了课征金的费率，加大了处罚力度，扩大了公平贸易委员会的权限；2009 年进一步扩大了课征金的适用范围，加强了《禁止垄断法》的适用。这一时期，日本的并购政策主要不是为了协助产业政策目标的实现，而是为了使市场机制行为变得更为规范。进入新世纪，日本政府在整体意义上，从经济结构改革的统筹出发，对于《禁止垄断法》进行了相应的修订，其目的就是在于通过竞争政策的调整，维持市场竞争秩序，提升反垄断法在其市场经济发展中的基础性作用和竞争政策导向。[1]

日本现行《禁止垄断法》形式上的规定与美国和欧盟的相关法律已经相差无几，对企业并购主要是通过《禁止垄断法》第四章进行规制：第 9 条、第 10 条分别禁止了因收购或持有股份而导致经济势力过度集中及限制特定行业竞争；第 14 条规制了非公司的主体（person）的收购或持有股份；第 15 条禁止了大大限制某一特定贸易领域竞争或采用不公平贸易手法进行的兼并、新设分立与吸收分立[2]以及股份联合转让行为，其中，第 9 条、第 10 条中的股份收购视为兼并；第 16 条规制了可能导致限制竞争效果的资产或业务的转让。不过与美国、欧盟相比，日本企业并购的反垄断规制在执行方面较为宽容和灵活。在执行层面，日本《禁止垄断法》通过三种途径执行：日本公平贸易委员会的行政程序、民事诉讼和刑事诉讼，大多数案件属于第一类。企业并购需要事先向公平贸易委员会申报，由其负责审查并购的事务处理基

---

〔1〕　戴龙：《日本反垄断法实施中的竞争政策和产业政策》，载《环球法律评论》2009 年第 3 期。

〔2〕　日本公司法中的吸收分立是指股份公司或合同公司将其经营的事业相关的权利义务的全部或部分让与分立后的其他公司并由之继受的行为（日本《公司法》第 2 条第 1 款第 29 项）；新设分立是指一个或两个以上的股份公司或合同公司通过公司分立将其经营的事业相关的权利义务的全部或部分让与新设立的公司并由之继受的行为（日本《公司法》第 2 条第 1 款第 30 项）。详见［日］神作裕之：《日本公司法中的公司分立制度》，朱大明译，载《清华法学》2015 年第 5 期。

准，大多数并购案是在公平贸易委员会提出实施条件，并由申报企业自愿采取救济措施而解决的，因此，日本公平贸易委员会自 1973 年以来就没有发布过关于企业并购的禁止令。[1]

此外，日本公平贸易委员会于 2004 公布了《关于企业并购审查的反垄断法运用指南》，该指南历经 2006 年、2007 年、2009 年和 2010 年多次修订，成为公平贸易委员会进行并购反垄断执法的重要依据。

综上，日本《禁止垄断法》历经数次修订发展至今，其并购反垄断规制制度已日臻完善，公平贸易委员会的地位大大提高。在这期间，日本竞争政策与产业政策始终在冲突与协调中相伴发展，最终服务于日本的国家经济发展战略。

（六）我国反垄断法对企业并购的规制

我国对于企业并购的规制，开始于 20 世纪 80 年代中期。彼时开始的经济体制改革一直比较注重在推动企业联合和发展企业集团的同时防止出现垄断问题。1987 年国家体改委和国家经委发布《关于组建和发展企业集团的几点意见》，就组建企业集团的原则进行了规定，即"鼓励竞争，防止垄断"，以及"在一个行业内一般不搞全国性的独家垄断企业集团，鼓励同行业集团间的竞争，促进技术进步，提高经济效益。集团内部要引入竞争机制，成员间既要加强协同合作，也要开展有益的竞争，不保护落后"的原则性规定。

2003 年对外贸易经济合作部、国家税务总局、国家工商行政管理总局、国家外汇管理局联合发布了《外国投资者并购境内企业暂行规定》，规定了外经贸部和国家工商行政管理总局对涉及市场份额巨大、严重影响市场竞争或国计民生和国家经济安全等因素、"可能造成过度集中，妨害正当竞争、损害消费者利益"的外资并购进行反垄断审查，这是我国第一个具有反垄断意义的企业并购控制的法律规范。2006 年，商务部、国务院国资委、中国证监会、国家税务总局、国家工商行政管理总局、国家外汇管理局六部委联合对该暂行规定进行修订，出台了《关于外国投资者并购境内企业的规定》，在第五章专门规定了外资并购的反垄断审查制度，反垄断审查主管机关由国家工商行

---

[1]　See Masako Wakui, Antimonopoly Law Competition Law and Policy in Japan, available at https://papers.ssrn.com/sol3/papers.cfm? abstract_id=3270141.

政管理总局以及整合改组后的商务部承担，具体的审查程序和申报、审查标准等本次并未进行实质性修订。

2007 年，经十届全国人大常委会第二十九次会议审议通过，我国《反垄断法》千呼万唤始出来。该法于 2008 年 8 月 1 日生效，其第四章专章对"经营者集中"进行了规定，规定了经营者集中的概念、申报标准、审查程序、审查期限以及豁免情形，还规定了外资并购境内企业涉及国家安全时的国家安全审查，正式建立了我国的并购反垄断规制制度。鉴于《反垄断法》的相关规定比较原则性和概括性，为明确实践中的操作标准，国务院于 2008 年出台了《关于经营者集中申报标准的规定》（以下简称《并购申报规定》），明确规定了经营者集中事先申报的具体标准。《反垄断法》以及《并购申报规定》出台后，商务部于 2009 年发布《关于修改〈关于外国投资者并购境内企业的规定〉的决定》，明确外资并购反垄断审查适用《反垄断法》以及《并购申报规定》的申报标准，并应事先向商务部申报。至此，我国企业并购的反垄断规制体系初步形成。

为进一步增强《反垄断法》的可操作性，相关部门也积极制定了相关的细则性规定和操作指南。为给相关市场界定提供指导，提高反垄断执法透明度，国务院反垄断委员会于 2009 年制定了《关于相关市场界定的指南》；针对金融业并购的特殊情况，商务部会同中国人民银行、中国银监会、中国证监会、中国保监会共同发布了《金融业经营者集中申报营业额计算办法》；商务部也先后发布了《经营者集中申报办法》及《经营者集中审查办法》（2009 年）、《关于实施经营者集中资产或业务剥离的暂行规定》（2010 年）、《关于评估经营者集中竞争影响的暂行规定》（2011 年）、《未依法申报经营者集中调查处理暂行办法》（2012 年）、《关于经营者集中申报的指导意见》（2014 年）、《关于经营者集中简易案件适用标准的暂行规定》与《关于经营者集中简易案件申报的指导意见（试行）》（2014 年）、《关于经营者集中附加限制性条件的规定（试行）》（2015 年），等等。

《反垄断法》及相关细则的出台和实施在规范市场竞争、维护公平竞争市场秩序方面发挥了积极作用，反垄断执法机构在经营者集中的反垄断审查方面积极探索，取得了明显的执法成效。截至 2018 年上半年，商务部共收到并购反垄断申报案件共计 2200 多件，其中禁止 2 件，附条件批准 36 件，绝大部分是无条件批准。[1] 但三家执法机构并行执法也带来了多头管理的问题。2018 年适逢中国《反垄断法》实施 10 周年，全国人大于同年通过了《国务院机构改革方案》，将商务部、国家发展和改革委员会、国家工商行政管理总局的反垄断执法职能合并于国家市场监督管理总局统一行使，同时，国务院反垄断委员会将保留其角色和职能，由国家市场监督管理总局承担具体的反垄断执法工作。统一的反垄断执法机构将进一步有利于提高反垄断执法效率、权威性和稳定性。国家市场监督管理总局组建后，于同年 9 月 29 日修订、出台了相关的实施细则，在企业并购方面，主要包括《关于经营者集中申报的指导意见》《经营者集中反垄断审查办事指南》《关于经营者集中简易案件申报的指导意见》《关于规范经营者集中案件申报名称的指导意见》《关于经营者集中申报文件资料的指导意见》《关于施行〈经营者集中反垄断审查申报表〉的说明》等。

　　与此同时，随着我国经济社会的快速发展，全球经济环境的变化，现行《反垄断法》自 2008 年 8 月 1 日实施以来，其中部分条款显然已经不能完全适用现在和将来的需求。自 2017 年起，国务院反垄断委员会即已启动《反垄断法》的修订工作。2020 年 1 月 2 日，国家市场监督管理总局公布了《〈反垄断法〉修订草案（公开征求意见稿）》（以下简称《反垄断法征求意见稿》），公开向社会征求意见。本次《反垄断法征求意见稿》是国务院反垄断委员会部署下市场监管总局前期工作成果的集中体现，其于 2018 年 9 月发布的前期工作成果及部分规定均体现其中。本次《反垄断法征求意见稿》的修订思路体现了以下四项原则：其一，从法治实践经验中提炼立法政策，吸纳中国反垄断执法的经验和竞争政策最新的研究成果；其二，符合中国国情，适应中国经济发展阶段和水平，合理借鉴欧美发达国家成熟的做法和经验；其三，充分考虑《反垄断法》不确定性的特点，在规范执法机构自由裁量权

---

〔1〕　参见王先林：《我国〈反垄断法〉实施成效与完善方向——写在〈反垄断法〉实施十周年之际》，载《中国工商报》2018 年 8 月 9 日，第 6 版。

的同时，保持法律的灵活性；其四，重点解决在执法实践中遇到的最迫切问题。[1] 而在并购反垄断规制方面，本次《反垄断法征求意见稿》的修订主要体现在以下六个方面：①明确了反垄断法语境下的"控制权"的定义，"指经营者直接或者间接，单独或者共同对其他经营者的生产经营活动或者其他重大决策具有或者可能具有决定性影响的权利或者实际状态"；②赋予执法机构灵活制定申报标准和主动调查的权限，拟从法律层面赋予反垄断执法机构根据经济发展水平、行业规模制定和修订申报标准，以及就未达到申报标准的经营者集中进行主动调查和处理的自由裁量权，保留了法律适用的灵活性；③引入并购审查的停表制度，对多项不纳入审查时限的事项进行列举，这将有助于避免执法机构因超过审限而不得不要求申报方撤回申报重新提交的低效方案；④明确提供虚假信息进行申报的法律责任，新增对于提供不真实、不准确信息的，执法机构可撤销原审查决定，有助于避免集中方提供虚假信息以"蒙混过关"；⑤现行《反垄断法》规定的罚款金额上限为 50 万元，《反垄断法征求意见稿》显著提高违法实施集中的罚款金额至"上一年度销售额百分之十"，从法律层面赋予反垄断执法机构更有力的处罚权限，如得以采纳和实施，预期将极大加强反垄断执法的威慑程度，引导中国和全球并购和投融资市场的参与者更为审慎地评估相关交易所涉及的中国经营者集中申报义务，合理设计控制权结构，规划交易时间表以及积极提交经营者集中申报；⑥引入反垄断刑事责任，明确实施垄断行为构成犯罪的，将依法追究刑事责任。

　　为进一步完善反垄断法律制度体系，规范经营者集中反垄断审查工作，国家市场监督管理总局于《反垄断法征求意见稿》公布的 5 日后（即 2020 年 1 月 7 日）随即公布了《经营者集中审查暂行规定（征求意见稿）》（以下简称《审查规定征求意见稿》）。《审查规定征求意见稿》整合了此前商务部出台的《经营者集中申报办法》及《经营者集中审查办法》（2009 年）、《关于评估经营者集中竞争影响的暂行规定》（2011 年）、《未依法申报经营者集中

---

〔1〕　参见《〈反垄断法〉修订工作正在有序推进》，载中华人民共和国国务院新闻办公室网站，ht-tp：//www.scio.gov.cn/xwfbh/xwbfbh/wqfbh/37601/39282/zy39286/Document/1641634/1641634.htm，最后访问日期：2020 年 1 月 5 日。

调查处理暂行办法》（2012 年）、《关于经营者集中简易案件适用标准的暂行规定》（2014 年）等多项规章，以及商务部于 2017 年发布的《经营者集中审查办法（修订草案征求意见稿）》的部分规定。相较于商务部此前出台的前几部规章，新出台的征求意见稿仅作有限内容调整，重点的修改体现在以下几处：其一，对机构职责的规定中加入了"国家市场监督管理总局根据工作需要，可以委托省级市场监管部门为经营者集中反垄断审查提供协助，或者协助调查本地区内的违法实施经营者集中"，而这一点也与 2019 年初国家市场监督管理总局发布的《关于反垄断执法授权的通知》中统一对省级市场监管部门进行普遍授权的做法一脉相承；其二，对于"不视为简易案件"的情形，在第 18 条第 1 款第 1 项合营企业由具有竞争关系股东收购的，增加了二者"市场份额之和大于 15%"这一情节；其三，在第 47 条对应当事先确定买方的情形规定中，增加了总局自由裁量权规定，即"存在国家市场监督管理总局认为应当事先确定买方的其他情形"。

伴随着《反垄断法征求意见稿》以及《审查规定征求意见稿》的公布，《反垄断法》的修订工作也在持续深入的推进中，我国并购反垄断制度的进一步完善也指日可待。

二、跨国并购反垄断规制的特殊性

跨国并购是在世界经济一体化背景下企业并购在世界市场上的延伸，目前已经成为跨国直接投资的最主要方式。随着世界经济全球化的持续深入、科学技术的迅猛发展以及全球生产规模持续扩张，以及 WTO 规则下各国国内市场的进一步开放，为资本及资源加速跨国流动的障碍解除进一步提供了制度性条件，全球性的并购浪潮再次袭来，跨国并购无疑将持续得到长足的发展。

跨国并购在推动资源与资本在全球范围内的优化配置、提高资源利用率等方面具有极大的推动作用，也将促使全球市场竞争日趋激烈化与白热化，有利于刺激全球经济的增长，对世界经济格局将持续产生深刻的影响。但无可否认的是，跨国并购将导致企业市场经济势力的跨国转移，尤其对于大型跨国企业而言，其并购行为导致的企业经济势力的集中带来的反竞争效果可能会辐射全球大部分国家和地区的相关市场，促使资本主义经济强国在世界范围内重新瓜分市场、扩张资本，极易致使国际市场寡头垄断局面的产生。跨国并购可能导致的潜在反竞争效果的跨国性无疑是其区别于一般企业并购一个重要特征。

也正是这种潜在反竞争影响跨国性的特征，给各国/地区反垄断法对其规制带来了不小的难度。除外资企业并购内资企业有可能涉及的国家安全问题审查外，单就反垄断规制而言，各国/地区并没有针对跨国并购制定专门的反垄断规制制度，而是以其并购反垄断制度适用于其管辖权范围内包括跨国并购在内的所有企业并购行为。跨国并购的反垄断规制的法律渊源，仍主要是各国/地区作为独立反垄断司法辖区的国内法/区域一体化组织的统一反垄断规则（主要指欧盟竞争法）。而反垄断法作为一国的经济宪法，以维护市场竞争秩序，实现竞争自由、提高经济效率与追求实质公平为基本价值目标，而为实现社会整体效益这一终极价值目标，并购反垄断规制也不可避免地要受到一国产业政策的深刻影响，并与国家战略利益密不可分。加之合理法则的适用，使得并购反垄断规制本身即具有适用上的不确定性。

正因如此，基于国家战略利益，为维护本国/地区市场的竞争秩序，各国/地区不可避免地要对影响本国/地区市场有效竞争的跨国并购交易行使反垄断管辖权，即使相关并购行为并不发生在其领域范围内，由此也不可避免地产生了各国/地区之间的管辖权冲突以及并购反垄断规制适用法律的冲突问题。而截至目前，全世界各国、各地区有一百多个独立的反垄断司法辖区，其反垄断执法机关均可以依据其本国法/区域内统一反垄断规则处理跨国并购的案件。这使得跨国并购的参与方在交易前必须考虑的问题是，其并购交易可能受到哪些反垄断司法辖区的管辖，是否达到了其反垄断审查的申报门槛，各司法辖区的反垄断审查实体标准是什么，等等。这对于并购参与方来说，无疑是大大提升了完成并购交易的时间成本与经济成本，而且也使其面临着极大的不确定性风险。

管辖权与适用法律的冲突，以及给并购参与方带来的不确定性风险，使得跨国并购反垄断规制的透明度以及适用法律的确定性都亟待提高，也进一步使得各国/地区在跨国并购的反垄断审查领域开展国际合作成为必然之势。

第二章　跨国并购反垄断规制的价值目标

　　价值是标志着主体与客体关系的一个范畴，一般指在特定历史条件下，外界事物的客观属性对人们所发生的效应和作用以及人们对之的评价。而法的价值，即指在法律和人的关系中，法律对人需要的满足状况，以及由此产生的作为主体的人对作为客体的法律的评价。[1] 一般而言，法的价值之内涵可因以下三种不同的使用方式而有所不同：一是用法的价值来指称法律所包含的价值评价标准；二是用法的价值来指称法律自身所具有的价值因素，即法的"形式价值"；三是用法的价值来指称法律在发挥其社会作用的过程中能够保护和增加哪些价值，这种价值构成了法律所追求的理想和目的，即为"目的价值"。[2] 据此，本章所指称的反垄断法抑或跨国并购反垄断制度之价值，即是从前述第三种层面来使用的法的价值。因此，在本书中亦称之为反垄断法的价值目标或者跨国并购反垄断规制的价值目标。

第一节　反垄断法的固有价值目标

一、反垄断法价值目标之概论

　　"在我们能够给以下问题做出肯定回答之前，反垄断法不能说是有理性的：什么是该法的核心——该法的目的是什么？一切事情取决于我们给出的

---

〔1〕　参见付子堂主编：《法理学进阶》，法律出版社 2005 年版，第 78~80 页。

〔2〕　参见张文显主编：《法理学》（第 2 版），法律出版社 2004 年版，第 227~228 页。

而包含了自由、效率、平等等具体价值作为保护竞争秩序基本价值的细化，是反垄断法的具体价值，属于低层次的价值。[1] 同时，亦有学者认为在反垄断法的价值目标之间建立位阶关系并不能解决实际问题，而应把各种价值视为大致衡平的价值，对其相互之间的衡量和协调也应采取大致相同的解决方案——平衡，即使某些价值目标在特定情形下优先于其他价值目标，这也只是影响抽象的权重分配，不代表位阶优先的价值一定优于其他价值，而应一切取决于个案具体情况。[2]

对于前述反垄断法的多元价值之间为平等价值而无孰优之分的观点，本书也深表赞同。同时，本书进一步认为，反垄断法对于竞争秩序的维护，既是目的，也是手段。竞争秩序作为反垄断法最为直接的价值目标，是制定和实施反垄断法的首要目的，从内涵上看，竞争秩序应包含竞争自由、经济效率、实质公平等方面的内容；而与此同时，对于竞争秩序的维护又具有功能属性，反垄断法对于竞争秩序的维护，其最终的目的是实现的社会整体效益。然而，无论作为功能性价值目标的竞争秩序，还是作为终极目的性价值目标的社会整体效益，其本身并无低阶与高阶、优先与劣后之分，其之间的冲突与平衡，仍应置于个案之中进行具体分析。正如有学者指出：反垄断法的复杂性反映了垄断这种经济形态的复杂性，自美国诞生《谢尔曼法》这一世界上第一部现代意义上的反垄断法以来，不同政治集团之间的对抗、各种经济利益的权衡、甚至政治价值的诉求始终是反垄断法无法回避的问题。所以，对垄断行为进行约束，要承认反垄断法的价值目标多元化，并借助反垄断法对于各种价值目标进行考量、权衡和选择，通过法律的途径解决价值争执背后的多元化追求。[3]

二、反垄断法的多元价值目标

(一) 反垄断法的功能性价值目标——竞争秩序

"任何社会的法，总意味着某种理性和秩序。"[4] 法的秩序价值是其他法

---

[1] 参见游钰：《反垄断法价值论》，载《法制与社会发展》1998 年第 6 期。
[2] 参见兰磊：《反垄断法唯效率论质疑》，载《华东政法大学学报》2014 年第 4 期。
[3] 王翀：《论反垄断法的价值目标冲突及协调》，载《政法论丛》2015 年第 3 期。
[4] 沈宗灵：《法理学》，高等教育出版社 1994 年版，第 46 页。

律价值存在的基础，在反垄断法领域也不外如是。从历史上看，反垄断法产生于资本主义世界由自由资本主义向垄断资本主义过渡的期间，垄断作为自由竞争发展到一定阶段的必然产物，其在实现规模经济的同时，也会使得市场竞争关系失衡、资源配置不公，导致市场经济的畸形发展。作为经济人的市场主体，往往会本着对自身利益最大化的机会主义目标去从事市场行为，而无论其行为是否会侵犯其他市场主体以及消费者的利益，以及是否会破坏市场竞争秩序。因此，反垄断法的主要立法目标在于规制和纠正那些可能产生抑制市场竞争效果的行为，调整竞争关系，使得市场竞争得以有序运行，从而维持良好的竞争秩序。而这种竞争秩序由反垄断法创设和维护，是市场经济发展到一定阶段的产物，是商品经济滋长的传统民法秩序对社会经济生活的调控作用明显不足的情况下而出现的一种新兴的"法秩序"。相对于强调契约自由、私权绝对、人格平等的传统民法秩序而言，竞争秩序强调国家对市场活动的干预，以及对传统民法秩序所遵循的基本原则的限制。这是因为，垄断是在传统民法的秩序基础上产生的，行为主体根据私权绝对、人格平等和契约自由等民法原则实施市场行为而导致了限制市场竞争的效果。在此种情形下，维护自由竞争的经济秩序和规制限制竞争的垄断行为成为新的法秩序目标，而这一法秩序目标与传统私权绝对、人格平等和契约自由的民法秩序显然存在很大差异，由此，在强烈的现实需求的挤压中滋生了与现代市民法秩序不同的竞争秩序等新兴法秩序。[1]

　　有学者认为，竞争是反垄断法的首要价值目标。[2] 然而，虽然竞争的概念是理解竞争秩序的不变内核，但竞争本身并不是反垄断法的价值目标。反垄断法保护竞争的实质在于维护由反垄断法创设或认可的良性竞争秩序，这种秩序才是反垄断法的基本价值目标。[3] 也正因如此，促进有效竞争也是维护良性竞争秩序的题中之意。根据克拉克的有效竞争理论，如果一种竞争在经济上是有益的，而且根据市场的现实条件是可以实现的，这种竞争就是有

---

〔1〕　参见［日〕金泽良雄：《当代经济法》，刘瑞复译，刘祚恒审校，辽宁人民出版社 1988 年版，第 24 页。

〔2〕　参见叶卫平：《反垄断法的价值构造》，载《中国法学》2012 年第 3 期。

〔3〕　参见游钰：《反垄断法价值论》，载《法制与社会发展》1998 年第 6 期。

效的竞争。[1] 因此，有效的竞争即与规模经济相适应的竞争。有效竞争理论打破了此前长期以来人们按照完全竞争的模式被动地寻求改造市场结构的方案，认为完全竞争模式无法实现对技术创新和经济进步的激励作用。竞争不可避免地会导致垄断，因此，如欲通过鼓励竞争的方式实现技术创新与经济进步，则必然导致限制竞争行为的产生。正是因为市场经济的发展无法摆脱垄断的阴影，故而就需要在自由竞争和经济发展的冲突中权衡，哪个目标需要优先考虑。哈佛学派正是在有效竞争理论的影响下产生，其研究重点是市场势力与市场竞争的关系，并提出了以市场结构、市场行为和市场效率三个标准来评价有效竞争，为有效竞争理论提供了理论和实践依据。尽管后期兴起的芝加哥学派对有效竞争理论持不同见解，但当今许多国家/地区，如欧盟，其竞争法仍采用有效竞争的市场模式，[2] 欧盟并购反垄断规制的 SIEC 标准即采用了"严重妨碍有效竞争"的表述。我国很多学者也持这种见解。

作为反垄断法最直接的价值目标，良性的竞争秩序无疑具有以下三个方面的内涵：竞争自由、经济效率、实质公平。

第一，竞争自由。竞争自由是维护有效的竞争秩序的最基本、最重要的目标。正如美国联邦最高法院法官曾指出，反垄断法是企业自由的大宪章，其目的在于维护贸易规则的自由和不受束缚的竞争。垄断是市场经济发展到高阶的产物，是自由竞争的必然结果；而从自由竞争中发展出来的垄断，在形成规模经济的同时，也会破坏自由竞争的市场秩序。市场参与主体享有参与市场竞争的自由，但当其在市场竞争中实施的行为产生了破坏竞争秩序的反竞争效果，并严重损害了其他市场参与者的竞争自由时，无论其行为是否属于传统民法保护的自由范畴，都应视为是自由权利的滥用。从这个角度看，反垄断法对于竞争自由的保护，是以作为市场竞争主体的企业为基点的。因此，无论美欧，各国/地区的反垄断法都将自由竞争的价值明确写入了法律文本。

第二，经济效率。反垄断法的效率目标是芝加哥学派极力倡导的价值目标，因此，自芝加哥学派兴盛后，效率主义便日益取代了结构主义而日益体

〔1〕 参见王晓晔：《反垄断法》，法律出版社 2011 年版，第 12 页。
〔2〕 参见王晓晔：《欧共体竞争法》，中国法制出版社 2001 年版，第 64、69 页。

现于美国反托拉斯法的修订与执行中。虽然芝加哥学派的学者们常以消费者福利最大化作为经济效率的最终目标，但其所指向的消费者并非是狭义上与生产、经营者相对而存在的终端消费者，而是采广义的概念，意指包括生产者、经营者以及终端消费者在内的所有社会成员。因此，如果生产者的福利大幅增加，即使可能会因此导致狭义的终端消费者的福利减少，但只要前者大于后者，亦可以说是符合经济效率的原则。具体来说，竞争通过两种途径实现效率：一是宏观上的社会资源配置效率，二是微观上的企业生产效率。效率至上的经济学分析方法也日益运用于美国的反托拉斯执法与司法中，最直观即是其直接体现于 20 世纪 80 年代以后历次修订的《企业并购指南》和《横向并购指南》中。而在欧盟，随着 SIEC 标准的确立，其对效率的态度也逐渐发生了转变，开始在实体分析中加大对经济效率的分析比重。

第三，实质公平。垄断导致市场的有效竞争及市场竞争秩序遭到破坏，而其产生的无论是单边反竞争效果还是协同反竞争效果，最终带来的结果都是处于弱势地位的中小企业和消费者的利益受到损害。因此，反垄断法通过对于竞争秩序的维护，以实现以其特有的手段来保护实质公平。一方面，反垄断法通过对竞争秩序的维护，使得市场进入成为可能，经济势力的积聚得到抑制，使得在与垄断企业的竞争中处于弱势地位的中小企业得以实质上获得参与市场竞争的机会，在公平竞争的机制下接受市场优胜劣汰的裁判。另一方面，虽然终端消费者在传统的民法秩序中被赋予与大企业集团平等的民事主体地位，但鉴于其在整个生产经营的链条中始终处于最弱势的一环，使得双方在市场中往往处于事实上的不对等地位，而反垄断法通过对竞争秩序的维护，使得企业通过限制竞争行为而垄断市场乃至垄断价格的行为成为非法，从而使得终端消费者得以在交易中获得公平的市场地位。

（二）反垄断法的终极目的性价值目标——社会整体效益

如前所述，反垄断法通过对良性竞争秩序的维护，旨在实现竞争自由、提高竞争的经济效率、维护竞争的实质公平。但是从根本上来说，凡此种种，无不是为了实现社会的整体效益。作为宏观调控手段的经济法是社会本位法，最大限度利用有限的制度资源和空间来实现整体的社会效益这一终极目标，是其得以存在和发展的正当性来源。反垄断法作为经济法的一个重要方面，其将社会整体效益作为其终极价值目标无疑是由经济法这一本质属性决定的。[1] 这里的社会整体效益，既包括因社会宏观资源配置的效率提升而带来的经济效益，也包括政治、文化、道德等方面的效益。从历史上看，美国制定《谢尔曼法》的目标就是保护竞争秩序正常发挥作用，防止经济势力的不正当集中，维护竞争自由和经济平等，进而防止少数大企业对国家经济的控制与操纵，维护民主制度的根基。可见，从反垄断法诞生之初，其就将实现社会整体效益作为其终极目标。各司法辖区的反垄断法文本中也对此有所体现，如日本《禁止垄断法》第 1 条即规定其立法目的在于促进公正、自由的竞争，增加就业，提高国民实际收入水平，在保护普通消费者之福利同时，推动实现国民经济民主而健全地发展。我国台湾地区的"公平交易法"第 1 条也规定其旨在"维护交易秩序与消费者利益，确保自由与公平竞争，促进经济之安定与繁荣"。我国《反垄断法》第 1 条亦明确，其宗旨在于"保护市场公平竞争，提高经济运行效率，维护消费者利益和社会公共利益，促进社会主义市场经济健康发展"。上述"国民经济的民主而健全发展""经济之安定与繁荣"以及"社会主义市场经济健康发展"虽然表述有所不同，且具有高度抽象性，但从内涵上看，其无疑都属于社会整体利益的范畴。

三、反垄断法多元价值目标的冲突与反垄断法的不确定性

在当下经济形势与社会关系错综复杂、主体利益也日益多元化的背景下，法律制度的理论探索与实践需求，特别是基于制度正当性与合法性所追求的价值目标也日益呈现出复杂性与多元化的特征，反垄断法也不外如是。如前所述，反垄断法的多元价值目标之间不仅相互联系、相互补充，也存在着天然的冲突，如竞争秩序内涵之下的实质公平与经济效率、竞争自由与竞争秩序之间的冲突就显而易见，而在追求社会整体效益的过程中，也极易可能与单个竞争者的竞争自由与个体效率产生冲突。从国际上来看，不同的反垄断司法辖区因其经济发展水平、政治环境、文化传统、价值观念以及反垄断理论等因素的差异，对于反垄断法的价值目标的理解和追求的重点亦不相同，

---

〔1〕 参见王晓晔：《论反垄断法的价值目标冲突及协调》，载《政法论丛》2015 年第 3 期。

如美国自芝加哥学派兴起后效率成为其执法机关适用反托拉斯法的主要价值目标，而以美国反托拉斯法为蓝本而发展起来的日本反垄断法，其竞争政策则与产业政策密不可分，宗旨在于保护普通消费者利益和促进国民经济民主、健康的发展；又如同为前社会主义国家的东欧国家在加入欧盟后追随欧共体共同的价值目标，而俄罗斯则为发展中小民营经济体而将反垄断法的重点放在实质公平上。

价值目标的多元性与冲突性决定了反垄断法自身的不确定性，尤其在错综复杂的国际环境中，由于各反垄断司法辖区主流价值目标的差异，以及其对各自反垄断法价值目标追求的侧重点不同，导致各国反垄法对同一垄断现象可能作出不同的价值目标取舍，并由不同的价值目标传导得出不同的反垄断法律制度的实体与程序要求，以及对于同一涉嫌垄断案例的性质认定有所不同，也由此会导致不同的处理方式，令反垄断法的国际冲突成为必然。此外，在当今国际社会，尽管世界统一市场日益形成，但地域差异和国别冲突依然存在。各司法辖区实施其反垄断法的首要步骤是界定相关市场，而相关地域市场是相关市场的一个重要方面（相关市场界定的具体内容将在本书第四章中详述）。而反垄断法自身的公法属性也进一步决定了反垄断法所维护的在相关市场上的竞争秩序具有地域与国别的差异。以上冲突，在三大航运巨头——丹麦穆勒马士基集团（A. P. Møller - Maersk A/S）、比利时地中海航运公司（MSC Mediterranean Shipping Company S. A.）、法国达飞海运集团公司（CMA CGM S. A.）集中案（以下简称"三大航运公司并购案"）中表现得尤为突出。

丹麦穆勒马士基集团系于 1904 年在丹麦注册成立，1982 年在纳斯达克OMX 哥本哈根证券交易所上市，是全球最大的集装箱海运企业，在全球一百多个国家和地区设有办公机构，营业范围包括集装箱班轮航运、码头服务、内陆运输、物流、港口拖轮、油轮、油和天然气的勘探和生产、零售业以及航空运输，其在中国各主要港口从事集装箱班轮航运服务及相关业务。比利时地中海航运公司于 1970 年在比利时创建，是全球第二大集装箱海运企业，在全球范围内提供将集装箱海运服务与铁路、河运和公路货运相结合的集装箱运输及辅助服务、港口服务、邮轮服务，其在中国从事集装箱班轮航运及辅助业务。法国达飞海运集团公司于 1996 年在法国注册成立是全球第三大集装箱海运企业，业务范围包括海运、冷藏运输、港口装卸设施以及地面物流，其在中国主要从事集装箱班轮航运业务及少量物流业务、代理业务等。

2013 年 10 月，前述世界排名前三位的航运巨头签署协议，拟在英格兰和威尔士设立一家有限责任合伙制的网络中心，统一负责交易方在亚洲—欧洲航线、跨大西洋航线和跨太平洋航线上集装箱班轮的运营性事务。

我国商务部于 2013 年 9 月至 2014 年 6 月期间对该案进行了经营者集中的反垄断审查。在考察相关地域市场时，商务部认为，贸易航线是国际集装箱班轮运输的基本要素。该项交易涉及三大航线，分别是亚洲—欧洲航线、跨太平洋航线和跨大西洋航线，根据行业习惯，上述三大航线共涉 9 条贸易航线。分别是：远东—北欧贸易航线、远东—地中海贸易航线 2 条贸易航线，统称为亚洲—欧洲航线；远东—北美西海岸贸易航线、远东—北美东海岸贸易航线、远东—美国墨西哥湾贸易航线，统称为跨太平洋航线；北欧—美国东海岸贸易航线、地中海—美国东海岸贸易航线、欧洲—加拿大贸易航线和欧洲—美国西海岸贸易航线，统称为跨大西洋航线。鉴于跨大西洋航线不覆盖中国港口，亚洲—欧洲航线、跨太平洋航线均覆盖中国主要港口，因此，商务部重点审查了该项交易对亚洲—欧洲航线、跨太平洋航线的竞争影响。并认定该项并购形成了与传统松散型联盟有本质区别的紧密型联营，将显著增强交易方的市场控制力，大幅提高相关市场的集中度，进一步推高相关市场的进入壁垒，进一步增强交易方的市场控制力以及对港口的议价能力，进一步挤压其他竞争者的发展空间，同时给港口发展带来负面影响。且由于交易方提交的最终救济方案缺少相应的法律依据和可信服的证据支持，不能解决商务部的竞争关注。据此，商务部于 2014 年 6 月作出了禁止该项交易的决定。[1]

而实际上，该项交易在中国商务部作出禁止决定之前，已经通过了美国、欧盟的反垄断审查。究其原因，在于美国、欧盟系将该项交易定性为松散型

---

〔1〕 参见中华人民共和国商务部公告 2014 年第 46 号，《商务部关于禁止马士基、地中海航运、达飞设立网络中心经营者集中反垄断审查决定的公告》，载商务部网站，http://fldj.mofcom.gov.cn/article/ztxx/201406/20140600628586.shtml，最后访问日期：2019 年 2 月 28 日。

的垄断协议，而对于垄断协议，主要依赖于事后监管，即当交易方存在达成价格同盟、协同涨价或者其他损害消费者行为时，再启动反垄断调查程序；而我国直接将该项交易认定为将会导致经营者集中的并购行为，认定三个交易方发生了紧密的联合，由此可将其行为视作一个企业行为来审查。此外，更重要的原因是，该联盟在与美国相关的地域市场即跨太平洋这条航线的市场占有率较小，对美国的反竞争影响并不大；而因其在跨大西洋和亚洲—欧洲航线的相关地域市场占有率明显高于欧盟与中国并购反垄断监管的上限，因此其以建立网络中心的方式打扮成和其他联盟一样看似比较松散的组织形态，最终取得了欧盟的放行。

由此可见，反垄断法所维护的竞争秩序无疑是于本国市场有利的竞争秩序，而据此实现的社会整体效益，事关一国政治、经济、文化等多方面的整体效益，体现在国家产业政策、竞争政策、对外政治经济政策等方方面面，这也使得反垄断法的适用本身存在着极大的不确定性。

第二节 跨国并购反垄断规制价值目标的独有特征

如前所述，反垄断法以将竞争自由、经济效率、实质公平为主要内涵的竞争秩序作为其功能性价值目标，以实现社会整体效益作为其终极目的性价值目标，而跨国并购反垄断制度作为反垄断法的一个重要方面，也不外如是。与此同时，各国对于并购行为是否构成垄断的违法性判断标准并不适用本身违法原则，即只要实施了反垄断法所禁止的相关行为即认定其构成违法，而一般适用合理法则，即根据企业实施并购行为的目的、所产生的限制竞争影响的程度以及行为人的市场份额等因素来判断其是否违法。这也使得并购规制更容易与产业政策相互作用，而体现出独有的特征。

而跨国并购作为企业并购在世界市场上的延伸，无疑同时具有国内属性与国际属性。在国内属性的作用下，各国对于跨国并购的反垄断规制，在追求竞争秩序的功能性价值目标以及社会整体效益的终极价值目标的过程中，无疑将深受国家产业政策的影响；而在国际属性的作用下，鉴于跨国并购在世界市场上深受各方面国际因素的影响，对其反垄断规制更应在追求竞争秩序的功能性价值目标以及社会整体效益的终极价值目标的过程中，将国家战略利益置于首位。

一、并购反垄断规制之价值目标的实现深受产业政策的影响

(一) 并购反垄断制度与产业政策的关系

反垄断制度与产业政策是国家对经济进行宏观调控的两种方式，分属于经济法的两个基本方面。产业政策是国家宏观调控的一种方式，体现了政府通过对市场的干预而对市场资源的重新配置，其作用范围涵盖了各个产业及其组织细胞，即企业行为。而目标在于实现产业结构的合理化调整与升级，实现经济振兴，增强产业的国际竞争力，进而实现社会整体效益的终极目标。因此，从终极价值目标上来讲，反垄断制度与产业政策具有一致性。

企业并购无疑集中体现了一国/地区竞争政策与产业政策共同作用的重要领域。在对待企业并购的问题上，竞争政策与产业政策既在很大程度上具有一致性，又在一定程度上存在着矛盾与冲突。产业政策鼓励企业并购和经济势力的集中，意在优化资源配置，实现规模经济与规模效益，提升产业经济效率，增强国际竞争力；而从以反垄断法为代表的竞争政策角度来看，鉴于大部分的企业并购并不会损害有效竞争，反而有利于企业增强市场竞争力，优化相关市场的竞争结构，有利于维护竞争秩序，进一步有利于提高社会资源的优化配置效率和企业的经济效率，因此反垄断法也并非限制所有的企业并购行为。因此，从这个角度来看，并购反垄断制度与国家产业政策具有一致性。但另一方面，国家产业政策更为重视通过并购带来的经济势力集中来实现经济规模的增长，因此更为鼓励企业的并购行为以实现规模经济，甚至以国有出资支持大型国有企业通过并购获取垄断地位，旨在打造具有国际影响力的巨型跨国企业；而相较而言，反垄断法更为关注并购带来的经济势力的集中是否会严重阻碍有效竞争，损害市场的竞争秩序，并采取相关措施来防范可能会导致严重反竞争效果的企业并购行为。从这个角度来看，二者又存在着一定程度的冲突。

因此，从本质上来看，并购反垄断制度是一国/地区的产业政策与竞争政

策及其背后政治力量在企业并购领域发生冲突并经多方博弈后的妥协结果。[1] 也正因如此，一国/地区的并购反垄断制度也不可能完全脱离产业政策的影响。尤其是，产业政策与反垄断法作为经济法两项重要内容，其均以社会整体效益作为其终极价值目标，尽管二者的实现路径可能不同，但最终目标的一致性无疑使得二者在发挥作用的过程中会相互渗透。因此，总体而言，并购反垄断制度是在竞争政策的基础上，吸收了合理的产业政策诉求，以实现在企业并购活动中反垄断政策与产业政策的协调与统一。

最为明显的体现产业政策与反垄断政策这种冲突与妥协的博弈关系的，便是日本的并购反垄断制度。如本书第一章所述，在 20 世纪 50 年代至 70 年代的战后经济高速发展时期，受通产省的鼓励企业并购、促进产业集中、扩大产业规模的产业政策影响，日本的《禁止垄断法》让位于产业政策，许多产业部门先后出台了一系列的并购豁免法，形成了大型企业的并购高潮。而 20 世纪 80 年代进入全球化阶段后，随着开放市场的形成和过往产业政策带来的垄断的弊端日益凸显，面对国内外的压力，日本的产业政策逐渐向放松管制转变，与此相对的，《禁止垄断法》的修订与实施日益强化，对于控股公司和并购的规制也日趋严格和完善，体现了日本经济结构改革的整体方向。可以说，日本《禁止垄断法》的历次修订与完善，无不是产业政策与竞争政策博弈后妥协与平衡的结果。

（二）产业政策在并购反垄断规制中的体现

如上所述，并购反垄断制度的制定与实施，无不受到本国/地区经济发展现状与其时的产业政策的影响与制约，而在具体制度层面，主要体现在以下几个方面。

1. 并购反垄断规制的申报标准

多数国家/地区的并购审查都采取事先申报制，要求达到一定规模的并购应于交易前向反垄断主管机构申报。作为并购反垄断规制的门槛性要求，并购的申报标准本身即根据一国/地区的经济发展水平、产业集中规模、市场竞争状况等因素确立：过低的申报标准会导致并购交易申报过多，不仅会加重

---

〔1〕 宾雪花：《产业政策法与反垄断法之协调制度研究》，中国社会科学出版社 2013 年版，第 128 页。

反垄断主管部门的执法负担，也增加了企业的并购交易成本和不确定性因素，不利于中小企业通过并购提高市场竞争力，无法实现提高企业国际竞争力、实现规模经济的产业政策目标；而过高的申报标准会导致具有实质限制竞争影响的并购交易获得放行，破坏市场竞争秩序，对于跨国并购而言，如降低外资并购本国企业的跨国并购门槛要求，可能造成外国跨国公司在本国市场上的垄断势力，挤压本国相关企业的生存空间。因此，各国/地区的并购反垄断申报标准无不体现了其当前产业政策对于经济势力集中的严厉打击抑或放松管制的态度。

2. 并购反垄断规制的实体分析

产业政策对于并购反垄断规制实体分析的影响集中体现在市场集中度评估和抗辩这两方面（关于实体分析的具体内容详见本书第四章的论述）。

对于市场集中度，各国/地区一般根据赫尔芬达-赫希曼指数（HHI 指数）或者行业前 N 家企业联合市场份额（CR_n 指数）指数来对相关市场的集中度进行评估，并通常会设置一定的安全港标准，相关指数低于安全港标准的，即认定为非集中的市场或者相关企业不具有市场支配地位，而对相关并购无须进一步关注。因此，相关评估指数即安全港标准的设置即体现了国家产业政策对于并购反垄断规制的影响。如美国 1982 年的《企业并购指南》放弃了原有的四企业集中度指数（CR_4 指数）而采用更加精准的 HHI 指数，而 2010 年修订的《横向并购评估指南》则进一步提高了原有的 HHI 指数的门槛，对于并购的反垄断监管日益从严苛走向宽容，即充分体现了其以经济效率为中心的产业政策的深刻影响。

在反垄断审查中，在一项并购符合反竞争效果的评估标准的情况下，如果存在法定的抗辩事由且该事由经证实而为反垄断主管机关所接受，即可豁免于被禁止而获准实施。因此，此类抗辩事由往往也是并购反垄断规制的豁免事由。此等豁免事由通常都是利益权衡的结果，尤其在效率、濒危企业破产抗辩等抗辩事由下，被豁免的并购通常具有促进生产效率提高、有利于技术进步、促进产业结构调整、有利于提高国际竞争力抑或有利于资源有效配置、维护社会稳定等有利于社会的整体效益的情形。由此可见，满足产业政策的需要是并购反垄断规制豁免制度的重要原因。鼓励经济势力集中、促进规模经济发展的产业政策在反垄断领域的最为直观的表现形式之一便是并购反垄断的豁免事由和豁免案例的增加。正如前文所述之日本 20 世纪 50 年代至 70 年代，即是通过对各行业纷纷制定并购的豁免法以配合彼时的促进经济势力集中的产业政策，也因此促成了日本的企业并购高潮，形成了一批具有世界规模的大型集中化企业，符合日本当时振兴经济的产业政策要求。

3. 附条件批准制度

鉴于并购的“双刃剑”效应——一方面有利于规模效益的提升和效率的提高，有利于提高企业的市场竞争力，而另一方面则可能产生限制有效竞争的效果，进而破坏竞争秩序，无条件通过将不利于竞争秩序的维护，而无条件禁止也不利于产业政策的推行。一项好的企业并购规制制度并不是要限制并购，而是要促使企业按照有利于市场竞争的方向发展。[1] 正因如此，附条件批准已经成为当今各国/地区为协调产业政策与竞争政策而普遍采用的并购救济方式。从各国/地区的实践来看，可附加的限制性条件可以分为结构性救济措施与行为性救济措施，前者包括剥离相应资产或业务以及转让相应股权等，后者包括市场进入、防火墙设置等。与无条件禁止或者无条件批准相比，附条件批准的裁决制度无疑更具灵活性，通过限制性条件的实施以最大程度上抵消并购可能带来的反竞争效果，减少其对竞争秩序的损害，同时也促进了企业通过并购实现规模效应，提高市场竞争力，可以说是在坚持反垄断的竞争政策的原则下，兼顾了产业政策促进企业做大做强的规模经济的要求，有利于实现企业并购向有利于竞争的方向发展，实现社会整体效益这一共同的终极价值目标。

（三）产业政策影响下的并购反垄断豁免的制度模式

1. 德国、英国模式——专门机构干预机制

德国、英国为协调并购反垄断领域的产业政策与竞争政策而采用的制度模式是在并购反垄断执法机构之外，设置一个专门的机构，对与产业政策相关、涉及国家整体经济效益或公共利益的并购案进行特别干预。

根据德国《反对限制竞争法》的规定，如果一项并购在个案中对国家整

---

〔1〕 卫新江：《欧盟、美国企业合并反垄断规制比较研究》，北京大学出版社 2005 年版，第 106 页。

体经济带来的收益超过其带来的反竞争效果，或者具有重大社会公共利益的，在其造成的反竞争效果没有危及市场经济秩序的前提下，即使该项并购已被联邦卡特尔局禁止，联邦经济部长也可以根据申请而特批准许该项并购。德国卡特尔法赋予联邦经济部长对于已被联邦卡特尔局禁止的涉及国家整体经济效益和社会公共利益的并购的特别许可权限，目的即在于在并购审查时充分考虑产业政策的因素。[1] 这一制度虽然引起了人们对于政治因素过分影响竞争政策的担心，然而德国学术界的主流观点仍认为，国家整体经济效益与社会公共利益只有在有效竞争的市场秩序中才能最大限度地得以实现，因此，促进有效竞争、维护竞争秩序也是维护国家整体经济效益与社会公共利益的重要体现。在这一思想指导下，联邦经济部长也仅能在极少数情况下援引国家整体经济效益和社会公共利益来批准一些已经被联邦卡特尔局禁止的竞争。[2] 事实上，此类案例也非常罕见。而联邦经济部长据此特许的最著名的一起并购案即戴姆勒-奔驰与德国军工企业 MBB 公司的并购。在该案中，虽然联邦卡特尔局基于对竞争秩序的维护而禁止了该项并购，然而，联邦经济部长认为该项并购可以加强德国企业在航空航天领域以及军备领域的国际竞争力，有利于提高整体经济效益以及保持技术进步，并据此附条件批准了该项并购。[3]

　　在英国，鉴于其长久以来以公共利益作为并购反垄断规制的实体标准的传统，2002 年《企业法》在吸收美国 SLC 标准的基础上，赋予了国务大臣对于涉及公共利益的并购案的干预机制。在涉及公共利益的问题上，国务秘书有权将相关案件移交竞争委员会处置，也有权基于公共利益的问题而独立作出决定。

　　设置专门机构对于涉及产业政策的并购案进行干预的制度模式，既可以防止反垄断执法机构滥用自由裁量权，避免一些以产业政策为借口的严重损害竞争秩序的企业并购行为得以规避监管，也可以使得一些真正有利于国家

---

〔1〕 参见［德］U. 伊蒙伽：《合并控制法在欧洲和德国的新发展》，载王晓晔、［日］伊从宽主编：《竞争法与经济发展》，社会科学文献出版社 2003 年版，第 244 页。

〔2〕 参见［德］U. 伊蒙伽：《合并控制法在欧洲和德国的新发展》，载王晓晔、［日］伊从宽主编：《竞争法与经济发展》，社会科学文献出版社 2003 年版，第 245 页。

〔3〕 参见刘桂清：《反垄断法中的产业政策与竞争政策》，北京大学出版社 2010 年版，第 93 页。

整体经济效益和社会公共利益的企业并购得以施行，其优势显而易见。然而，鉴于产业政策和竞争政策在很多时候难以截然划分，而且设置专门机构与反垄断执法机构各司其职的体制也缺乏必要的灵活性，因此这一模式并未为大多数国家所接受。

2. 欧盟的概括性立法模式

欧盟的竞争法深受德国卡特尔法的影响，但在涉及产业政策协调的问题上，并未采用德国的交予专门机构干预的模式，而是在并购条例中概括性授权欧委会在案件审查时可以考虑相关产业政策因素，并自由裁量是否据此对并购予以豁免。

欧盟《4046/89 号并购条例》制定之初，各成员就围绕企业并购的反垄断规制是否应以竞争政策为基础展开了讨论。[1] 在欧委会最初提交的几稿草案中，共同体利益（包括产业、技术、社会发展及地域经济振兴等）被置于优先地位予以考量，因此也遭到了一些成员的反对。经妥协与让步，《4046/89 号并购条例》最终确立了以竞争政策作为企业并购规制制度的基本指导方针，同时，也仍保留了一些深受产业政策影响的内容。如条例序言部分指出，共同体市场内的企业并购行为，作为有助于强化共同体产业的竞争力、促进经济增长、提高共同体内生活水准的手段，应获认可。第 2 条第 1 款同时明确了欧委会在并购评估时应对中间消费者及最终消费者的利益、技术进步与经济发展、企业的国际竞争力等因素予以考虑。在后来修订的《139/2004 号并购条例》也基本保留了这一规定。可以看出，产业政策对于欧盟并购反垄断审查的影响一直存在，欧盟系通过概括性的立法方式，将相关的豁免权限授予了欧委会。而在个案中，欧委会的审查实践也体现了产业政策的影响。如在 1994 年的 Mannesmann/Vallourec/Ilva 并购案中[2]，尽管三家公司并购后在相关市场上的市场份额将达 36%，欧委会竞争总局下设的集中规制局已认定该项并购将会导致其拥有市场支配地位，限制共同体内的有效竞争，但最终欧委会仍批准了该项并购，其全体委员都赞成在相关市场领域建立一个强

---

〔1〕 参见王为农：《企业集中规制基本法理——美国、日本及欧盟的反垄断法比较研究》，法律出版社 2001 年版，第 159 页。

〔2〕 Mannesmann / Vallourec / Ilva. Case No. IV/M. 315- （EEC）No. 4064/89.

大企业的决定，虽然委员会并不认为这是纯粹基于产业政策而作出的决策，尤其不认为这是允许产业政策优先于竞争政策[1]，但无疑欧委会对于该并购案的豁免参考了基于产业政策相关因素的影响。

欧盟的此种概括性立法明确应将产业政策的相关因素纳入并购的评估框架中，并赋予反垄断执法机关在个案中的自由裁量权，既保持了法律的稳定性，又考虑到了实践中的具体情况而具有一定的灵活性，是多数国家采用的一种模式。作为欧盟成员的法国、意大利等均采用类似模式，此外，加拿大、南非、墨西哥等非欧盟成员的反垄断法也采取了这种模式。

3. 美国的执法平衡模式

美国控制企业并购的《克莱顿法》及其后历次的修正案的相关规定原则性很强，但并没有关于兼顾产业政策的要求。作为判例法国家，美国主要是由反垄断执法机构和法院在个案中对产业政策的相关因素予以考虑。

事实上，美国自《克莱顿法》出台后至 20 世纪 70 年代末以前，受哈佛学派严格的结构主义及国家干预主义影响，一直实行较为严格的反垄断政策。最为典型的是布朗鞋公司诉美国政府案[2]。彼时市场份额是判定并购的反竞争影响的最重要因素之一，在该案中，布朗鞋公司及其拟并购方在相关市场的市场份额合计只占 5%，但法院仍认为并购将导致相关行业存在由相对分散向垄断性行业转变的趋势，鉴于反托拉斯法保护的不是经济势力的集中而是经济势力的分散，因此法院禁止了该项并购。然而，20 世纪 70 年代末期以后，随着美国经济开始出现衰退的迹象，以及受国际竞争压力的影响，为维持经济强国地位，在芝加哥学派效率至上理论的影响下，美国开始实施提高经济效率以强化国际竞争力的产业目标，对并购的监管也逐渐从严厉走向宽容。受此影响，这一时期美国反托拉斯主管部门的执法活动也开始强调效率的重要性。最为直观的体现就是并购指南的历次修订。20 世纪 80 年代，美国在芝加哥学派思想的影响下对《企业并购指南》进行了两次修订，放弃了传统的结构主义分析方法，引入了效率分析的因素，并特别指出反托拉斯执法

---

[1]　See David Banks, "Non-Competition Factors and their Future Relevance under European Merger Law", Analysis section 3, *European Competition Law Review*, 1997, p. 185.

[2]　Brown Shoe Co. v. United States, 370 U. S. (1962).

机构在评估一项并购的合法性时，应当考虑产业政策等经济方面的因素。20世纪 90 年代以后制定和历次修订的《横向并购评估指南》也进一步明确了效率的重要性。据此，在此后的并购审查实践中，美国反托拉斯执法机构一再对波音与麦道、花旗银行与旅行者集团、时代华纳与美国在线等巨型企业的并购交易予以放行，也由此促成了美国 20 世纪 80 年代之后的两次并购浪潮。

与美国成文法类似，日本的《禁止垄断法》也没有关于反垄断法执法机构对产业政策因素予以考虑的概括性规定。但是鉴于日本作为成文法国家的法治传统，且其并购反垄断执法机构公平贸易委员会的地位与主导产业政策的通产省相比并不强势，因此导致了日本自 20 世纪 50 年代起《禁止垄断法》为协调产业政策而频繁修改。

二、跨国并购反垄断规制之价值目标的实现深受国家战略利益的影响

如前所述，反垄断法的终极价值目标是实现社会整体效益，而并购反垄断制度作为反垄断法的一个重要方面，也不外如是。企业并购反垄断规制作为反垄断制度与产业政策共同作用、共同影响的一个重要领域，各国/地区对于企业并购的反垄断规制也深刻体现了产业政策的痕迹。而跨国并购作为企业并购在世界市场上的延伸，无疑同时具有国内属性与国际属性。各国对于跨国并购的反垄断规制，在国内属性的作用下，无疑深受其产业政策的影响，以追求社会整体效益为终极价值目标；同时鉴于跨国并购本身的双刃剑作用，以及其在世界市场上深受各方面国际因素的影响，跨国并购的反垄断规制在实现社会整体效益这一终极价值目标的过程中，无疑也将深受国际竞争环境下的国家战略利益的深刻影响。

当今国际社会的竞争是各国综合国力的竞争，综合国力包含硬实力与软实力两方面的内容，体现在政治、经济、文化、技术、军事等各个领域，也由此决定了国际竞争的多元化属性。而其中，最为直观，也最为基础的，无疑是经济方面的竞争。国家经济实力是一国综合国力最为"硬核"的内容，是一国硬实力的体现，也是实现一国软实力的物质基础。因此，各国无不将国际经济实力的提升置于国家战略利益的重要位置。

正如本书第一章所述，并购是企业扩大规模、提升竞争力最为有效、也是最为迅速的方式，而从国际市场上看，跨国并购无疑是企业在全球范围内配置资源、提升国际竞争力的最有效、最直接方式。鉴于企业并购本身的"双刃剑"作用，从全球视野来看，跨国并购亦是一柄双刃剑：其一方面有利于推动企业生产要素（包括资本、技术、人才、信息、设备设施等）在全球范围内的优化配置，促进产业结构的调整与升级，刺激全球经济规模的增长和生产与资源配置效率的提高；而另一方面企业并购尤其是巨型跨国企业并购导致经济势力的集中而带来的反竞争效果可能会辐射全球大部分国家和地区的相关市场。然而，同时不应忽视的是，在跨国并购交易中，企业的经济势力虽然具有跨国移动的特性，但作为一国/地区经济活动的最主要的参与者，包括巨型跨国企业在内的企业本身却都是具有国别属性的。

因此，从一国/地区的角度而言，不同情形下、不同市场中、不同企业主体之间的跨国并购对其影响可以说是大相径庭：外商直接并购本国企业或者国外巨型跨国公司之间的并购，其经济势力的集中可能会进一步挤压本国企业在相关市场上的市场份额和发展空间，阻碍本国企业的发展，进而有损本国的整体经济效益；然而，在本国企业并购外国企业或者本国巨型跨国企业实施并购时，并购方经济势力的集中无疑有利于提高本国企业的整体规模和经济效益，提升其在国际市场的竞争力，无疑有助于增强本国的综合经济势力，使得国家在相关领域的国际竞争中处于优势地位，进而有利于本国整体经济效益的提高。

在这一背景下，一国/地区对于跨国并购的反垄断干预也必须置于国际背景下，既要维护国内相关市场的竞争秩序，弥补市场机制的局限性，又要在世界市场范围内调控企业行为，将本国的国家战略利益置于首位。尤其在全球化的世界市场下，为了最终实现社会整体效益，当本国企业的跨国并购将大大有利于提升其在国际市场上的综合竞争力，带动本国企业的整体规模与经济效益增长时，更应综合评估该项并购对于国家战略利益以及经济效益的影响是否足以抵消其对于国内市场的反竞争效果，进而决定是否对其进行反垄断规制；而当外国企业的并购有可能进一步挤压本国企业的市场份额与发展空间时，也应基于国家战略利益的考量，而综合评估该项并购在反垄断法上的违法性。对于此等违法性进行评估的具体实体标准，本书将在第四章做详细论述。

三、跨国并购反垄断规制的不确定性

在各国的司法实践中，判断一项行为是否构成对反垄断法的违反，其标准通常有两个，即本身违法原则与合理法则。本身违法原则指无论行为人出于何种目的、产生何种后果，也不管其基于什么背景，只要行为人实施了某种垄断行为，即可认定为违法。这一原则主要适用于固定价格、固定产量、市场划分、联合抵制、搭售等行为。而根据合理法则，只有某一行为对市场竞争构成了不合理限制，才构成对反垄断法的违反。相较于限制竞争协议、滥用市场支配地位等垄断行为而言，虽然并购将更直接、更持久地消灭并购参与方之间的竞争，彻底改变市场结构，但各国/地区的反垄断法对并购均不适用本身违法原则，而是适用合理法则。主要理由即是良性的并购可以产生效率，但卡特尔不能。[1]因此，受产业政策深刻影响的并购反垄断制度，由于合理法则的适用，本身在进行违法性判断时即存在着一定的不确定性。

同时，如前所述，鉴于不同情形下、不同市场中、不同企业主体之间的跨国并购对于一国的影响截然不同，将国家发展战略置于首位的跨国并购反垄断制度，在具体的实践中对于前述不同情形下的跨国并购行为的审查态度必然会迥然不同。原因在于，当企业并购的反竞争影响仅波及本国/地区内市场时，竞争秩序的破坏将有损社会整体效益，因此需要对其进行并购反垄断规制以维护竞争秩序，实现整体效益的最终价值目标；而当并购导致本国企业的经济势力的影响冲破疆域范畴，形成国际影响力，且在全球市场范围内所获收益大于该并购对国/地区内市场带来的反竞争效果时，一国无疑会不遗余力地促成该项交易，以促进并购企业国际竞争力的提升，进而提高本国/地区的国际综合竞争力。也正因如此，对于同一跨国并购行为，不同国家/地区基于各自的国家/地区发展战略，其并购反垄断审查的态度也必然会截然不同。最为典型的案例即波音与麦道并购案（详细案例分析见本书第三章第三

〔1〕 Robert H. Bork, *The Antitrust Paradox: A Policy at War with itself*, Basic Books, Inc. Publishers, 1978, p. 67. 转引自种明钊主编：《竞争法》（第3版），法律出版社2016年版，第266页。

节)[1]。因为该项并购交易涉及美国重大国防利益，有利于大幅度提高美国航空业的国际竞争力，因此美国联邦贸易委员会无条件对该并购予以放行；而欧盟则出于共同体市场竞争秩序的考虑，认为其与共同体市场不相容，在美国政府多次向欧盟施加压力，且并购方做出一系列资产剥离承诺后，才对其予以放行。

此外，基于国家战略利益，为维护本国/地区市场的竞争秩序，各国/地区不可避免地要对影响本国/地区市场有效竞争的跨国并购交易行使反垄断管辖权，即使相关并购行为并不发生在其领域范围内，由此也进一步加剧了跨国并购交易本身，以及对跨国并购进行反垄断规制的不确定性。

而与此同时，基于前述跨国并购对国家战略利益的重要影响，其也同时深受国家金融政策、产业政策、外汇政策、投资政策以及国家安全政策的影响。因此，各司法辖区对于跨国并购的规制往往并不仅限于反垄断审查。外资审查、国家安全审查等针对外资并购的审查制度往往与外资跨国并购的反垄断审查难以截然分开。尤其在严峻的全球竞争形势下，对跨国并购的国家安全审查制度成为与反垄断审查相伴而生的制度。这在一定程度上体现了在当前的国际政治经济背景下，跨国并购所涉及的国家间的经济利益的内容跃升为国家安全的最重要的内容。

从这个角度来看，虽然和平与发展已经成为当今世界的两大主题，WTO也为促进各成员之间的贸易自由化、解决贸易冲突创造的良好的机制，然而，国与国之间的国家战略利益的根本差异导致贸易摩擦频频发生，反倾销、反补贴、贸易战等仍是当今国际经济环境下的常态；而另一方面，尽管区域乃至世界经济一体化已经成为当前国际关系的主要趋势，但是美国退出 TPP、英国公投脱欧等"逆全球化"潮流的情况也时有发生；而与此同时，近年来，美欧等国先后推出法令，纷纷强化了其自身的国家安全审查制度。凡此种种，无不进一步说明，在当前的国际环境下，出于国家战略利益的考虑，无论是跨国并购交易本身，还是跨国并购的反垄断审查，均存在相当程度的不确定性。

---

〔1〕　Boeing / McDonnel Douglas v. Commission, Case IV / M. 877, 1997.

第三章　跨国并购反垄断规制的域外适用

　　根据本书第一章的阐释，本书研究框架下的跨国并购包括外国并购方直接并购东道国目标企业、外国跨国企业利用其在东道国设立的子公司并购东道国目标企业、一国跨国企业之间的并购三种形式。对于一国而言，从实践操作的角度，这三种形式又可以进一步细分为以下几种具体形式：一是外国并购方直接并购本国内资企业；二是外国跨国企业通过设立在本国的子公司并购本国内资企业；三是本国境内的跨国企业之间的并购；四是本国企业直接并购外国企业；五是本国的跨国企业通过在外国设立的子公司并购该国的内资企业；六是外国跨国企业并购第三国企业；七是外国跨国企业并购该国的目标企业。其中前三种形式均是发生在本国境内的跨国并购行为；第四、五种形式虽未发生在本国境内，但是系由本国企业（含其子公司）参与实施的跨国并购行为；而最后两种形式，其虽不在本国境内发生，也未由本国企业参与实施，但由于世界市场的一体化程度越来越高，涉及的跨国公司可能在本国境内开立了子公司或间接开展业务，其并购结果也将会对本国市场造成一定的影响。

　　正如本书第二章所述，基于国家战略利益的考量，任一国都不会对可能对于本国市场竞争产生不利影响的跨国并购行为视而不管，即使其并未发生在本国境内。从管辖权的角度来看，针对上述的前三种跨国并购形式，本国可根据国际法上的属地管辖权而当然适用本国的反垄断法予以规制；而对于后四种跨国并购形式而言，则均涉及反垄断法的域外适用问题。

第一节 反垄断法域外适用的理论依据

一、概论

管辖权是国家主权的体现，是一个国家通过立法、司法或行政等手段对本国领土范围之内和/或之外一定的人、事、物进行支配和处理的权利。[1] 管辖权既涉及国际法的理论与实践，更与一个国家国内法的实施密切相关。国际法决定国家可以采取各种形式的管辖权的可允许限度，而国内法则规定国家在事实上行使其管辖权的范围和方式。[2] 国内法上的管辖权，从具体手段来看可以划分为立法管辖权、司法管辖权、行政管辖权，从法律性质来看，又可分为民事管辖权、刑事管辖权、行政管辖权。而国际法上的管辖权依据通常包括属地管辖权、属人管辖权、保护性管辖权和普遍管辖权四种。

在经济全球化背景下，主权国家的国内立法开始超越国界的限制，越来越多地对境外的企业或个人产生一定的约束力。当代世界法律发展的一个重要特征就是国际法的国内化以及国内法的国际化。国际法的国内化体现着主权国家的利益关系，同时也是各国共同维护国际秩序的一种方法；国内法的国际化是一国将其国内法的效力扩展到国外的一种体现。[3] 在主权国家之间尚不能就某些涉及国家主权和社会利益的问题达成具有约束力的国际条约或公约之前，通过国内法的扩大适用能够有效地弥补相关领域国际法的缺失，又可以通过国内法的强制实施增强保护本国国家利益的能力。[4]

基于一国行使其立法管辖权本身并不会直接侵犯他国的主权，国际法上对一国的立法管辖权并没有限制，一国可以在立法时赋予其国内法域外适用的效力。但该等域外效力的立法能否具体实施，则涉及一国的司法管辖权。

---

〔1〕 周忠海主编：《国际法》（第 2 版），中国政法大学出版社 2013 年版，第 116 页。

〔2〕 ［英］詹宁斯·瓦茨修订：《奥本海国际法》（第 1 卷·第 1 分册），王铁崖、陈公绰、汤宗舜、周仁译，中国大百科全书出版社 1995 年版，第 327 页。

〔3〕 参见黄进：《论当代法律的若干发展趋势》，载《法学评论》1997 年第 4 期。

〔4〕 参见戴龙：《反垄断法域外适用制度》，中国人民大学出版社 2015 年版，第 49 页。

司法管辖权是指一国执行其立法机关所制定的法律的权能，主要涉及行政机关与司法机关的执法活动。一国在实施其国内法时有权赋予其国内法以域外适用的效力，但相关司法管辖权的行使必然涉及他国的领域，由此也将必然导致与他国属地管辖权之间的冲突。如果一国在未得到他国承认或许可的情形下，在他国领土上强行实施执法措施，必然构成侵犯他国领土主权的行为。也即，一国国内法在他国领域内的适用和实施，应取得该国的承认。然而，对于立法管辖权和司法管辖权的这种固有矛盾，国际社会在私法领域和公法领域有着截然不同的态度。

在民商事领域，对于一国而言，由于民法、商法等调整公民、社会组织之间关系的私法并不触及国家主权，因此各国相互承认外国私法在本国域外适用的效力，也由此会导致外国法律的域外效力与本国法律的域内效力之间的冲突。解决各国私法之间的效力冲突主要是借助多种形式的冲突规范，其中既涉及本国法的适用，也涉及外国法的适用。在国际民商事法律领域，为解决各国之间的法律冲突，国际社会已经形成了普遍认可的属地管辖、属人管辖、专属管辖、协议管辖等原则。各国也订立了各种国际条约，以规定各缔约国行使国际民商事案件管辖权的原则和依据，或处理司法协助以及外国法院判决的承认和执行等问题。

然而，与私法领域的法律冲突不同，对于刑法、行政法、诉讼法、经济法等与国家主权密切相关的公法而言，国际社会的普遍共识是其不能适用于本国领域以外，各国原则上也都不承认外国公法域外适用的效力。主权国家基于其立法权，可以在其刑法、行政法、诉讼法、经济法等公法领域规定其域外适用的效力，但由于如其欲域外适用其法律，就必须借助外国司法或行政机关承认其效力并协助其执行相关判决，但是，除非另有相关条约约定，许多国家的法院都拒绝承认外国公法的完全效力。这除了公共利益方面的考量外，更深层次的根据则在于以国家领土主权为依据的属地管辖权威——国家无权在其他国家的领土内做主权行为。因为如果一国的公法在另一国家内执行，实际上就意味着在外国领土上做主权行为，将会损害外国的属地权威，构成对其主权的侵犯。[1]

一国的反垄断法通常是其经济法的重要组成部分，代表了国家对市场的宏观调控和干预，主要目的是维护一国国内市场竞争的效率及秩序，多数情况下甚至与一国的产业政策与经济政策息息相关，在市场经济国家占有极为重要的地位。在美国，它被称为是"自由企业的大宪章"，在日本则被视为是"经济法的核心"，在德国更被尊为"经济宪法"。因此，作为具有公法性质的国内法，反垄断法原则上不得适用于本国领域外的经济行为。

但也正因为反垄断法的上述重要功能特性，使得其不仅需要对企业已经实施或者正在实施的限制竞争行为进行规制，还需要对即将实施的可能会产生限制竞争效果的行为进行提前规制。随着国际社会经济联系的日益加深，商品、技术、资本和劳务的跨国流动日益活跃，跨国企业逐渐成为国际经济贸易中的重要角色。随着世界经济一体化的不断发展，跨国企业的数量和规模都不断壮大，在逐渐形成的世界统一市场上，一国或一个经济合作组织区域内的某个或某些企业在本国或本区域从事的市场行为极有可能影响到另一国家或区域内市场上的竞争秩序，使得垄断行为的影响具有跨国或者跨区域性。

此外，反垄断法虽然具有公法属性，但因反垄断通常是企业行为或企业间的商事行为，其往往带有私法的色彩，如获取垄断地位的企业滥用市场支配地位需通过与其上下游企业进行交易的方式进行，垄断联盟的形成需要企业间以协议的方式确立，而可能导致垄断的并购本身是通过企业间股权或资产的交易而致使控制权变更的行为。可以说，反垄断法同时联系公法与私法领域。也正因如此，各国天然地对垄断行为的规制有所不同，规制的强度也相差甚远。这既与国家宏观政策密切相关，又需要考虑微观层面企业的经营活动的自主性与活力。

在这一背景下，如外国企业在本国境外的经济行为直接或间接地影响了本国相关市场的竞争效率与秩序，如不对其适用本国的反垄断法，将背离反垄断法固有的价值目标，也不符合本国的国家利益。但如适用本国反垄断法，

---

〔1〕 〔英〕詹宁斯·瓦茨修订：《奥本海国际法》（第 1 卷·第 1 分册），王铁崖、陈公绰、汤宗舜、周仁译，中国大百科全书出版社 1995 年版，第 343 页。

这是否违反固有的国际法原则，又如何解决与他国在公法层面的法律冲突问题，都是反垄断法域外适用的固有问题。关于法律冲突问题，国际社会目前尚未达成一致的国际法规则，传统私法领域解决管辖权冲突的公约与条约并不适合反垄断领域，只能寻求新的国际合作，具体将在本书第五章中进行探讨。而若探究反垄断法域外适用的理论依据，国际法中传统的属地管辖权、属人管辖权、保护性管辖权和普遍管辖权都具有一定的局限性。

属地管辖权，也被称为属地优越权、领域管辖权，指国家在其各自的领土范围内对一切人、事、物所享有的完全的、排他的、合法的管辖权。根据"领土内的一切都属于领土"的法律格言，该等属地管辖权不仅及于在本国领土内的本国的人、事、物，也同样及于越过边境进入本国领土内的外国人、物及外国人在本国境内的行为。[1] 属地管辖权是国家领土主权的体现，是一国行使管辖权的首要依据。对于一国得以主张属地管辖权的人、事、物而言，如果另一国同样可基于其他管辖权依据而对其主张管辖权，在这种情况下，另一国家的管辖权将基于该国的属地管辖权而受到限制。尽管如此，国家行使属地管辖权也不是绝对不受限制的，通常情况下，国家行使属地管辖权不能违反其根据习惯国际法以及其自愿签署的国际条约所应承担的义务。据此，一国行使其反垄断管辖权的首要依据就是属地管辖权。我国《反垄断法》第2条即明确规定，"中华人民共和国境内经济活动中的垄断行为，适用本法"。

除属地管辖权外，属人管辖权、普遍管辖权和保护性管辖权虽然也都涉及了国内法的域外适用问题，但一国是否能够据此行使管辖权、行使何种管辖权通常取决于所管辖对象的行为的性质。具体而言：

属人管辖权，又称为属人优越权，是指国家对所有具有本国国籍的人都得以行使管辖权，而无论其在空间上是处于本国国内还是本国领土以外。[2] 根据属人管辖原则，国际法并不禁止一国对其身在国外的侨民行使管辖权。国家可以对海外侨民的行为进行立法，对其在国外的资产和收入征收捐税；或对其在国外的财产进行立法。然而，在所有这些情况下，国家实施其法律

---

〔1〕　参见周忠海主编：《国际法》（第2版），中国政法大学出版社2013年版，第117页。

〔2〕　参见周忠海主编：《国际法》（第2版），中国政法大学出版社2013年版，第119页。

权力的前提是其侨民在或返回领土后，或其侨民在其领土内有可执行的财产。[1] 可见，一国对其在国外的侨民行使属人管辖权，通常情况下要受到侨民所在国的属地管辖权的限制。而在反垄断法领域，有鉴于反垄断法的主要功能在于维护一国市场的竞争秩序，因此，除非本国人在国外的垄断行为对境内的市场产生了不利影响，否则一国并无对其进行干预的动力。而反垄断行为的实施主体主要是企业，尤其在跨国并购领域，其实施主体均是企业，而非个人，尽管美国反垄断法中频繁地使用"人"（person）的概念，但其内涵包括企业和个人，在指向个人时，更多是指对违反反托拉斯法的企业责任人追究刑事责任[2]。据此，对于本国企业在境外实施的跨国并购行为，一国仅仅依据属人管辖主张反垄断管辖权是不合适的。

保护性管辖权主要针对在本国领土外发生的、对本国和本国公民重大利益构成侵犯的外国人犯罪而适用。关于此等侵犯重大利益的犯罪行为的界定，根据《美国对外关系法重述》（第3版），指被发达的法律制度承认为犯罪的、破坏国家安全或者危害政府职能完整性的有限的犯罪行为。[3] 普遍性管辖权是指根据国际法的规定，任何国家均可以对那些普遍危害国际和平、破坏国际安全、危及作为整体的人类利益的国际犯罪行为行使管辖权，而不受属地管辖权和属人管辖权的限制。[4] 国际法上公认的可以行使普遍管辖权的国际犯罪行为包括战争罪、海盗罪、灭绝种族罪、贩卖奴隶罪等。根据以上内涵可知，保护性管辖权与普遍性管辖权只针对外国人在外国的刑事犯罪，是一国主张刑事管辖权的依据。对于在外国市场上发生的限制竞争行为而言，即使其对本国市场同样产生了严重的反竞争效果，也不宜认定为是对本国和本国公民利益有重大侵犯的犯罪行为，更不构成国际法上公认的国际犯罪行为。因此，在国际社会未对违反反垄断法的行为性质达成一致共识之前，对于发生在境外的跨国并购行为，无论适用保护性管辖原则还是普遍性管辖原则而主张本国反垄断法的域外适用都是不合适的。

---

〔1〕 参见 ［英］詹宁斯·瓦茨修订：《奥本海国际法》（第1卷·第1分册），王铁崖、陈公绰、汤宗舜、周仁译，中国大百科全书出版社1995年版，第330~331页。

〔2〕 参见戴龙：《反垄断法域外适用制度》，中国人民大学出版社2015年版，第56页。

〔3〕 参见马呈元：《国际刑法论》（增订版），中国政法大学出版社2013年版，第243页。

〔4〕 参见周忠海主编：《国际法》（第2版），中国政法大学出版社2013年版，第121页。

事实上，上述属地管辖权、属人管辖权、保护性管辖权和普遍管辖权基本形成于18世纪、19世纪，彼时世界经济发展尚未形成全球化之势，该等管辖权原则的确立与西方国家自由竞争的市场环境以及国家在竞争中的中立地位等自由市场理念是一脉相承的，反映了国家间相互尊重国家利益和国家主权的理念。但随着此后垄断资本主义的发展，国家对市场竞争秩序的宏观调控日益加深，而世界经济一体化的日益加深使得垄断行为的跨国或者跨区域属性日益凸显。在这一背景下，仅依据作为主权国家行使民、刑事司法权基础的传统管辖权原则，一国往往难以适用本国的反垄断法对跨国反竞争行为进行有效规制。

基于传统管辖权原则的局限性，国际常设法院在1927年"荷花号"案件的判决中确立的客观属地管辖原则在一定程度上突破了属地管辖权的传统限制，扩张了一国属地管辖权的适用范围。

1926年8月2日，法国轮船"荷花号"与土耳其轮船"波兹-库尔号"在公海上发生碰撞，致使"波兹-库尔号"轮船沉没，8名土耳其船员丧生。当"荷花号"驶达土耳其港口时，"荷花号"上负责值班守望的法国籍船员被土耳其司法部门逮捕并提起刑事诉讼，最后被科以监禁。法国当局随后就此提出了外交抗议，认为土耳其的行为违反了国际法规则和1923年在洛桑签署的公约中关于居住、商业和管辖权的内容，涉案行为发生于公海的船只上，根据属地管辖原则，应由船旗国享有排他的管辖权，而土耳其当局无权将其刑事管辖权扩大到公海上的外国船只及船上外国人的行为。土耳其当局则认为，根据1923年的洛桑公约，土耳其在任何涉及外国人的案件中行使管辖权时，只需注意不以违反国际法原则的方式行事；在该案中，犯罪地点是悬挂土耳其国旗的"波兹-库尔号"轮船，土耳其在所采取的程序中的管辖权正如案件发生在其领土上一样清楚。

该案由两国协议提交至国际常设法院，请求其判定土耳其是否可对该案行使刑事管辖权以及土耳其进行判决与执行是否与国际法的原则相违背。国际常设法院判决指出：土耳其对该案行使管辖权并不违反国际法原则，因为该法籍船员的犯罪行为虽然是在"荷花号"轮船上发生，但其行为的结果却是在悬挂土耳其国旗的轮船上发生，因此视为在土耳其领土内发生一样，土耳其当局由此取得了对实施犯罪行为的该外国行为者的管辖权。在该案中，国际常设法院同时指出，管辖权不能由一个国家在它的领土外行使，除非依据来自国际习惯或一项公约的允许性规则。但这并不表明，在一国不能依据某项许可性的国际法规则时，国际法禁止该国在其领土内对发生在其境外的行为有关的任何案件行使管辖权，除非国际法对各国的法律适用范围和法院的管辖权扩大到其领土以外的人员、财产和行为载有一般性禁止规定，并且作为该等一般性禁令的例外情况允许各国在某些具体情况下行使该等管辖权。而实际上国际法非但没有全面禁止各国不得将其法律和法院的管辖权扩大到其领土以外的人员、财产和行为，反而赋予了各国广泛的自由裁量权，只有在特定的情形下，它才受到禁止性规则的限制。[1]

国际常设法院对于属地管辖权的扩张性解释开创了属地管辖权的主观适用和客观适用。以犯罪行为的发生地和结果地的不同为依据：所谓属地管辖权的主观适用，指一国可以对在本国境内开始但却在本国领土以外完成的犯罪行为行使管辖权；所谓属地管辖的客观适用，是指一国可以对虽未在本国境内发生、但犯罪结果发生在本国的犯罪行为行使管辖权。可见，属地管辖的主观适用与客观适用，本质上是对属地管辖权的扩张，即并不要求犯罪行为及其结果都发生在本国境内，只要有一个要素发生在国内，本国就可以主张属地管辖权。严格地说在不包含有行使域外管辖权的范围内，这两种管辖权都可以说是属地原则的适用。[2] 属地管辖权的主观适用与客观适用构成了国际刑事管辖权的重要内容，许多国家的刑法关于属地管辖权的规定都是既采取了主观属地管辖，也采取了客观属地管辖。如《中华人民共和国刑法》第6条第3款规定，"犯罪的行为或者结果有一项发生在中华人民共和国领域内的，就认为是在中华人民共和国领域内犯罪。"但一般来说，如果犯罪行为在本国发生或在本国开始，但并未在本国境内产生不利后果，多数情况下本国并无对其进行管辖的动力；但如犯罪行为发生在本国境外，而构成该行为的一部分或其结果发生在本国境内，则本国有充分的动机去对其主张管辖权。

〔1〕　S. S. Lotus (France v. Turkey), 1927 P. C. I. J. (ser. A) No. 10 (Sept. 7).
〔2〕　[英] 詹宁斯·瓦茨修订：《奥本海国际法》（第1卷·第1分册），王铁崖、陈公绰、汤宗舜、周仁译，中国大百科全书出版社1995年版，第329~330页。

这也是一国得以主张客观属地管辖权的缘由。

客观属地管辖在属地原则的基础上对国家的管辖权做了进一步的扩张，但其本质上仍属于属地管辖的范畴，要求犯罪行为的结果要素在本国境内发生，且通常适用于刑事管辖领域。因此仍然无法适用于反垄断法领域中，行为发生于本国领土以外，甚至行为的结果也发生在本国领土以外，但却在本国境内产生了限制竞争影响的涉外垄断行为，如本章开篇所列之第六、七种情形下的跨国垄断行为。随着跨国垄断资本主义的逐渐发展，在逐渐形成的统一市场下，传统的属地管辖原则与由其扩张解释发展而来的客观属地管辖原则已不能适应国际经济的日益发展，各国的反垄断立法及实践开始寻求突破域内适用的界限。

正如德国反垄断法权威 E. J. 梅斯特梅克教授所言："只有坚持市场开放和防止跨国限制竞争的反限制竞争法才会产生域外适用的效力。这种效力不取决于立法者对之期望或者不期望，规定或者不规定。因此，也谈不上放弃卡特尔法的域外适用。放弃域外适用，国家就不能有效的管制企业的市场行为。"[1]

二、效果原则

作为最早制定现代成文反垄断法的国家，美国最早提出了适用效果原则赋予反垄断法以域外适用的效力。

（一）美国提出效果原则的国内背景

美国是世界上最早制定成文反垄断法的国家。美国 1890 年《谢尔曼法》第 1 条、第 2 条明确规定了反垄断法适用于涉外贸易：《谢尔曼法》第 1 条规定，任何限制州际或与外国之间的贸易或商业的契约，以托拉斯形式或其他形式的联合或共谋，都是非法的；其第 2 条规定，任何人垄断或企图垄断，或与他人联合、共谋垄断州际间或与外国间的商业和贸易，将构成重罪。同时第 7 条规定了涉外贸易适用《谢尔曼法》的情形——与外国之间的商贸行为不在本法的适用范围（进口贸易或进口商业仍适用本法），除非①下述事项与

---

〔1〕　参见王晓晔：《反垄断法》，法律出版社 2011 年版，第 388 页。

该行为有着直接、实质的影响，并在合理预见的范围内：（a）商贸行为或者进口商业、进口贸易的相对方均不是外国相关方；或（b）行为主体在美国从事进口商业或进口贸易，而其行为的相对方位于外国；和②依据本法产生这种直接、实质的影响，但是并非本法第 7 条所规定的请求权。如果仅仅依据上述（b）而该行为适用本法时，那么该行为对于美国出口商业或出口贸易的损害，是其适用本法的依据。从上述规定可以看到，其成文法的规定过于宽泛，适用范围并不明确，使得法院在实施《谢尔曼法》时对于其管辖权的解释有很大的自由裁量权。

在 19 世纪末至 20 世纪上半叶，美国法院对于反垄断法的适用，很大程度上受到传统属地管辖原则的影响，而仅限于美国国内。这一立场早在 1909 年的美国香蕉公司诉联合水果公司案中即已确立。在该案中，霍姆斯大法官明确表明反垄断法不应具有域外适用的效力。

在该案中，原被告双方均为美国公司，原告美国香蕉公司于 1904 年注册于阿拉巴马州，而被告联合水果公司于 1899 年注册于新泽西州。被告早在原告成立前，就控制了美国香蕉市场的数量和价格，并在哥斯达黎加、巴拿马等国为消除竞争并控制贸易，实施了购买其竞争者财产、签订垄断协议等行为，并通过其控制的一家销售公司，以固定价格出售其共谋各方的香蕉。1903 年麦克奈尔（McConell）于 1903 年在巴拿马（当时属于哥伦比亚共和国的一部分）建立了一个香蕉种植园，并为出口目的开始修建一条铁路。由于麦克奈尔拒绝了被告要求其要么合谋要么终止计划的要求，被告怂恿巴拿马总督向哥伦比亚政府建议将前述出口铁路的领土交由哥斯达黎加管理，尽管该领土已根据条约商定的仲裁已判给哥伦比亚，随后哥斯达黎加政府曾在被告的煽动下干预过麦克奈尔的经营建设活动。1903 年 11 月巴拿马独立，宣告其领土根据该裁决确定。原告美国香蕉公司于 1904 年 6 月买下了上述种植园并继续经营，但同年 7 月，哥斯达黎加政府在被告的唆使下没收了原告种植园的资产。8 月，Astua 通过单方诉讼获得哥斯达黎加法院的判决，取得种植园所有权，被告随后从 Astua 处购买了该种植园并持续经营。

原告以被告的限制竞争行为使其在市场竞争中利益受损为由向美国地区法院提起诉讼并要求获得赔偿。但是一审法院与上诉法院均驳回了原告的诉讼请求，理由是美国法院对此案无管辖权。以霍姆斯大法官为首的联邦最高法院虽然肯定了被告的行为属于美国反托拉斯法意义上的限制竞争行为，但鉴于被告的相关行为均发生在美国境外，其认为尽管一国可以在公海或其他没有任何国家主权的区域行使属人管辖权来适用当事人国籍国的法律，但是除此情形外，国际法上一个具有一般性且普遍承认的原则是，行为发生地国家的法律是判断一项行为是否合法的唯一且正当的依据；倘若以行为发生地以外的法律来要求行为人，不仅对行为人而言是非公正的，而且也是对行为地国家主权权威的干预，有违国际礼让。因此，《谢尔曼法》并不及于在美国境外发生的行为，最高法院最终也否认了原告基于《谢尔曼法》提出的三项赔偿要求。[1]

前述美国香蕉公司诉联合水果公司案的结论可以归纳为：即使按照《谢尔曼法》可以确认该等行为属于限制竞争行为并且影响了美国的对外贸易，但只要行为发生地国家的法律认为该行为具有合法性，美国法院就无权对其行使反垄断管辖权。在此后的四十几年中，尽管美国法院在适用反垄断法相关问题的个案中对于属地管辖原则的理解有或多或少的差别，但基本上都是恪守国际法理论和实践中的传统属地管辖原则。此后，随着第二次世界大战的结束，美国成为资本主义世界的头号强国，也由此成为国际法规则制定的主导者。为了维护美国的国家利益，其已不再固守现有的国际法规则，而开始通过立法和司法实践扩大其国内法的适用范围。同时，第二次世界大战结束后的美国，哈佛学派结构主义学派成为反垄断法方面占主导地位的学术流派，反垄断执法亦处于非常强势的时期。正是在这一背景下，为扩大美国反垄断法的域外适用范围，效果原则应运而生。

（二）美国政府诉美国铝业公司企业案及效果原则的确立

1945 年的美国政府诉美国铝业公司等企业案（以下简称"美国铝业公司案"）[2]，已成为美国反垄断法发展历史上的一个标志性案例，其判决最终确立的效果原则及其相关观点在其后相关案例中被广泛引用，并被美国联邦最高法院明确承认为具有约束力的原则，也对世界其他国家反垄断法的发展

---

〔1〕　American Banana Co. v. United Fruit Co. , 213 U. S. 347（1909）.

〔2〕　United States v. Aluminum Co. of America, et al. , 148F. 2d 416（2d Cir. 1945）.

产生了深远的影响。

本案中的美国铝业公司（Aluminum Co. of America，以下简称"Aloca 公司"）是一家注册于美国的公司，其股东于 1928 年在加拿大成立了一家与 Aloca 公司的股东及持股比例完全一致的独立法人 Aluminum Limited，以接管 Aloca 公司在美国境外的资产。至 1931 年中期，Aloca 公司与 Aluminum Limited 已彻底分离，但几个控制 Aloca 公司近 50%股份的主要股东仍控制 Aluminum Limited 近 50%的股份。1931 年，若干家注册于瑞士、法国、德国、英国的铝业公司与 Aluminum Limited 筹谋合作成立了一家注册地在瑞士的公司，各方分别在 1931 年、1936 年达成国际卡特尔，其主要内容是为控制世界铝市场的价格水平而组成产销联盟，各方以其各自在公司的持股比例约定产量份额及销售价格底线，以限制总体的铝生产量与销售价格。该卡特尔对美国国内市场的铝价格产生了重大影响。美国司法部以 Aloca 公司作为被告起诉至地方法院请求宣判被告垄断州际和国外商业，并要求解散被告。地方法院以本案涉及的参与者都是外国公司，且该卡特尔也是在美国境外运作，Aloca 公司与该卡特尔无关为由驳回了指控。后原告上诉，美国第二巡回上诉法院审理了该案。

上诉法院将其判决分为四个部分，其中与美国反垄断法域外适用相关、亦是本案诉争焦点之一的是第三部分，即注册于美国的 Aloca 公司与注册于加拿大的 Aluminum Limited 就前述垄断协议是否构成共谋，以及 Aluminum Limited 与其他外国公司的共谋行为是否违反了美国的反垄断法。就此，上诉法院认为，并没有明确的证据证明 Aloca 公司也参与了上述外国公司直接的卡特尔，尽管其与 Aluminum Limited 存在共同的大股东，且存在一系列商业往来，但除非有证据显示一家公司没有做出独立的决策而是完全遵从另一家的指示，否则他们在法律上应被认定为独立的主体。在排除了 Aloca 公司的垄断合谋后，随之而来的问题是，注册于加拿大的 Aluminum Limited 与其他外国公司之间在美国境外达成的卡特尔是否违反了美国的反垄断法。针对这一问题，上诉法院推翻了此前美国香蕉公司诉联合水果公司案判决所明确的属地管辖原则，认定本案适用美国《谢尔曼法》，开启了美国反垄断法域外适用的先河。

该案主审的汉德法官认为：本案中 1931 年与 1936 年两个卡特尔是否违反了美国反托拉斯法并不取决于美国是否承认其他国家对此的相关规定，相反，法院仅需考虑美国国会是否对非美国公民在美国境外的行为进行强制规范，以及相关管辖权的行使是否符合美国宪法，因为美国的法院没有在美国的法律之外行使职权的权力。在此基础上，汉德法官进一步指出，一方面，正如美国香蕉公司诉联合水果公司案、美国诉鲍曼案[1]、布莱克默诉美国案[2]等判例所述，法院不应对美国法进行过度的扩张解释，使其适用于对美国领土范围内没有任何影响的案件；另一方面，基于国际惯例及既定规则，一国可以针对外国公民在国外的、但对于该国有消极影响的行为进行管辖，且该等管辖权一般会受到他国的承认，这一点在斯特拉斯海姆诉日报案[3]、拉马尔诉美国案[4]、福特诉美国案[5]中均有所体现。据此论述，美国的反垄断法便有了域外适用的效力的基础。

在此基础上，汉德法官进一步认为，如果协议意在影响美国的进出口，而且其事实上也产生了这样的影响，那么尽管该协议并非在美国国内订立，也可适用美国的反托拉斯法——这也是认定美国反垄断法域外适用的两个前提条件。这一论述突破了国际法关于管辖权的属地管辖和属人管辖的理论限制，成为关于国家针对反垄断案件实施管辖权的一个新兴依据——效果原则（或称影响原则）。

美国铝业公司案中法院的论证思路可整理为：首先声明美国立法者有权对非美国公民在境外的行为制定相应规范，且其司法权的行使符合美国宪法及国际法；进而论证美国反垄断法的域外适用性——基于国际惯例及既定规则，对于在美国境外发生的、对美国没有任何影响的行为，美国反垄断法不应适用，但对于旨在影响且实际也影响了美国相关市场的行为，美国反垄断法可以适用，且美国法院也拥有管辖权；同时，在提出反垄断法域外适用的两个前提条件，即当事人意在影响美国的进出口，而且事实上也产生了相关

---

〔1〕　United States v. Bowman, 260 U. S. 94 (1922).

〔2〕　Blackmer v. United States, 284 U. S. 421 (1932).

〔3〕　Strassheim v. Daily, 221 U. S. 280 (1911).

〔4〕　Lamar v. United States, 240 U. S. 60 (1916).

〔5〕　Ford v. United States, 273 U. S. 593 (1927).

影响时，还引用了在先的适用传统属地管辖原则进行判决的美国诉太平洋及北极铁路和航运公司等企业案[1]、美国诉剑麻销售公司等企业案[2]、汤姆森诉凯瑟案[3]、美国诉诺德·德彻·劳埃德案[4]等判例，以证明本案的判决与在先案例并不冲突。

一国将国内法适用于国际经济领域，必须符合公认的国际法。[5] 基于这一基本立场，美国铝业公司案的前述论证过程从逻辑上来看具有其合理性——法院并非是脱离国际法凭空捏造出了效果原则，而是在法官们认为的、效果原则属于国际法惯例的角度出发，去分析美国反垄断法域外适用的效力[6]。也正是基于此，该案的判决公布后一段时间内，并未引起美国国内及其他国家的过多关注。当然也不排除在当时的世界政治经济环境下，其他国家因战后经济复苏的原因或社会经济制度的需要，无暇关注此类案件或忽视市场经济作用等因素。但效果原则的此等论证，仍存在以下可质疑其正当性之虞：

1. 引证"既定规则"的正当性

如前所述，法院在论证美国反垄断法的可适用性时，是基于国际惯例及既定规则，但是其所引证的"既定规则"，均为美国国内法判例或成文法条文。在当时及该案后的一段时间内，除美国及在美国干预下的德国、日本外，世界上少有国家颁布反垄断法，且法院所引证的案例也仅为美国判例，因此，法院所依据的既定规则是否符合公认的国际法，是难以进一步做正当性论证的。

2. 法律冲突下域外适用的正当性

一国国内法的域外适用难以避免的会产生与所在地国的法律冲突问题，基于效果原则的一国反垄断法的域外适用，更可能会导致与行为地国乃至其他影响发生地国的反垄断法域外适用的冲突问题。在这一冲突下，如何证明

---

〔1〕 United States v. Pacific & A. R. & N. Co., et al., 228 U. S. 87 (1993).

〔2〕 United States v. Sisal Sales Co., et al., 274 U. S. 268 (1927).

〔3〕 Thomsen v. Cayser, 243 U. S. 66 (1916).

〔4〕 United States v. Nord Deutscher Lloyd, 223 U. S. 512 (1912).

〔5〕 马呈元：《国际刑法论》（增订版），中国政法大学出版社 2013 年版，第 232 页。

〔6〕 于馨淼：《欧盟反垄断法域外适用研究》，法律出版社 2015 年版，第 44 页。

美国反垄断法域外适用的正当性，是上诉法院没有详细论述的问题，这也是单纯适用效果原则所不能解决的问题。

3. 反竞争影响界定的正当性

法院在提出效果原则以论证反垄断法的域外适用性时，提出了一个适用管辖权的新的连接点，即行为对境内市场产生了反竞争的影响。但法院并没能明确界定何为影响与非影响的界线，而是跳过了界线问题，从举证的角度认为只要控方证明了行为人具有影响的意图，则应由行为人对影响负举证责任。效果原则内涵界定不明的问题，也为日后法院利用其模糊性而不适当的扩张美国反垄断法的适用范围埋下了伏笔。

（三）基于国际礼让的合理管辖原则对效果原则的限制与修正

自美国铝业公司案提出反垄断法域外适用的效果原则后，美国最高法院以判例形式对其予以认可，此后便一以贯之地在对美国国内商业或进口商业存在重大影响的案件中行使管辖权。但是鉴于效果原则甫一提出时对于影响与非影响的界定的模糊性，使得美国法院此后的案例中，一方面广泛援引效果原则，另一方面则各自对其内涵及界定做出理解不一的解释，既造成了效果原则在后续适用上的不确定性，也在一定程度上造成了效果原则在适用范围上不适当的扩张。

鉴于效果原则的理论将一国的反垄断管辖权完全建立在限制竞争行为的影响与本国的客观联系上，虽然据此满足了一国域外适用本国反垄断法维护本国市场竞争秩序的内在需求，但由于效果原则自始即是立足于本国利益出发而适用，不可避免地会侵犯他国利益。而美国在这一原则后续适用中的过度扩张性，导致同一行为可能同时适用很多国家的反垄断制度，这除了给企业行为苟增了不确定性风险外，也进一步导致了相关国家之间在反垄断管辖权上的矛盾与冲突，从而被认为构成了对其他国家的主权、内政以及经济利益的侵犯。因此，美国对效果原则的适用引起了其他国家和地区尤其是以英联邦为代表的坚持传统属地管辖原则的国家以及外国企业的强烈反对，还一度引发相关国家出台了阻断法令（Blocking Statute），以阻断美国法院依据效果原则作出的相关裁决在本国境内的执行。同一时期，英国、法国、加拿大、比利时、意大利、南非、新西兰、菲律宾等二十余国分别制定了相应的阻断法令。1976 年，当美国法院命令提交位于加拿大的证据文件时，作为对美国法院的反制，加拿大政府颁布了外国诉讼法，禁止向美国移交相关证据。[1] 法国颁布的阻断法令禁止法国公民和外国公共机构交流任何经济、金融以及技术信息，并且规定对外国诉讼当事人或要求法国企业提交证据的当事人，执法法官追诉他们的刑事责任。[2] 1980 年，英国颁布《保护贸易利益法》，其第 4 条明确规定对于外国法院作出的，可能有损于英国主权或侵犯英国管辖权的要求在英国境内调查取证的请求，英国法院不得作出配合执行相关调查取证请求的命令；其第 5 条同时规定了"赔偿金索还条款"，即禁止本国法院认可并执行由外国法院所作出的惩罚性金钱损害赔偿的判决，并许可作为被告的英国主体在本国法庭提起诉讼，以追索之前已经支付给原告的超过本应补偿部分的赔偿金。这说明，在英国这类传统上严格实行属地管辖的国家，美国法院关于反垄断法域外适用的判决，特别是涉及三倍赔偿的判决，在国外的执法受到了极大的阻力。[3]

在这一背景下，迫于效果原则的扩张适用在国际上遭遇的阻力，美国理论界和实务界开始转而探索效果原则的具体适用条件，即如何判断存在效果原则所要求的所谓的"影响"，并对其进行限制和明确化。

Timberlane 木材公司等企业诉美洲银行案[4]（以下简称"Timberlane 木材公司案"）在效果原则的基础上，开创了以合理管辖对效果原则的适用进行合理限制。该案中，原告 Timberlane 公司（Timberlane Lumber Co.）是一家注册于美国俄勒冈州的经营木材进口及全美批发业务的企业，其拟通过其位于洪都拉斯的一家附属企业 Maya 收购一家洪都拉斯木材加工厂 Lima。被告之一的美洲银行是一家注册于加利福尼亚州的美国企业。此前，因 Lima 经营困难，作为其债权人之一的美洲银行取得了 Lima 财产的抵押拍卖权，Lima 的雇

---

〔1〕 See J. Atwood and K. Brewster, *Antitrust and American Business Abroad*, New York Mc Graw Hill, 1981, pp. 102–103.

〔2〕 See *Law Concerning the Communication of Document on Information of an Economic, Commercial, Industrial, Financial or Technical Nature to Foreign Individuals or Legal Persons*, reprinted in A. V. Lowe ed., Extraterrestrial Jurisdiction, Llandysul Grotius, 1983, p. 116.

〔3〕 参见王晓晔:《反垄断法》，法律出版社 2011 年版，第 387 页。

〔4〕 Timberlane Lumber Co., et al. v. Bank of America Corp. et al., 549 F. 2d 597 (9th Cir. 1976).

员依据当地法律对其享有未付薪资的优先受偿权，Lima 的其他债权人亦向法院提起了相关诉讼。为收购 Lima，Timberlane 公司向美洲银行提出希望购买其对 Lima 的债权，美洲银行拒绝了前述要求，并将该等债权几乎无偿转让给了 Lima 的其他债权人 Casanova（Casanova 同时也是 Timberlane 公司在洪都拉斯的竞争对手），Casanova 亦拒绝了与 Timberlane 公司下属企业 Maya 进行交易，使得原告的收购计划受挫。同时美洲银行亦通过向法院申请有关 Lima 财产禁止令的方式，使得 Timberlane 公司在洪都拉斯的木材加工业务一度无法正常运营，其经理人也被逮捕。据此，Timberlane 公司认为美洲银行及 Casanova 等被告的上述行为构成了《谢尔曼法》规定的共谋行为，目的是阻止 Timberlane 公司通过在洪都拉斯的附属企业进行木材加工及向美国出口的业务，并试图垄断相关出口业务，因此提起诉讼，要求被告赔偿其相应损失。

一审法院认为，涉案行为均发生于主权国家洪都拉斯境内，属于洪都拉斯政府行为，且无直接证据证明该案对美国进出口产生了直接及显著的影响，依据国家行为豁免原则，美国法院没有管辖权，因此否定了原告的诉讼请求。

该案上诉至美国第九巡回法院，上诉法院于 1976 年撤销了一审法院的裁决，并指出：国家行为豁免原则并非是一概排除美国法对于所有经外国政府批准的行为适用的可能性，只有当企业行为是基于外国主权强制的原因而从事限制竞争行为时，才得适用国家行为豁免原则而排除美国反托拉斯法的适用。如果外国政府只是同意企业行为或仅被牵涉其中，则不能适用国家行为豁免原则。根据《美国对外关系法重述》（第 2 版），当外国政府出于公共利益而行使管辖权时，美国法院不应审查外国政府的行为。而在本案中所涉及的在洪都拉斯境内的相关诉讼及审判，只是一般的民商事审批，不涉及国家公共利益的考量，没有适用国家行为豁免原则的空间，故而不应据此裁定美国法院没有管辖权。同时，上诉法院指出，在先前的一些案例中，与其他国家的限制竞争行为所得利益相比，美国反垄断法域外适用所保护的本国利益过于微弱，没有适当考虑其他国家的相关利益，也没有考虑在具体情形下当事人因其国籍不同而导致的管辖权冲突的可能性也有所不同，更重要的是，在此前的案例中，法院对于效果原则适用中所谓的"影响"的界定并不明确。基于此，上诉法院提出美国反垄断法的域外适用需要考虑以下三条审查标准：

其一，涉案的相关行为是否以影响美国的对外贸易为目的，是否已实际产生该等影响。其二，涉案的相关行为的方式以及行为所造成的影响的程度是否已经足以产生违反反垄断法的法律责任，即违反了《谢尔曼法》。其三，涉案的相关行为对美国相关市场竞争以及经济利益的影响程度是否强于对其他国家相关利益的影响程度，其与美国的联系是否强于与其他国家的联系，即美国主张境外司法管辖权是否符合国际礼让及正当性的要求，并提出以下七个具体衡量因素：①美国反托拉斯法的适用与其他国家相关法律或政策的冲突程度；②涉案行为人的国籍，涉案相关企业的所在地或主要经营地；③域外适用在相关国家的可执行程度；④与其他国家或地区相比，美国所受影响的显著性；⑤损害的程度及主观故意性；⑥影响的可预见性；⑦与在国外相比，在美国被控的违法行为的重要性。

根据上述 1976 年的判决，地区法院对该案进行了重审，并根据上诉法院提出的审查要件对案件进行了审查，最终于 1983 年作出判决，仍判决该案不适用《谢尔曼法》，美国法院对该案无管辖权。原告 Timberlane 公司再次上诉至美国第九巡回法院，上诉法院于 1984 年作出了最终裁判。[1] 在审判中，上诉法院对前述三个审查标准一一进行了详细的分析，其认为：其一，该案已满足被告意图并已经影响美国进出口之条件，且被告就此并未提出异议；其二，该案被告的行为本身亦具有直接的和实质的限制竞争的影响，构成了《谢尔曼法》项下的法律责任；其三，就国际礼让和正当性原则而判断行使反垄断域外管辖权合理性的问题，上诉法院对此前提出的七个衡量因素进行了分析，认为只有关于涉案行为人的国籍，以及域外适用在相关国家的可执行性这两点的审查结果有利于支持原告的主张，即美国反垄断法的域外适用。据此，上诉法院最终认定美国法院在该案中并无充分的依据行使域外管辖权，判决维持了地区法院的重审判决。

Timberlane 公司不服，向美国联邦最高法院申请再审，最高法院于 1985 年裁定不予受理，此案才最终结束。[2]

Timberlane 木材公司案中上诉法院关于国家行为豁免原则如何适用，以及

---

〔1〕 Timberlane Lumber Co. , et al. v. Bank of America Corp. et al. , 749 F. 2d 1379 (9th Cir. 1984).

〔2〕 Timberlane Lumber Co. , et al. v. Bank of America Corp. et al. , 472 U. S. 1032 (2d ed. 1985)

合理管辖的三条审查标准引起了美国反垄断执法机构及法院的重视。其提出的需对外国利益加以考虑以及从国际礼让与公平原则来平衡是否应适用效果原则域外适用其反垄断法，被称为"合理管辖原则"，是对美国铝业公司案确立的效果原则的重大发展。

在 Timberlane 木材公司案二审裁判后，1979 年的 Mannington Mills 公司诉 Congoleum 公司案[1]（以下简称"Mannington Mills 公司案"）也沿用前述思路，提出了适用国际礼让原则来判断是否域外适用美国反垄断法、平衡国家间利益的标准。

Mannington Mills 公司（Mannington Mills, Inc.）与 Congoleum 公司（Congoleum Corp.）均为美国的地板生产企业。Congoleum 公司在美国及全球二十几个国家与地区拥有相关专利权，Mannington Mills 公司是其专利权的被许可人之一。Mannington Mills 公司主张 Congoleum 公司以欺诈方式取得国外专利，并利用专利限制 Mannington Mills 公司及美国其他竞争者相关产品的出口，限制了美国的出口贸易，意图垄断相关市场，违反了《谢尔曼法》。由此，Mannington Mills 公司向地区法院提起反垄断诉讼。

地区法院审理认为，专利权的授予具有地域性，美国企业在外国申请专利的合法性只能由所在国的法院来判断，企业也没有在专利授予国以外的地区必须遵守相应专利保护的义务；此外，如依 Mannington Mills 公司的主张禁止 Congoleum 公司在其他国家实施其外国专利权，将违反国家行为原则，据此，地区法院驳回了 Mannington Mills 公司的相关诉讼请求。

该案上诉至美国第三巡回法院，争议的焦点在于美国法院对该案是否具有管辖权，以及是否应域外适用美国的反垄断法。对于第一个问题，上诉法院援引了美国铝业公司案，认为《谢尔曼法》毫无疑问地可以适用于美国公民（企业）在国外从事的、对美国进出口贸易具有实质影响的行为，因此，美国法院对该案有管辖权。对于第二个问题，上诉法院首先认为只有当企业的限制竞争行为系为遵守外国强制法律规定而从事时，才可援引国家行为原则而豁免于适用美国的反垄断法，因此，本案不宜援引国家行为原则进行判

---

〔1〕 Mannington Mills, Inc., v. Congoleum Corp., 595 F 2d 1287, 1290ff. (3rd Cir. 1979).

断；在排除了国家行为原则的适用后，对于美国反垄断法适用的正当性，鉴于美国反垄断法的适用可能会导致与外国的相关经济政策与利益相冲突，上诉法院认为在行使管辖权之前应综合衡量本国法律适用对外国政策的影响，并考虑国家间的互惠、国际礼让及一国司法权限的限制等。据此，上诉法院也如 Timberlane 木材公司案二审裁判一样，根据国际礼让原则提出了十个判断美国反垄断法是否应予域外适用的衡量因素：①与外国法律或者政策冲突的程度；②当事人的国籍；③本国及外国对于涉案行为违法性的态度比较；④外国是否认定涉案行为为违法行为，以及其对于该等违法行为的救济方式；⑤是否存在损害或者影响美国进出口的故意，以及该等损害或者影响的可预见性；⑥本国法院行使域外管辖权可能对本国与外国关系产生的影响；⑦如果本国法院行使域外管辖权，一方根据法院裁决而采取的行为是否在外国会被认定为违法，或者当事人是否将面对两国法律相互矛盾的规定或要求；⑧本国法院的判决能否发生效力；⑨如本国法院拟对相关行为进行管辖并采取救济措施，国外法院在相同情境下作出同等裁判，本国是否能予以承认；⑩本国与受相关裁决影响的国家是否存在相关双边或者多边条约。据此，法院驳回了原告的诉讼请求。

如上所述，Timberlane 木材公司案以及 Mannington Mills 公司案，对于所谓合理管辖原则的探讨，主要涉及两个层面的问题：一是如何界定"影响"，即法院是否有权行使域外管辖权；二是如何认定在何种情况下适用国际礼让[1]，即域外管辖权是否应当行使。不难看出，法院在以上两个案件中提出的衡量因素，既是对以国际礼让为基础的合理管辖原则的进一步梳理和细化，另一方面，法院通过国际礼让的适用来平衡国家间的利益，适当限缩本国反垄断法的适用范围，也体现了美国法院对于依据效果原则而导致本国反垄断法过度扩张这一结果的修正。

在总结实践经验的基础上，美国司法部于 1977 年发布了《国际贸易反托拉斯执行指南》，明确指出美国反托拉斯法只适用于那些对美国商业有着实质

---

〔1〕 本章中的国际礼让即为消极礼让，指一国在域外适用本国反垄断法时，应对相关国家的重要利益予以考虑。关于国际礼让的相关内容，本书将在本章下一节，以及第五章第一节中进一步探讨。

性的和可预见影响的国际交易。[1] 而此后，美国 1982 年出台的《对外贸易反托拉斯改进法》也对《谢尔曼法》的域外适用进行了原则性的限制，明确除非行为将对美国国内或出口贸易产生直接的、实质的和可合理预见的影响，《谢尔曼法》的相关规定不能适用。1987 年由美国法学会整理和编纂的《美国对外关系法重述》（第 3 版）中，除明确效果原则作为管辖权行使的依据外，还规定了对于反托拉斯法域外适用的几点限制性因素：①该行为与管辖国地域之间的联系；②判断管辖国与行为主要责任人之间，或国家与受保护者之间的联系因素；③行为的特点，美国对于此种行为进行规制的重要性，其他所涉的相关国家对于此种行为是否进行了规制及其规制的程度，以及对于此等行为进行规制是否能为国际社会所普遍接受；④因对于该等行为进行规制而保护或损害的相关合理预期；⑤对于该等行为进行规制的相关法律制度对国际政治、法律或经济体制的重要性；⑥对于该等行为进行规制的相关法律制度是否符合国际惯例；⑦其他国家在对该等行为进行规制时所涉及的相关利益的重要程度；⑧与其他国家的相关法律制度发生冲突的可能性及冲突的程度。

（四）效果原则之比较分析

在传统的属地管辖和属人管辖原则下，一国只能对在本国境内发生的行为，以及在本国境内有居所或具有本国国籍的主体行使管辖权，但是传统属地管辖和属人管辖对于经济全球化时代跨越国境的行为不可避免地产生了监管不足的问题。客观属地原则的提出，原则上使国家可以针对行为发生在境外，但是构成行为的一部分或者结果发生在境内的犯罪行为进行管辖，但是其通常只适用于刑事管辖领域，并不适用于不具有本国国籍的主体从事的、行为发生在境外、甚至连结果都发生在境外，但是却对境内产生了限制竞争影响的垄断行为。

反垄断法域外适用领域的效果原则，其基本思路可以概括为，即使某种行为发生在境外，如果这种行为对境内市场产生了实质性限制竞争的效果，则可以适用本国的反垄断法对其进行规制。这一原则的提出，使得一国可以

---

〔1〕 参见王晓晔：《美国反垄断法域外适用析评》，载《安徽大学法律评论》2002 年第 1 期。

针对行为的发生和结果都在境外，但是对境内发生了反竞争影响的行为进行
监管，而无论从事该等行为的主体是否具有本国国籍。在效果原则下，行为
主体的国籍不再重要，其在哪里从事反竞争行为也无关紧要，重要的是其行
为是否对境内市场产生反竞争的影响，只要产生了这种影响，就应当受到境
内反垄断法的规制。据此，无论是外国主体在境内从事的行为，还是外国主
体和本国主体共同在境外从事的行为，甚至是外国主体在境外从事的行为，
只要其产生了限制本国相关市场有效竞争的影响，都包括在效果原则的涵盖
范围之内。当然，如果是境外主体和境内主体在境内达成的反竞争行为，可
以直接依据传统属地管辖原则而适用本国的反垄断法，就无所谓域外适用了。

　　有鉴于此，效果原则的提出，对全球化时代的反垄断规制具有一定积极
意义，其适应了全球化背景下对跨国企业反竞争行为的规制要求，弥补了属
地管辖与属人管辖在反垄断法领域适用的不足，大大拓展了一国反垄断法的
适用范围，可以说是国际法中关于反垄断管辖范围界定的一次巨大进步。[1]
同时，鉴于效果原则的理论本身即有动摇属地原则的根基、侵犯他国主权之
虞，其适用的正当性应当建立在对其辅以基于合理管辖而设置的适当的限制
性条件的基础之上。

三、单一经济实体原则与履行地原则

（一）欧洲法院对属地管辖进行扩张性解释的背景

　　欧共体时期的《罗马条约》第 85 条、第 86 条在规定垄断及限制竞争协
议等反竞争行为的构成要件时，设定了"影响成员之间贸易"这一构成要
件——第 85 条规定，任何可能影响共同体市场上的贸易，或具有阻止、限制
或者扭曲共同体市场内的竞争的目的或者实际产生了该等效果的企业之间协
调统一的经营行为、集体约定以及企业间的任何经营协议，都将因与共同体
不相容而被禁止；第 86 条规定，某一企业单独或者若干企业共同在共同体市
场上拥有市场支配地位，并滥用这种优势地位，进而影响或限制了共同体市
场上的贸易或者市场竞争的行为，都将因与共同体不相容而被禁止。这两条

---

〔1〕　参见戴龙：《反垄断法域外适用制度》，中国人民大学出版社 2015 年版，第 62~63 页。

原则性地表明对于共同体市场产生不利影响的限制竞争行为均可适用欧共体反垄断法，但并未对其域外适用以及其所依据的管辖权基础作出明确的规定。在经济全球化的背景下，为了维护共同体内部市场上的竞争秩序，无论是欧委会还是欧洲法院都不会对虽发生在共同体范围以外，但却对欧洲共同体市场竞争秩序构成不利影响的行为坐视不理。但是作为反竞争裁决机构的欧委会与欧洲法院，对于效果原则的适用以及反垄断法域外适用制度据以建立的理论基础却有不同看法。[1]

欧委会与美国一样，在反垄断实践中采用效果原则，认为只要特定行为对共同体市场产生了限制竞争的影响，即便该行为发生于共同体市场之外，也应适用欧共体竞争法，而且其比美国更早地主张应该对效果原则的适用加以限制。但是鉴于美国提出的效果原则的理论有动摇属地原则的根基、侵犯他国主权之虞，还一度引发了以英联邦为代表的坚持传统属地管辖原则的国家的强烈抵制。因此，尽管欧委会一以贯之地适用效果原则作为欧共体竞争法域外适用的依据，也得到了越来越多的学者支持，欧洲法院则始终不愿公开以效果原则来解释其竞争法的域外适用效力，而是始终坚持属地管辖原则。对于反垄断法域外适用除了要求企业行为对共同体内部市场具有一定的影响外，还要求满足相应行为需在共同体市场上执行类似的条件，并通过司法判例，形成了单一经济实体原则及履行地原则。

（二）单一经济实体原则

1. 单一经济实体原则的提出

欧洲法院最早在英国帝国化工等企业诉欧委会案[2]的判决中首次提出了母子公司属于单一经济实体的理论。

1964 年 1 月、1965 年 1 月、1967 年 10 月，欧共体市场上出现了三次苯胺染料价格统一上涨的情况，欧委会因怀疑存在违反《罗马条约》第 85 条规定的行为而开展了反垄断调查。1969 年 7 月，欧委会经调查，认定包括德国、法国等欧共体成员企业，以及英国、瑞士等非欧共体成员企业在内的 10 家公

---

〔1〕　本章所探讨的欧共体/欧盟反垄断法的域外适用，指欧盟反垄断法对于欧盟成员领域外的企业及行为的适用问题，不包含欧委会与其成员反垄断当局之间的管辖权分配问题。

〔2〕　Imperial Chemical Industries Ltd. v. Commission, case 48, 57/69 (1972), ECR 619, CMLR 557.

司，通过向其在欧共体各成员境内设立的子公司或代理商发出涨价指令，或者通过这些子公司或代理商直接的多次会议交换相关信息，以联合固定市场价格，达到统一涨价的目的，构成了《罗马条约》第 85 条规定的协同行为。由于涉及非成员的企业，且很多促成协同行为的会议也多在非成员的瑞士和英国召开，这些非成员的企业的定价行为或商品生产等也均在其本国完成。欧委会从效果原则的角度，认为《罗马条约》第 85 条适用于任何在欧共体市场上产生了限制竞争影响的行为，而无论从事限制竞争行为是否发生于共同体范围内、相关主体是否注册于共同体境内，并据此对涉案的 10 家企业均处以了罚款。涉案的三家非成员企业，即英国帝国化工有限公司（Imperial Chemical Industries Ltd.，以下简称"ICI 公司"）以及两家瑞士公司分别向欧洲法院提起了诉讼。

该案是欧委会第一次基于非注册于欧共体成员的企业参与了提高欧共体市场的相关产品价格的协同行为而对其进行处罚的案例。在本案中，欧委会实际上是依据效果原则行使了域外管辖权，而原告对其管辖权进行质疑的一个理由就是效果原则的适用违反国际法。在诉讼中，针对美国铝业公司案中确立的效果原则可能导致管辖权过度扩张的问题，欧委会认为应对效果原则进行折中解释，即效果原则的适用需满足涉案行为对欧共体市场产生直接的经济影响之条件。但其未能提出相应的对于效果原则进行适当限制的原则性标准。

欧洲法院于 1972 年 7 月对上述案件同时做出了判决，其虽未对这些案件做合并审理，但其关于管辖权问题的裁决在内容上具有一致性。欧洲法院并未从效果原则的角度进行论证，而是尽可能淡化效果原则，其认为：涉案的联合固定价格行为是在共同体市场上发生的，虽然是 ICI 公司等涉案企业的子公司所为，但子公司法人人格的独立性不足以排除母公司对子公司行为进行支配的可能性，如子公司虽然具有独立法人资格，但却不能独立决定其在市场中的行为，而是以母公司的决定作为其市场行为的最终依据时，即可认定为母公司与子公司属于单一的经济实体，该子公司的相关行为也由此可以归咎于其母公司。据此，欧洲法院支持了欧委会在本案中反垄断管辖权的行使，驳回了 ICI 公司等涉案企业的诉讼请求。

欧洲法院的上述逻辑可以归纳为：基于 ICI 公司等涉案企业对其子公司的控制，其子公司在欧共体市场上实施的限制竞争行为将被视为其自身的行为；既然 ICI 公司等涉案企业在共同体市场上从事了限制竞争的行为，那么欧委会的行为即属于在欧共体竞争法的效力范围内的管辖行为。由此，该案所概括出的单一经济实体理论表明，具备以下两个条件时，欧共体境内子公司的反竞争行为应由欧共体市场外的母公司承担：一是子公司在商业经营中因受到母公司决策的控制，不享有对其自身经营行为独立的和最终的决定权；二是母公司通过控制子公司，要求其从事相关具有限制竞争影响的行为，而行使其对子公司的控制权。[1] 由此不难看出，所谓母子公司属于单一经济实体这一标准，是欧洲法院基于属地管辖原则而提出的，是对属地管辖的扩张适用。

2. "单一经济实体" 的认定标准

欧洲法院在前述英国帝国化工等企业诉欧委会案中提出单一经济实体理论的一个重要逻辑是，母公司与子公司之间的非独立关系，即子公司没有决定相关行为的自由。据此推断，如果当事人能够证明除了法律形式上的独立性外，相关限制竞争的行为是子公司独立完成的，其并未受到母公司的控制，则子公司的行为将不能归责于母公司。[2] 这就涉及 "单一经济实体" 的认定标准问题。但对于如何确认母子公司之间的这种非独立关系，前述英国帝国化工等企业诉欧委会案却并没有具体阐明。这一问题，在欧洲法院随后审理的美国商用溶剂公司诉欧委会案[3]中得到了解决。

美国商用溶剂公司（Commercial Solvents Corporation，以下简称 "CSC 公司"）是一家注册在美国的化学品生产商，其在意大利收购了一家公司 51% 的股份，并由该子公司负责其产品在欧盟市场的销售。1972 年 12 月，欧委会经调查认定 CSC 公司及其意大利子公司拒绝向下游生产商 Zoja 公司供货的行为属于在欧共体市场上滥用市场支配地位的行为。CSC 公司虽然注册于美国，

---

〔1〕　See Frank L. Fine, *Mergers and Joint Ventures in Europe: The Law and Policy of the EEC* 6, 2nd ed., Graham & Trotman, 1994, pp. 25-26. 转引自刘和平：《欧盟并购控制法律制度研究》，北京大学出版社 2006 年版，第 79 页。

〔2〕　See Commission of the European Communities, Sixth Report on Competition Policy, Brussels, 1977, p. 39.

〔3〕　Commercial Solvents Corporation v. Commission [1974] ECR 215, 288.

但鉴于其与意大利子公司之间的股份关系，其实际控制了该子公司的业务运营。因此，欧委会将这两个公司认定为单一经济实体，要求其二者立即恢复供货并对二者处以了罚款。

CSC 公司及其意大利子公司将欧委会诉至欧洲法院，认为欧委会对于注册于美国的 CSC 公司没有管辖权：CSC 公司虽然持有意大利子公司多数表决权，但无法控制其董事会、理事会等，对该子公司没有绝对命令的权利，二者无法构成欧盟竞争法意义上的单一经济实体。对此，欧洲法院经审理认定，根据 CSC 公司及其意大利子公司之间的股份关系，母公司在子公司管理机构中的角色与地位，CSC 公司禁止其销售商出售的产品与其意大利子公司与下游生产商之间的谈判的一致性，母子公司之间在相关原材料市场上相互关联的商业行为在时间和目的上的一致性等，都足以证明 CSC 公司拥有对其子公司的控制权。由此，欧洲法院支持了欧委会对于二者构成单一经济实体、均应对意大利子公司滥用在欧盟市场上的支配的行为负有法律责任的认定。

上述判决进一步明确了判断企业的单一经济实体关系——或者说企业间的非独立性——而需要考察的认定标准：包括母子公司之间的持股比例、母公司在子公司的经营管理决策机构中的角色和地位、母公司是否参与了子公司与第三方的相关商业活动、母子公司在对待第三方企业的经营政策上是否具有一致性，等等。据此，单一经济实体原则不再仅仅是一个原则性的标准，而是可以根据多个要素进行判定的从而可以有效实施的标准。[1]

3. 单一经济实体原则的比较分析

单一经济实体原则所涉及的母公司与子公司之间的法律责任的分担问题，本质上已不再是单纯的反垄断法问题，而涉及公司法的理论与实践。根据传统的公司法理论，公司人格制度包含了两方面的基本内涵，即母公司的有限责任以及子公司在法律上的独立人格。而单一经济实体原则的适用，使得母公司为子公司的限制竞争行为承担责任，这从实践的角度打破了传统公司法理论中的有限责任的限制。因此，单一经济实体原则在公司法上的主要理论依据是公司法人人格否认制度。法人人格否认制度在英美法上称为"刺破公

---

〔1〕 参见于馨淼：《欧盟反垄断法域外适用研究》，法律出版社 2015 年版，第 173 页。

司面纱"或"揭开公司面纱",指为阻止公司独立法人人格的滥用,就具体法律关系中的特定事实,否认公司的独立法人人格与股东的有限责任,责令公司的股东对公司债权人或公共利益负责的一种法律制度。[1] 法人人格的否认主要源于因股东滥用有限责任而导致的公司独立法人人格的异化,使得法人人格制度本身所具有的制度预设和社会价值追求无法实现。因此,单一经济实体原则实际上是将公司法人人格否认制度运用于反垄断法领域,通过一系列认定标准,对子公司独立的法人人格予以否定,进而否认母子公司之间的独立性,明确母公司与在其实际控制下从事反竞争行为的子公司之间的法律责任的分担,以判定子公司在母公司的实际支配下所从事的限制竞争行为的法律责任归属问题。这从法理上具有一定的合理性,也可回避直接讨论反垄断法的域外适用而导致的无休止争议,对于欧盟竞争法的域外适用具有重大的理论意义与实践意义。

根据前文所述,单一经济实体理论是欧洲法院在效果原则的适用饱受争议的背景下,对属地管辖进行扩大解释而形成的反垄断法域外适用原则。其适用前提,除了要求企业的反竞争行为对共同体市场具有一定的影响外,还要求相应行为系在共同体市场上执行,且当事人在共同体范围内拥有子公司或分支机构等一定形式的连接点。将单一经济实体原则作为规制跨国企业反竞争行为的理论依据,一方面,弥补了传统属地管辖权理论的不足,使一国反垄断法可以适用于对境内从事限制竞争行为的企业实施了实际控制权的境外企业,扩大了一国反垄断法的适用范围,可以更加有效的规制跨国反竞争行为;另一方面,由于其是以属地管辖为基点,相较于单纯的效果原则,单一经济实体原则更容易从国际法中找到依据,因此也可以在一定程度上免受质疑和抨击。但是,单一经济实体原则的适用基础是企业之间的股权控制关系,强调境外的子公司的非独立性及其对在境内的母公司的服从性,因此只适用于涉及母子公司关系的案件,只有外国跨国公司在本国境内设有子公司的情况下,一国才可能对其在境外从事的控制行为行使反垄断管辖权;如果跨国公司在本国境内没有子公司或者分支机构,则无法依据这一理论对其行

---

〔1〕　参见赵旭东主编:《公司法学》(第2版),高等教育出版社2006年版,第8页。

使反垄断管辖权。因此，单一经济实体原则的适用范围比较小，且因需要论证母公司与子公司的非独立性，所以其适用过程也充满了不确定性。

（三）履行地原则

1. 履行地原则的提出

如前所述，有鉴于单一经济实体原则只适用于母公司与子公司间的关系案件，在适用上具有一定的局限性与不确定性，在其他情形下，始终坚持属地管辖原则的欧洲法院唯有通过其他方式进一步扩张属地管辖的适用范围。事实上，早在英国帝国化工等企业诉欧委会案前，欧洲法院在 1971 年的法国尼斯上市法院申请的对比利时 Beguelin 进口公司等诉法国 G. L. 进出口公司等案（以下简称"别格林代理案"）的预先裁决中，已初步提出了根据行为的履行地来论证欧盟竞争法域外适用的合理性问题；后在 1988 年的纸浆企业诉欧委会案中，欧洲法院进一步阐释并确认了反垄断法域外适用的履行地原则。

（1）别格林代理案。[1]

比利时的 Beguelin 进口公司与日本的 Oshawa 公司签署协议约定 Beguelin 进口公司拥有 Oshawa 公司特定产品在比利时和法国的独家代理销售权。此后，Beguelin 进口公司在法国的独家代理销售权一直由其在法国的子公司即法国 Beguelin 进口公司行使。德国的 Gebruder Marbach 公司在德国范围内拥有类似的独家代理销售权。1969 年，法国 G. L. 进出口公司进口了一批 Oshawa 公司的产品，但该批产品并非直接进口到法国，而是经由德国的 Gebruder Marbach 公司在德国入关、并发往法国销售的。因此，比利时和法国的 Beguelin 进口公司将法国 G. L. 进出口公司和德国 Gebruder Marbach 公司诉至法国尼斯商事法庭，主张被告从事不正当竞争行为；而作为被告的法国 G. L. 进出口公司和德国 Gebruder Marbach 公司则辩称 Beguelin 进口公司与日本 Oshawa 公司签署的独家代理销售协议因属于欧盟反垄断法禁止的限制竞争协议而无效。因本案涉及比利时 Beguelin 进口公司与日本 Oshawa 公司签署的独家代理销售协议是否违反《罗马条约》第 85 条关于限制竞争协议的规定，涉及欧盟竞争法非注册于非欧共体成员的企业参与的限制竞争行为的问题，尼斯商事法庭

---

[1]　Beguelin Import v. G. L. Import Export C-22/71, [1971] ECR. 949.

于 1971 年 2 月请求欧洲法院对该争议进行预先裁决。

在该案中，欧洲法院认为，一个协议必须具有影响各成员之间贸易的后果，并且以阻碍共同体市场内的竞争为目的或者效果，才与共同体市场不相容，并为《罗马条约》第 85 条所禁止。根据本案的事实，虽然协议的一方当事人是注册在非欧共体成员的企业，但这并不能阻止《罗马条约》第 85 条的适用，因为该协议是在共同体市场领域内履行的。

可见，欧洲法院在该案的预先裁决中，法院只是联系本案中涉及的独家代理销售协议，认为其事实上阻碍了销售商将相关货物出口到其他成员，或者阻碍该货物从其特许代理销售的区域进口并由特许代理商以外的其他方进行经营，因此构成了欧共体竞争法上设定的影响成员贸易这一后果要件，而应适用欧共体竞争法。虽然欧洲法院并未对如何影响成员贸易这一要件进行进一步说明，但其对该案的裁决表明，欧洲法院无疑是将合同的履行地（即行为影响地），而非合同的缔约地（即行为实施地）作为欧盟竞争法适用的判断标准。

（2）纸浆企业诉欧委会案。[1]

1984 年 12 月，欧委会经调查，认定欧共体成员、美国以及加拿大等地的漂白硫酸盐纸浆生产企业通过限制竞争协议或者协同行为操控相关市场上的纸浆价格，违反了《罗马条约》第 85 条关于禁止垄断协议的规定，因而决定对这些企业及企业协会进行处罚。因本案涉及众多注册于非欧共体成员的企业，欧委会基于效果原则对其管辖的合理性进行了论证：涉案所有企业均存在直接向共同体市场出口或从事相关经营活动的行为，且其中部分企业在欧共体范围内设有子公司或代理商；涉案的限制竞争协议或协同行为涉及在共同体市场内的供货或转售，且涵盖了共同体范围内 2/3 的相关产品的供货及约 60%的销售额。以上均表明，涉案企业试图通过该等限制竞争协议或协同行为在共同体市场从事相关产品的出口或销售，因此对共同体市场内相关产品的销售及转售价格构成了重大影响，且这一重大影响也是上述限制竞争协议及协同行为的主要和直接后果。据此，欧委会认为其对该案具有管辖权。

---

[1]　Ahlström v. Commission C-89/85, [1994] DEP.

　　但相关注册于非欧共体成员的企业及企业协会仍于 1985 年 4 月基于管辖权问题单独或联合向欧洲法院提起诉讼，认为基于效果原则的欧盟竞争法的适用不符合欧洲法院此前确立的单一经济实体原则，也同时违反了国际法。

　　欧洲法院就这些案件进行了合并审理，并于 1988 年就管辖权问题单独作出判决。其判决认为：虽然本案中的纸浆的生产厂商主要是注册在非欧共体成员的企业，但如该等企业是直接通过注册地在欧共体的经销商销售其商品并参与了共同体市场上的价格竞争，本案即涉及共同体及市场内部的竞争。因此该等企业通过协议方式限定共同体市场上的销售价格，应被视为违反了《罗马条约》第 85 条。而对于《罗马条约》第 85 条的违反，包括两个方面，即签署卡特尔协议和实施卡特尔行为。如果将卡特尔协议的签署地作为是否适用欧盟竞争法的连接点，会导致企业很容易规避相关禁止性规定，因此，卡特尔行为的实施地，也即卡特尔协议的履行地才是决定性因素。鉴于本案中的涉案企业已经在共同体市场上实施了其签署的价格垄断协议，所以其是否在共同体设立了子公司等分支机构、是否符合单一经济实体原则已不再是判断的重点因素。因此，欧洲法院认为，欧委会对该案行使管辖权并不违反属地管辖的原则，也即并不违反国际法。

　　这一判决确立了反垄断法域外适用的履行地原则，对于欧盟竞争法的域外适用具有重大的理论意义与实践意义。履行地原则是始终坚持属地管辖来处理欧盟竞争法域外适用问题的欧洲法院对于传统属地管辖的进一步扩张性解释，即只要相关限制竞争协议的实际履行地在欧共体市场上，则无论参与签署协议的企业是否注册在欧共体成员内，或是否在共同体市场上设立了分支机构，也无论其签署协议的地点是否在共同体市场范围内，欧盟竞争法对其均可适用。

　　2. 履行地原则的比较分析

　　履行地原则脱胎于传统的属地管辖原则，从适用上看，其更接近于国际常设法院通过"荷花号"案件判决所确立的客观属地管辖原则，即行为（协议的签署）虽不在本国实施，但其行为结果（协议的履行）发生于本国境内的，本国可据此行使管辖权。实际上，适用协议履行地法律解决涉外冲突的标准并非欧洲法院所首创。从国际私法的角度而言，涉外合同案件的连接点一般是合同缔结地或者合同履行地。在 19 世纪以前，支配合同的法理是以缔约地法律为主、兼采履行地法律。[1] 据此，履行地法在国际私法中的合同法冲突规则下是可适用的准据法。涉及反垄断法域外适用的垄断形式主要是卡特尔或者并购，而卡特尔或者并购一般都以协议的形式出现，以涉外限制竞争协议的履行地作为适用本国反垄断法的标准，更容易从国际法中找到理论依据，一般不会引起侵犯他国主权以及违反国际法基本原则的嫌疑，也不易引起他国的抗议。

通过履行地标准，欧洲法院进一步超越了其此前确立的、要求限制竞争协议的当事人在共同体范围内拥有子公司或分支机构等一定形式的连接点的要求，对所谓的属地管辖进行进一步的扩张解释，使其实际上更接近于效果原则。因此，欧盟法院以履行地作为连接点而采纳的所谓的属地管辖原则，被称为是"虚假的属地管辖"或"实质的效果原则"。[2] 因为从实践上来看，采履行地原则而域外适用本国的反垄断法，原则上可以达到与依据效果原则域外适用本国反垄断法相同的效果，而且以属地管辖作为表面依据，可以避免理论和实践中对于效果原则正当性的争议。但从实践上看，履行地原则仍无法完全覆盖效果原则所能发挥作用的适用范围。与效果原则相比，履行地原则以反竞争行为在一国境内实施为一国反垄断法域外适用的连接点，在限制竞争的协议并不在本国签署，也不在本国市场上实施，但仍然对本国市场产生了不利影响的情况下，则无法依据履行地原则而适用本国的反垄断法，这无疑不符合反垄断法维护本国市场竞争秩序的功能目标。尤其在各国、地区市场的联系日益紧密，跨国公司的经营活动遍布全球、经济势力影响也辐射全球，跨国特许经营、经销、直销、电子商务等多样化贸易渠道日益繁荣的当代社会，即使专门针对一国市场实施的行为也可能远程辐射到其他国家的市场而产生影响，尤其在电子商务日益发达的今天，企业某项行为的实施地在个案中有时很难确定。可见，履行地原则在反垄断法的域外适用领域仍存在一定的局限性。

综上可知，在欧委会一以贯之地适用效果原则行使反垄断域外管辖权的

---

[1] 参见韩德培主编：《国际私法新论》，武汉大学出版社 1997 年版，第 289 页。

[2] 参见于馨淼：《欧盟反垄断法域外适用研究》，法律出版社 2015 年版，第 211 页。

背景下，欧洲法院通过对属地管辖进行扩大解释，发展出了单一经济实体原则与履行地原则作为其域外适用反垄断法的依据。无论单一经济实体原则还是履行地原则，均要求涉案的限制竞争行为与欧共体市场有一定形式的连接点，或因母子公司的控制关系建立属地联系，或因行为的履行而建立属地联系，从表面上看，其均并未脱离传统的属地管辖原则。然而，单一经济实体原则以及履行地原则的适用，客观上却达到了与适用效果原则相差无二的结果，这从欧委会基于效果原则而行使的反垄断域外管辖权在判例中始终得到了坚持所谓属地管辖权的欧洲法院的支持即可窥见一斑。因此可以说，虽然欧洲法院提出的单一经济实体原则与履行地原则是以属地原则为基础，但其与适用效果原则实现反垄断法的域外适用的目的与客观效果均是一致的。

四、反垄断法域外适用的国际法基础

综上所述，在全球化的背景下，各司法辖区为了对已在本国/地区产生限制竞争影响的跨国反竞争行为进行有效规制，维护自身的市场秩序，提出和运用了包括效果原则、单一经济实体原则与履行地原则在内的诸理论，以论证其域外适用自身反垄断法的正当性。而国际社会对于这些理论，也经历了从敌对到逐步接受的过程。在许多情况下，一项规则的确立往往取决于国际社会对其接受的程度。即使一项规则具有很突出的合理性，但如果其并未被国际社会所广泛接受，其国际法基础依然会受到质疑。在美国提出效果原则而域外适用本国反垄断法的初期，曾因其对效果原则不加限制地扩张适用而招致其他国家的强烈抵制，并被指责为是美国霸权主义的体现。在此后，一方面，美国通过发展合理管辖对其自身反垄断法的域外适用进行了适当限制，完善了反垄断法域外适用的正当性基础；另一方面，越来越多的国家、地区也逐渐认识到反垄断法域外适用的法律价值，纷纷先后确立了其各自反垄断法的域外适用制度。尤其进入 20 世纪 90 年代以来，越来越多的国家以立法或者实践的形式确立了其反垄断法域外适用的效力，其中也包括原本对反垄断法域外适用持敌对态度的原英联邦国家。截至目前，虽然不是全部，但是绝大多数建立反垄断法律制度的国家都在不同程度上通过立法或者执法、司

法的实践而接受了这一主张。[1] 世界各国的普遍接受与承认以及越来越多的反垄断域外适用的执法、司法实践说明了反垄断法的域外适用具有适当的国际法基础。

此外，从各司法辖区对效果原则、单一经济实体原则、履行地原则等理论依据的论证的过程中也不难看出，这些理论在本质上都是围绕着与本国领域内的联系这一核心而展开，尽管这一联系可能并非"最密切联系"：效果原则更关注行为的反竞争效果与本国市场之间在客观地域上的联系，强调因效果而建立联系；单一经济实体原则强调因母子公司之间的实际控制关系而建立联系；履行地原则强调因行为的履行而建立联系。从这个角度来看，即使是曾经引发了理论界巨大争议而被他国强烈抵制的效果原则，也非是对于构成国际法重要基础的属地管辖原则的完全背离。正如国际刑法领域也允许属地管辖原则有所谓的主观和客观的适用，一国主张反垄断法的域外适用也可以视为是与国际法所倡导的属地管辖原则并行不悖的，这也可以进一步说明反垄断法的域外适用具有国际法上的正当性。

然而，由于上述原则与本国领域内的联系通常并非最密切联系，尤其是对于效果原则而言，如不将对于其适用限制在合理的限度内，仍有动摇属地原则的根基、侵犯他国主权之虞——如美国已经将效果原则从反垄断法的域外适用领域扩张到其他领域，进而据此对其他国家进行经济制裁，这无疑是构成了对效果原则的滥用，是其霸权主义的体现。正基于此，在反垄断法领域，基于效果原则的域外适用应当建立在基于合理管辖而设置的适当的限制性条件的基础之上，即相关反竞争行为对本国市场具有直接的、实质的、可合理预见的影响，且其适用应基于国际礼让，适当考虑他国，尤其是与涉案反竞争行为具有最密切联系的国家的相关重大利益。

---

〔1〕 参见刘宁元：《反垄断法域外管辖冲突及其国际协调机制研究》，北京大学出版社 2013 年版，第 45 页。

第二节　跨国并购反垄断规制的域外适用实践

根据上文的论述，美国、欧共体/欧盟等国家与地区为了维护本地市场的竞争秩序，通过判例确立了效果原则、单一经济实体原则、履行地原则等将本国反垄断法域外适用的理论。而作为一国反垄断法域外适用的重要领域之一，各国对于跨国并购，尤其是不在本国境内发生的跨国并购的规制无疑也是依据这些域外适用理论而进行。

一、美国对于效果原则的进一步适用与限制

（一）效果原则的进一步扩张

Timberlane 木材公司案及 Mannington Mills 公司案等案例确立的以适用国际礼让为基础的合理管辖原则对效果原则的合理限制，是基于国际礼让而提出相关的考虑标准，对效果原则的适用进行进一步修正和优化，以限制基于效果原则的反垄断法域外适用制度的不当扩张，其最终目的仍是将效果原则的应用通过合法合理化的方式予以确认，从而在减少国际诉病的同时对其予以更广泛的适用。但是，《美国对外关系法重述》（第 3 版）规定了对于效果原则的限制性因素，但因该等规定过于原则性，也导致法院可从不同角度进行解释和自由裁量。尤其是自 20 世纪 80 年代开始，经由地区法院、上诉法院、联邦最高法院三级审理，于 1993 年才最终结案的 Hartford 火灾再保险公司案[1]（以下简称"Hartford 再保险公司案"），即反映了美国法院对国际礼让进行重大限制，意图扩张适用美国反垄断法的单边主义倾向。

在该案中，Hartford 公司是一家英国的火灾再保险公司，其与美国国内外的部分原保险人与再保险人共同向美国保险服务办公室（Insurance Service Office），要求其修改保险合同范本，将一般商业责任保险的理赔原因由原来的索赔事件发生变更为当事人索赔，并缩小部分商业责任险的保险合同。同时，

---

〔1〕　Hartford Fire Insurance Co. et al. v. California et al. 509 U. S. 764 （1993）.

Hartford 公司与其他再保险公司共同向美国国内的原保险商施加压力，要求其接受依其意志修改的保险合同范本，否则将不再给这些保险商提供再保险。美国 19 个州和一些私人企业作为原告对英国 Hartford 公司以及一些美国国内的保险公司、再保险公司和一些美国经纪人和贸易协会分别提起了不同的反垄断诉讼程序，法院对这些案件进行了合并审理。

　　原告认为被告通过共谋，意图使相关市场的保险经营者按照被告设定的保险合同经营相关业务，违反了《谢尔曼法》的相关规定。因该案的被告中涉及众多的外国企业，因此美国反垄断法能否域外适用于这些外国企业成为本案的争议问题。被告辩称这些涉及英国再保险业务的相关行为属于国外贸易，不受《谢尔曼法》的约束。初审法院认为，虽然相关涉案行为系于英国达成，但是其相关条款及内容却与美国的再保险业务相关，且对美国的相关市场产生影响，因此并非单纯的国外贸易；同时，初审法院指出，在英国达成的签署行为根据英国议会通过的关于伦敦再保险市场的监管制度是合法的。初审法院根据 Timberlane 木材公司案中的诸多因素进行考察，最终基于国际礼让的衡量，认为美国法院对该案没有管辖权而驳回了原告的主张。该案上诉至美国第九巡回法院，上诉法院同样基于国际礼让，从多个角度对基于国际礼让的相关应衡量标准进行了重新分析后，认为适用美国反垄断法确实将与英国相关法律规定产生冲突，但是除此以外，从与国外法的冲突程度、当事人国籍地和主要经营场所所在地、判决的可执行性、美国相关市场受影响的程度及可预见性、行为的故意等方面来看，适用《谢尔曼法》保护相关市场不受损害的利益大于英国的监管利益。据此，上诉法院推翻了初审法院的判决，认为美国法院对该案有管辖权。

　　该案最终申诉至美国联邦最高法院。首先，最高法院肯定了美国法院有权决定是否行使域外管辖权，因为《谢尔曼法》可适用于那些意图对美国市场造成重大、可预见性影响，且实际上已经产生了此等影响的外国公司的行为。本案中，相关国外企业的涉案行为完全满足上述条件。至此，美国铝业公司案中确立的效果原则最终被确立为了具有普遍约束力的原则。其次，最高法院就美国法院是否应当行使域外管辖权，即国际礼让的衡量因素进行了论述，其认为国际礼让是冲突法的规则，其可以阻止美国法院行使管辖权，但问题的核心在于本案中是否存在美国和外国法律之间的真正的冲突。所谓真正的法律冲突，是指当事人不能同时遵守两国法律规定的情况，且不包括其行为是受到外国法所鼓励的情况。在该案中，所谓的法律冲突不是英国涉案企业的行为符合英国相关监管法规，因而《谢尔曼法》的适用将导致两国的法律冲突，鉴于英国的相关监管法规并非是强制要求相关企业应当从事涉案的反竞争行为，从这个意义上看，美国反垄断法的域外适用和英国的相关法律规定之间不存在真正的法律冲突，因而也没有必要基于国际礼让对美国法院是否应行使管辖权做出进一步论证。

基于 Hartford 再保险公司案，只有当存在真正的法律冲突的情况下，才可基于国际礼让而对效果原则的适用进行限制，但其实这种情况在实践中极为罕见。因此，前述判决相当于排除了美国反垄断法域外适用的一切法律障碍，对于国际礼让的衡量也流于形式，导致了美国反垄断法的进一步扩张适用，反映了美国的单边政策倾向。因此联邦最高法院对该案的意见受到了广泛的批评，且以 Scalia 大法官为代表的四名大法官就该等意见签署了反对意见。

（二）国际礼让的重申

考虑到 Hartford 再保险公司案的争议性，美国司法部和联邦贸易委员会于 1995 年 4 月对《国际贸易反托拉斯执行指南》进行了修订，重申并强调了被称为"国际礼让"的合理管辖原则，指出反托拉斯主管机关执行反托拉斯法时应考虑国际礼让。国际礼让反映了平等主权国家之间相互尊重的广泛含义，并决定哪个国家应当在其领域内允许另一个国家的立法、行政和司法活动。[1] 其还强调，反托拉斯执法机构在进行案件调查、起诉或者寻求特殊救济而需要域外适用其管辖权之时，也应尊重相关国家的重要利益是否因此而受到了重大影响，即便在具体的调查案件中并不涉及所谓的真正的法律冲突。[2] 根据这个指南，美国反托拉斯当局在域外适用其反托拉斯法时将考虑以下因素：①相关行为是否比较严重地违反了美国法；②行为人及受害者的国籍；③是否存在影响美国市场及进出口之意图；④与对外国的影响相比，

---

〔1〕 王晓晔、吴倩兰：《国际卡特尔与我国反垄断法的域外适用》，载《比较法研究》2017 年第 3 期。

〔2〕 参见王晓晔：《美国反垄断法域外适用析评》，载《安徽大学法律评论》2002 年第 1 期。

是否更为严重地影响了美国，影响是否可预见的；⑤是否可合理预见相关行为所推动产生或者妨碍产生的后果；⑥与外国法或政策相冲突的程度；⑦与当事人相关的另一国家执法活动的范围，包括因这些活动而引起的司法救济的范围；⑧外国强制执行与美国相比的效率。指南指出，相关因素的重要性取决于其在具体案件中的具体情况。[1]

此外，鉴于 1982 年的《对外贸易反托拉斯改进法》只提及了《谢尔曼法》与《联邦贸易委员会法》，此次修订后的《国际贸易反托拉斯执行指南》明确规定，如果第三国企业间的合并对于美国本国市场、对美国的出口贸易或者美国企业的出口，有直接、实质且可以合理预见的影响，才得依据《克莱顿法》第 7 条决定是否批准合并。[2] 这说明美国可依据效果原则，适用《克莱顿法》对于第三国企业间的并购行为进行反垄断审查，但需满足该等并购行为对美国国内市场及美国企业构成了直接的、实质的且可合理预见的影响这一合理管辖要求。依据前述规定，美国联邦贸易委员会在 1997 年对两家瑞士的制药巨头 Ciba-Geigy 公司和 Sandoz 公司的跨国并购进行了审查和干涉。鉴于并购双方在美国均设有下属子公司，联邦贸易委员会认为，上述两家企业的并购将影响和损害美国相关市场的秩序和竞争，提高相关市场进入的门槛，从而使得相关产品的市场价格上涨。因此，其向上述两家企业提出和解同意令，即如果两家企业仍然拟进行涉案的并购，那么其前提是必须同意和解同意令中的所有附加条件，即皇冠宝石规则——Ciba-Geigy 公司须向其竞争者转让其基因疗法的特殊技术和专利权，而 Sandoz 公司则需转让其在美国和加拿大的谷物除莠剂经营业务，联邦贸易委员会方可同意其并购。[3] 该案中，拟剥离的资产高达近 8 亿美元，成为当时美国联邦贸易委员会在跨国并

---

〔1〕　See William C. Holmes & Dawn E. Holmes, *Antitrust Law Sourcebook, for the United States and Europe*, 2000, pp. 389-390. 转引自王晓晔：《美国反垄断法域外适用析评》，载《安徽大学法律评论》2002 年第 1 期。

〔2〕　See U. S. Department of Justice and Federal Trade Commission, Antitrust Enforcement Guidelines for International Operations, Sec. 3. 14 (April 1995). 转引自王晓晔、吴倩兰：《国际卡特尔与我国反垄断法的域外适用》，载《比较法研究》2017 年第 3 期。

〔3〕　Ciba-Geigy, FTC File No. 961-0055, accepted for public comment December 5, 1996.

购反垄断审查中所涉企业资产剥离金额最高的案件。[1]

而此后 2004 年的 Empagran 公司与罗氏制药等企业案[2]使得合理管辖原则又重回视野。该案案情较为简单，20 世纪 90 年代，瑞士的罗氏制药企业联合两家美国企业以及注册于厄瓜多尔、巴拿马、澳大利亚、墨西哥、比利时、印度尼西亚、乌克兰等国的生产和销售维生素的大企业组成了一个有关维生素销售的国际卡特尔组织。该国际卡特尔因其通过固定价格、分割市场等限制竞争行为共谋控制维生素价格，于 1999 年被美国司法局调查认定违反《谢尔曼法》而对涉案企业处以近 10 亿美元的罚款，其中罗氏制药企业因参与该卡特尔而获罚 5 亿美元。该案处置后，厄瓜多尔的 Empagran 公司与其他多家外国公司立即向美国法院提起诉讼，以罗氏制药企业等公司共谋定价违反美国《谢尔曼法》为由要求法院判令其支付 3 倍民事损害赔偿。

原告诉讼请求中所针对的并不是传统意义上的涉及美国的跨国限制竞争行为，而是针对美国企业从该卡特尔成员购买相关产品并出口美国国外的行为，以及外国企业从该卡塔尔成员中购买相关产品并在美国境外销售的行为，也即该案中所有原告声称的违法行为，包括被告的共谋定价行为以及原告的维生素购买行为均发生在美国境外，而原告无法证明卡塔尔的行为导致其在美国的贸易中受到了损害。据此，一审法院于 2001 年 4 月以美国法院没有管辖权为由驳回了原告的诉讼请求。

被告就本案提起上诉，上诉法院经审理，于 2003 年 1 月作出判决，推翻一审法院的判决并发回重审。上诉法院在判决中认为，美国法院行使域外管辖权有两个基本条件：第一个条件是行为对美国国内贸易具有"直接、实质、可合理预见"的影响。对此，鉴于被告在诉讼中并未否认该卡塔尔在美国产生了相关影响，上诉法院直接认定其已满足。第二个条件是该影响导致了根据《谢尔曼法》而产生的诉讼请求，也即在涉案卡塔尔对美国产生了直接、实质、可合理预见的基础上，对于原告基于该行为在国外的影响而提出诉讼请求，美国法院是否有管辖权。就此问题，美国法院在类似的案件中判决观

---

〔1〕 See Joseph P. Griffin, "Antitrust Aspects of Cross-Border Mergers and Acquisitions", *European Competition Law Review*, 1998, p. 13.

〔2〕 F. Hoffmann-La Roche LTD. et. al. v. Empagran S. A. et al. , 542 U. S. 155 (2004).

点不一，第五巡回法院从狭义上理解认为不应适用美国反垄断法，第二巡回法院从广义上理解认为应予适用。对此，本案上诉法院提出了《谢尔曼法》域外适用的威慑作用问题，其认为在此种情形下，只有美国法院行使域外管辖权支持外国原告的赔偿主张，才能对跨国卡特尔进行震慑和有效规制，使美国的消费者真正获益，否则相关限制竞争行为的收益性将取决于不确定的外国反垄断法的立法与执法情况。上诉法院的这一论述，无疑也是基于 Hartford 再保险公司案关于真正的法律冲突的论证逻辑，其论证的域外管辖权的行使完全可以满足 Hartford 再保险公司案中联邦最高法院对于美国反垄断法域外适用的要求。

然而，在被告就本案申诉至美国联邦最高法院后，联邦最高法院却于 2004 年 6 月推翻了上诉法院的判决并发回重审。联邦最高法院发回重审的判决中同样承认了上诉法院提出的美国法院行使域外管辖权的上述两个条件，并认可了涉案卡特尔对美国市场具有直接、实质、可预见的影响。同时，联邦最高法院进一步指出，Empagran 公司等外国原告基于其在外国受到的损害而要求被告承担赔偿责任，而并非是在美国受到的损害。这即是说，对于限制竞争行为的受害者而言，如果其在美国市场以外受到损害，该限制竞争行为对国外产生的影响应独立于其对美国的国内影响，因此原告不能依据《谢尔曼法》要求相应的赔偿；但如果损害的结果与美国的市场相关，则可以适用《谢尔曼法》。此外，联邦最高法院还指出，美国法院对于法律的解释均需考虑避免对外国国家主权造成不合理干预的后果，即美国法院的管辖权要受到国际礼让的合理管辖原则的限制。

此后，第二巡回法院对本案进行重审，并于 2005 年再次作出判决认同原审法院的判决结果。后原告申诉至联邦最高法院，联邦最高法院并未对该案进行复审，并于 2006 年直接驳回了原告的复审请求，认为美国法院对于该案中外国企业提出的针对包括罗氏制药企业在内的维生素卡特尔组织在外国的限制竞争行为的损害赔偿请求没有管辖权。

Empagran 公司与罗氏制药等企业案中，美国联邦最高法院最终对效果原则的适用进行了一定程度的限制，即至少在企业行为对美国利益没有直接影响的情况下，美国法院无管辖权，承认了美国反垄断法的域外适用应受到基于国际礼让的合理管辖原则的限制。虽然该案本质上并没有推翻 Hartford 再保险公司案的判决，但却令反垄断域外适用须受到礼让原则适当限制的合理管辖重回视野，实践中对于效果原则的适用问题也又回到先前的焦点上，即如何判断影响的直接性，使得美国反垄断法不再实际上处于毫无约束的状态。[1]

（三）国际礼让适用的不确定性

从 Timberlane 木材公司案、Mannington Mills 公司案等对于国际礼让的梳理和细化，到 Hartford 再保险公司案对于国际礼让适用的严格解释，再到 Empagran 公司与罗氏制药等企业案中重新适用国际礼让对效果原则的适当限制，无不反映出，美国法院在域外适用其反垄断法时，对于国际礼让的解释及适用并非一成不变，而是与其国家政策及国际经济形势密切相关，存在着很大不确定性。这一点在耗时十几年，至今仍未结案的中美维生素 C 案中体现得尤为突出。

作为全球最大的维生素 C 的生产国和出口国，中国在加入 WTO 之后，加强了对国内的维生素 C 企业的规制。中国医药保健品商会成立了维生素 C 分会，作为行业自治团体对于维生素 C 市场进行整体协调，规定只有加入分会的企业才能获得维生素 C 的出口配额，且公布了行业自律协议，旨在通过固定价格和控制总量的方式来巩固国际竞争力。以此为背景，2005 年，美国动物科学产品公司（Animal Science Products, Inc.）、瑞恩斯公司（The Rains Company）及其他的维生素购买企业在美国多地提起反垄断诉讼，指控中国多家维生素 C 出口企业达成价格联盟、限制产销量，违反美国的反垄断法。

这些案件由美国纽约东区联邦法院合并审理。本案的焦点即为是否应适用国际礼让而豁免美国反垄断法的域外适用。就此，中国商务部以法庭之友（Amicus Curiae）的身份向法庭提交了书面意见，说明进出口商会系受商务部直接及积极监督，有权管理维生素 C 的出口，原告所声称的限制贸易的共谋事实上是中国政府所要求的监管定价机制。该书面意见旨在表明中国出口企业的统一定价行为，是基于中国政府的价格管理机制的要求，中国法律要求

---

[1] 参见于馨森：《欧盟反垄断法域外适用研究》，法律出版社 2015 年版，第95页。

这些中国企业统一出口价格，并非企业自愿垄断价格；在中美两国法律有冲突时，中国企业不能同时既遵守中国法律的要求，同时又遵守美国法律的要求。然而地区法院并未采纳商务部对于中国法律的解释，其认为只有本国法与外国法存在真实冲突时，才能适用国际礼让，但是中国法律并非强制要求企业达成相关限价协议，因此，两国的法律不构成真实冲突。据此，地区法院于2013年判定我国维生素C生产企业构成价格垄断，并应承担巨额的惩罚性赔偿金。

该案上诉至第二巡回法院，上诉法院则认为是否应域外适用美国反垄断法，主要应考量当事人是否能同时遵守中国及美国的反垄断法，也即美国法院应对商务部对于中国法律的解释应给予多大程度上的尊重。对此，上诉法院采纳了高度尊重的原则，认为只要外国政府关于其法律法规的解释及效力的陈述在当时的情形下是合理的，美国法院即有义务尊重该等陈述；同时，其认为，美国政府期望在类似事情上得到外国法院的何种尊重和对待，就应当给予外国政府同样的尊重和对待。据此，上诉法院于2016年作出判决，认为商务部对中国法律的解释应作为具有拘束力的外国法，由于中国法律要求中国卖方在中国从事可能违反美国反垄断法的行为，两国的法律存在真实冲突，因而适用国际礼让驳回了一审判决。

然而该案并未就此结束。案件再次上诉至美国联邦最高法院，最高法院于2018年6月作出判决认为：《联邦民事诉讼法》已经明确外国法的查明必须作为法律问题来处理，法院也不应局限于当事人所提交的材料，而是可以考虑任何相关的材料或资料；对于外国政府的解释与陈述，联邦法院应给予一定程度的尊重，但其并无义务当然采纳，而应结合其他相关证据材料综合考察。上诉法院认为地区法院有义务尊重中国商务部的陈述，但其并未考虑地区法院经过仔细和全面分析后指出的商务部的立场或者其他方面的缺陷，地区法院确认的其他证据材料也应得到同等权重的考量。此外，联邦最高法院认为美国政府从未要求外国法院承认和接受美国政府对于其法律的定性。据此，经九位大法官全体一致同意，联邦最高法院判决推翻第二巡回法院的裁决，将案件发回重审。[1]

从本案中可窥知，作为一项权衡本国与外国间利益冲突的协调性规则，国际礼让本身极具有包容性及模糊性的特征，其适用也并非一项国际法上的强制性义务，而是属于美国国内法的一部分，[2] 是否适用国际礼让，是美国法院在利益分析的过程中，对于全部所涉衡量因素进行自由裁量的过程。

二、欧盟跨国并购反垄断规制的域外适用实践

如前所述，尽管作为反垄断裁决机构的欧委会与欧盟对于欧盟竞争法域外适用所依据的理论并不一致——欧委会主张适用效果原则，并同时主张对其进行一定的程度上限制，认为相关行为满足对本国或本地区市场具有直接的经济影响才得以适用效果原则域外适用其反垄断法；而欧洲法院为避免效果原则引致非议与对抗对其诸多回避，始终坚持属地管辖，并将属地管辖进一步扩张解释为单一经济实体原则以及履行地原则。因此，欧洲法院实际上并未否认效果原则，对于最终诉至欧洲法院的诸多反竞争案件，欧洲法院多维持欧委会的裁决，只是尽量避免使用效果原则的概念。二者对于域外适用的理论依据虽有不同，但从最终结果上看，仍是殊途同归。而且在后来的实践中，二者所依据的管辖权依据的界限也日渐模糊：欧委会在相关的案例中也会援引欧洲法院确认的属地管辖来论证其域外适用的合理性；欧洲法院在判决中对属地管辖原则不断进行扩张性解释，使得其内涵与实际适用的效果与效果原则已经无限趋同。且在单一经济实体原则与履行地原则适用困难的情况下，欧洲法院也会倾向于依据效果原则考察相关反竞争行为对共同体市场的直接性、实质性、可预见性的影响。这一点在对于跨国并购反垄断规制的域外适用实践中也有所体现。

（一）欧盟并购条例实施前的域外适用实践

在《4046/89 号并购条例》生效前，欧委会主要运用《罗马条约》第 86

---

[1] Animal Science Products, Inc. et al. v. Hebei Welcome Pharmaceutical Co., Ltd., et al. 585 U. S. (2018).

[2] Dodge, William S., "International Comity in American Law", 115 *Columbia Law Review*, 2015, pp. 2120–2124.

条规制滥用市场支配地位的条款对于并购行为进行规制，典型的案例即欧洲法院于 1973 年判决的大陆制罐公司等诉欧委会案[1]。

在该案中，大陆制罐公司（Continental Can Co. Inc.）是一家注册于美国纽约的巨型轻金属制造商，截至 1969 年，其通过一系列并购，已经取得了注册于德国布伦瑞克的 SLW 公司（Schmalbach-Lubeca-Werke AG）85.8%的股份。1970 年，大陆制罐公司在美国特拉华州设立了一个合资公司 Europemballage 公司（Europemballage Corporation）。通过一系列并购活动，最终大陆制罐公司取得了 Europemballage 公司 100%的股份，而 Europemballage 公司取得了大陆制罐公司持有的 SLW 公司全部股份，以及位于荷兰的一家金属容器制造商 TDV 公司 91.7%的股份。SLW 公司是当时德国最大的包装和金属容器生产商，而 TDV 公司是当时的比荷卢经济联盟最大的包装材料生产商。为此，欧委会认为，大陆制罐公司通过其控股子公司 SLW 公司在欧盟相关产品市场和地域市场具有支配地位，而其通过注册于美国的子公司 Europemballage 公司收购竞争对手 TDV 公司股份的行为构成了《罗马条约》第 86 条规定的滥用市场支配地位的限制竞争行为，该项并购完成后，大陆制罐公司在共同体市场的市场份额将进一步大增，且在企业规模、经济、财务、技术等方面明显优于其他竞争者。欧委会据此责令大陆制罐公司停止相关并购违法行为。大陆制罐公司诉至欧洲法院，要求撤销欧委会的上述裁决，认为欧委会没有管辖权是其起诉的理由之一。

欧委会认为，根据传统的属地管辖，欧共体有权利依据自身法律规范对在其领域内实施的行为行使管辖权，且该等管辖权不受当事人国籍的影响；同时，欧委会进一步援引了此前英国帝国化工等企业诉欧委会案中欧洲法院的论证逻辑，认为涉案限制竞争行为虽由大陆制罐公司在欧共体市场内的子公司 SLW 公司实施，后者虽是法律上的独立主体，但并未实际独立于前者，其二者构成了欧共体反垄断法意义上的统一实体；最后，欧委会强调，涉案的限制竞争行为已经在共同体市场上产生了影响，实际上已经满足了欧共体反垄断法适用的前提条件。

---

[1] Europemballage Corporation and Continental Can Co. Inc. v. Commission, Case 6/72, [1973] ECR. 215; [1973] C.M.L.R. 199.

欧洲法院于 1973 年对该案作出了判决，虽然欧洲法院认为欧委会对于该案中的相关市场的界定不够准确，而撤销了欧委会的决定，但在涉及管辖权的问题上，欧洲法院基于单一经济实体原则，肯定了欧委会对该案的管辖权。欧洲法院认为，Europemballage 公司虽然具有独立的法人人格，但只有其独立作出决定时，其母公司大陆制罐公司才可依据有限责任原则而免责。但本案中，Europemballage 公司的一系列并购行为是遵循其母公司指示而行事的，所以导致其限制竞争的并购行为可以归咎于大陆制罐公司，注册地不在欧共体成员范围内并不足以排除欧盟法律对其管辖权。此外，在本案中，欧洲法院也在理论上支持了欧委会引用《罗马条约》第 86 条关于滥用市场支配地位的相关规定来规制企业并购的观点。

欧委会对该案作出禁止性裁决的时间早于欧洲法院对英国帝国化工等企业诉欧委会案作出最终判决的时间，但欧洲法院对本案的判决时间是晚于英国帝国化工等企业诉欧委会案的判决的，正因如此，欧委会实际上是运用了欧洲法院在此前英国帝国化工等企业诉欧委会案中确立的单一经济体原则，在诉讼中成功证明了涉案企业之间属于统一经济实体的非独立性而获欧洲法院的支持；而在同时，欧委会实际上也运用了欧洲法院在 1971 年别格林代理案的预先裁决中的裁判逻辑，论证了相关并购行为的履行地实际上是在欧共体市场内。这说明，欧委会在运用效果原则行使域外管辖权的同时，也会基于欧洲法院一直坚持的单一经济实体理论、履行地理论等来进一步论证其行使此等管辖权的合理性。

（二）欧盟并购条例实施后的域外适用实践

根据《4046/89 号并购条例》第 1 条，该并购条例适用于具有共同体规模的并购。同时第 1 条第 2 款规定了共同体规模的基本判断标准：①参与并购的企业在全球市场的年度总营业额超过 50 亿欧元；且②至少有两个参与企业中的每个企业在共同体市场的年度营业额均超过 2.5 亿欧元。但如果每个参与企业在共同体市场上的年度总营业额的 2/3 以上都来自于同一成员，则即使符合前述标准，也不构成具有共同体规模的并购。2004 年修订的《139/2004 号并购条例》还增加了以下共同体规模的补充标准：①所有参与企业在全球市场的年度总营业额超过 25 亿欧元；且②在至少三个成员国中的每个成员国，所有参与企业的年度总营业额超过 1 亿欧元，且至少有两个企业的总营业额超过 2500 万欧元；且③至少有两个参与企业中的每个企业在共同体市场的年度总营业额均超过 1 亿欧元。但如果每个参与企业在共同体市场上的总营业额的 2/3 以上都来自于同一成员国，则不构成具有共同体规模的并购。前述补充标准大大降低了关于企业规模的门槛。

据此，《4046/89 号并购条例》欧盟并购条例第 1 条可以视为是隐含的域外适用规则——虽然其并未明文规定并购条例的域外适用，但只要并购企业在全球市场和共同体市场上的营业额满足前述两个标准，无论该并购的参与主体是否为欧盟成员企业，也无论其是否发生在共同体市场内，欧盟并购条例均可适用。这实际上是赋予了欧委会以无限的并购域外管辖，正如并购条例的序言中所明确的："只要相关企业在共同体内开展了重要经营活动，且其年度总营业额超过了规定的标准，则相关并购均构成共同体规模的并购，无论参与并购的企业在共同体是否有住所或主要经营场所。"甚至无论该项并购是否对欧盟的贸易或者竞争产生了不利影响，欧委会均可依据欧盟并购条例对其行使管辖权。例如在 1993 年的 JCSAT/SAJAC 并购案[1]，四家日本企业拟在日本组建一家合营企业以共同从事通讯业务，鉴于经营通讯业务须经事先许可，欧委会认为该并购行为目前对共同体市场并不会产生限制竞争影响，但该项并购仍属于欧盟并购条例的管辖范围，在未向欧委会进行申报并获批准前，不得实施交易。

正因如此，在欧盟并购条例实施后，欧委会就跨国并购案很少再专门论证其管辖权的合理性，而只说明涉案企业符合前述门槛条件；只有在个案中，基于当事人或者其他国家对于其管辖权的质疑，才会对于管辖权冲突的问题进行阐释。其中最为典型的案例是 Gencor / Lonrho 并购案[2]。

在该案中，Gencor 公司（Gencor Ltd.）是一家注册于南非的金属矿业公司，系南非三大白金采矿企业之一，其旗下的南非企业 Implas 公司（Implas Platinum Holdings Limited）掌握了其所有在白金金属行业的业务。Gencor 公司拟与一家注册于英国的 Lonrho 公司（Lonrho Plc.）通过一系列并购交易整合

---

〔1〕　JCSAT/SAJAC, Case Ⅳ/M. 346, June 30, 1993.

〔2〕　Gencor v. Commission Case T-102/96 [1999] ECR Ⅱ-753.

两家公司在南非的白金业务：首先由 Gencor 公司与 Lonrho 公司共同控制 Implas 公司，并由 Implas 公司以换股的方式收购原 Lonrho 公司旗下的构成其白金事业部（Lonrho Platinum Division，LPD）的两家从事白金业务的子公司，LPD 掌握了原 Lonrho 公司所有的白金业务。并购完成后，Gencor 公司与 Lonrho 公司各自持有 Implas 公司 32% 的股份，其余股份由公众股东持有。该项并购是全球第二、第三大白金企业的合并，其合并后的全球市场份额将达 28%，而当时全球最大的白金生产企业是南非英美公司（AAC）的子公司，其全球市场份额为 35%。

鉴于该项并购已达并购条例规定的共同体规模的申报标准，并购当事方分别向南非反垄断当局与欧委会进行了并购申报：南非反垄断当局认为该项并购的经济效益超过了其对竞争的负面影响，并据此同意了前述并购方案。而欧委会经审查认为，该项并购将在世界市场范围内构成合并后的企业与前述 AAC 旗下的白金业务子公司构成双寡头垄断，将构成集体支配性地位，明显妨碍欧盟内部市场的有效竞争。因此欧委会于 1996 年 4 月做出决定，宣布该项并购与共同体市场不相容而禁止该项跨国并购。

并购方 Gencor 公司认为：该项并购系在南非进行，并购相关方亦主要在南非开展经营活动，根据纸浆企业诉欧委会案确立的履行地原则，欧盟并购条例并不能适用于非欧盟成员；此外，该项并购对欧盟范围内的竞争不会产生直接和重大影响，其对欧盟市场的影响要小于对世界其他地区相关市场的影响；同时，鉴于南非当局已经批准该项并购，欧委会对该项并购行使管辖权将会与南非反垄断当局产生管辖权冲突。据此，Gencor 公司认为欧委会对该并购案并无管辖区，并据此于 1996 年 6 月向欧洲初审法院提起诉讼要求撤销欧委会的禁止性决定。就此，欧委会认为：该并购的参与方之一，Lonrho 公司系注册于欧盟成员国（即英国）的企业，根据属人管辖原则，欧委会有权对其行为行使管辖权；该项并购虽是在南非进行，但同时也在全球市场上实施，其白金开采活动虽然不在欧盟范围内，但欧盟是其从事经营活动的重要市场，因此该并购既会改变全球范围内相关市场的竞争结构，也会改变欧盟范围内相关市场的竞争结构。此外，欧委会还援引了欧洲法院在纸浆企业诉欧委会案中关于履行地原则的论证逻辑，认为判断欧盟竞争法适用范围的关键在于涉案的行为是否在共同体市场上实施且对共同体市场产生反竞争影响，而非相关企业的注册地及相关协议的签署地，而本案中，欧盟市场无疑是涉案企业重要的白金销售市场；就管辖权冲突问题，欧委会认为该项并购对于南非政府而言类似于出口卡特尔的影响，即并购行为对参与企业的母国市场的竞争结构的影响小于对其他地区的市场的影响，甚至是有益的。

欧洲初审法院于 1999 年判决驳回了原告的主张。初审法院认为：根据《4046/89 号并购条例》第 1 条，该条例适用于所有具有共同体规模的并购，而不论并购当事人是否为欧盟成员以及其主要经营活动是否在共同体市场内开展，而本案中并购当事人的经营体量显然符合欧盟并购条例中关于共同体规模的标准；同时，法院还支持了欧委会关于对于履行地原则的论证逻辑，认为只要涉案企业的相关产品在共同体市场上销售，就满足纸浆企业诉欧委会案确立的履行地原则的判断标准；此外，法院还指出，根据国际法，如果可以预见到该项并购在共同体市场内将会造成直接的、实质的、可预见的限制竞争影响，则欧盟并购条例的适用即是正当的；就管辖权冲突问题，鉴于南非反垄断当局系认为该项并购并未违反南非的竞争政策而批准该项并购，而并非强制性要求当事人签署并购协议，据此，法院认为欧委会就该案行使管辖权并未违反国际法上的不干涉原则。

如上，初审法院在论证欧盟并购条例的适用符合国际法时，实际采用了效果原则，即论证了涉案行为对于共同体市场的限制竞争影响的直接性、实质性与可预见性，并且进一步明确了对效果原则进行限制的判断标准，即从该项并购可致共同体相关竞争结构改变的明确影响的直接性标准，从参与企业在共同体市场上的销售份额明确影响的实质性标准。而根据前述事实，并购在全球市场导致双头垄断对于作为全球市场有机组成部分的欧盟市场的妨碍竞争的影响无疑是明显可预见的。这是欧洲法院首次在判决中直接引用效果原则论证欧盟反垄断法域外适用的正当性。这也进一步说明，欧洲法院在实践中并未否认效果原则，其早期回避效果原则是为了避免引发相关非议和对抗，但其并未放弃依据效果原则支持欧委会行使域外管辖权，以维护共同体市场的竞争秩序。

（三）欧盟反垄断法域外适用的统一性

如前所述，根据欧盟的反垄断法，当事人对欧委会的相关决定不服，可以向欧洲初审法院及欧洲法院提起司法审查，但在实践中，欧洲法院推翻欧委会的相关决定的概率很低。尤其在涉及欧盟反垄断法域外适用的问题上，虽然欧委会始终坚持以效果原则行使域外管辖权，而欧洲法院长期以来都尽量回避效果原则，而始终坚持所谓的属地管辖并对其不断地扩大解释，只在极少数个案中提及了效果原则，但二者在理论依据上的这种差异并没有导致其在欧盟反垄断法域外适用的结果上的矛盾；相反，欧委会行使此等域外管辖权在判例中始终得到了欧洲法院的支持。可以说，在涉及欧盟反垄断法的域外适用的问题上，欧洲法院与欧委会各自所依据的原则虽有差异，但从最终结果来看，二者仍实现了统一。这一点，在以上的诸多案例中即可窥见一斑。究其原因，最根本的应在于，欧委会与欧洲法院在欧盟反垄断法域外适用的终极目标上的一致性，即保护共同体内部市场的竞争秩序。在此目标下，无论欧委会，还是欧洲法院，其均将共同体内部的市场竞争秩序视做欧盟重大经济利益所在，所以二者对于将会对上述利益产生影响的任何形式的限制竞争行为均不会置之不理，而都会试图通过适用欧盟的竞争法予以规制。因此，二者在行使域外管辖权所适用的理论依据上的不同只是路径差异的问题，并不影响最终结果的殊途同归。也即是说，对于保护欧盟市场竞争秩序这一最终目标的一致性，最终决定了在个案中欧委会与欧洲法院就是否域外适用欧盟竞争法这一问题上裁决结果的统一性。

另外，欧委会和欧洲法院虽然在欧盟反垄断法域外适用的原则性理论依据上存在差异，但是二者在技术层面上所具体运用的实际判断标准却非常相近，这使得属地管辖原则与效果原则这两个在传统国际法理论中几乎是矛盾的理论依据，在欧盟反垄断法中应用的结果却极为接近。欧洲法院通过对传统属地管辖进行扩张解释，确立了单一经济实体原则与履行地原则两个反垄断法域外适用的判断标准，使得根据该等所谓的属地管辖所划定的欧盟反垄断法的适用范围与根据效果原则所认定的一国反垄断法的适用范围相差无几；而对于欧委会而言，其在坚持效果原则的同时，也主张对依据效果原则的适用进行限制，主张反垄断法的域外适用需满足相关限制竞争行为对共同体市场具有直接的、实质的、可预见的影响。因此，无论欧洲法院还是欧委会，其所理解的欧盟反垄断法得以域外适用的实质上的前提条件是一致的，即行为者在共同体市场上实施了限制竞争行为。由此也保证了欧委会与欧洲法院在个案中对于此类问题裁决结果的一致性。[1]

此外，在域外适用欧盟反垄断法是否会产生与其他国家的法律冲突以及涉及国际礼让的问题上，欧委会与欧洲法院的态度也是一致的。在涉外反垄断案件中，由于行为发生地与行为影响地国家的利益着眼点不同，因此域外适用本国或本地区的反垄断法不可避免地会产生与其他国家的法律冲突问题。这也是效果原则提出后，美国法院适用效果原则论证自身管辖权合理性面临的重要问题。虽然无论欧委会还是欧洲法院均未对在涉及国际礼让的问题上如何协调与其他国家之间的利益给出明确的标准，但是二者在是否应该基于国际礼让而对域外管辖权进行限制的问题上却保持一致。欧委会认为除非反垄断决定使得涉案的非欧盟企业违反其国内法，否则其域外适用反垄断法行使管辖权的行为并不违反国际礼让的要求；这与欧洲法院关于其他国家只是单纯的允许某项被欧委会禁止的限制竞争行为，则欧盟与该国不存在真正的法律冲突的观点不谋而合。实际上，其关于只有第三国相关利益高于欧盟内部市场竞争秩序时，才得以根据国际礼让而进行利益衡量的观点，与美国法院在判决中的体现的观点也是高度统一的。

三、德国跨国并购反垄断规制的域外适用实践

受美国影响，德国于1957年颁布的《反对限制竞争法》即于第98条第2款明文规定了其反垄断法的域外适用问题。现行德国反垄断法关于域外适用的相关条款载于修订后的《反对限制竞争法》第130条："本法适用于在本法适用范围内具有影响的所有限制竞争行为，由于本法适用范围以外的原因引起的限制竞争行为亦同。"同时，德国亦在《反对限制竞争法》中声明，该条款只是选择条款，而非实体条款。这表明德国采用了效果原则，并将反垄断法的域外适用明确写进了成文法。

德国反垄断法虽然在政策目标及实体原则上借鉴了美国反垄断法，但其完全体现了德国法律严谨规范的大陆法系风格，与灵活多变的美国反垄断法

---

〔1〕　参见于馨淼：《欧盟反垄断法域外适用研究》，法律出版社2015年版，第219~222页。

实践截然不同。德国虽然以成文法的形式承认了效果原则，但相比之下，其对于效果原则的适用比美国更为严格。与美国效果原则适用时强调行为意在影响美国的进出口且其事实上也产生了这样的影响不同，德国《反对限制竞争法》强调的是具有国内效果的限制竞争行为，其对于效果原则的适用更为谨慎。在德国，一个在外国实施的限制竞争行为是否适用德国《反对限制竞争法》，决定性的因素是这一限制竞争是否在德国境内能够产生重大和直接的不利影响。[1] 德国法院在1973年的油田管道一案中即对效果原则的适用进行了一定程度的限制。在该案中，包括德国在内的欧洲主要油田生产厂商与日本的油田管道生产商签署了影响德国以外市场的限制竞争协议，因涉案的德国生产商未按照《反对限制竞争法》的规定进行申报，而被德国卡特尔当局科以罚款。该公司向法院提起了上诉。最终法院认为，《反对限制竞争法》第98条第2款不仅旨在扩大其域外适用的范围，也旨在限制其适用于相关涉外案件。本案中，涉案的协议仅对德国以外的市场产生了限制竞争的影响，不具有德国国内的效果，因此德国《反对限制竞争法》并不适用。[2]

而在跨国并购中，德国对于效果原则的适用，更加注重援引国际公法原则对其进行限制，以实现利益平衡。在1980年的拜耳合并案中，德国联邦卡特尔局适用《反对限制竞争法》否决了这项跨国并购，但并未阐明依据，因此被诉至法院。德国法院认为，因该并购案发生于外国企业之间，且主要影响地也位于德国境外，联邦卡特尔局未就此案阐明其是否适用了《反对限制竞争法》第98条第2款，以及是否存在阻止该条款适用的国际法上的理由，属于程序错误；同时，鉴于法国当局已经批准了该项合并，若禁止并购，将违反国际法上的合理联系原则与不干涉原则。据此，德国法院否决了联邦卡特尔局的禁止并购的决定。[3] 除此之外，国际公法上的禁止滥用管辖权原则也是德国在跨国并购中适用效果原则所考量的因素。在美国烟草商菲利普·莫

---

〔1〕 参见王晓晔：《我国反垄断法的域外适用》，载《上海财经大学学报》2008年第1期。

〔2〕 参见陈小燕：《反垄断法域外适用的二元观与我国立法的完善——以"效果原则"为限》，载《湖南社会科学》2014年第5期。

〔3〕 参见陈小燕：《反垄断法域外适用的二元观与我国立法的完善——以"效果原则"为限》，载《湖南社会科学》2014年第5期。

里斯公司收购南非罗斯曼斯烟草公司案[1]中，德国联邦卡特尔局认为，两家公司的并购将导致其控制德国的一家已经在德国市场占有相当市场份额的烟草公司，而使得这些企业共同取得了在德国市场的支配地位，因此对该项跨国并购发出了禁止令。在南非政府提出反对后，德国联邦卡特尔局从国际法原则角度对其进行了解释：联邦卡特尔局仅可以援引国际法上的不干涉原则和禁止滥用管辖权原则来对效果原则的适用进行限制。不干涉原则是为防止对外国利益明显超过本国利益的跨国并购交易行使管辖权，对于这一原则的违反只在德国禁止该项并购所产生的利益明显低于外国政府批准实施该项并购中的利益时才得认定；而只有在行使管辖权将使受到损害的外国利益与德国利益相比极其不平衡时，才构成违反禁止滥用管辖权原则。而在该案中，南非政府接受该项并购意味着其已接受了该等并购将对其国内市场产生的风险，且德国联邦卡特尔局干预该等并购并未对南非股东造成伤害；相反，如批准该项并购将导致德国相关市场竞争结构的严重恶化。因此，联邦卡特尔局禁止该项跨国并购并不存在对于不干涉原则和禁止滥用管辖权原则的违反。涉案的两家公司向德国法院提起申诉，柏林上诉法院基本维持了联邦卡特尔局的禁令，但上诉法院同时认为，对并购交易的整体性禁止令有违不干预他国内部事务的国际法基本原则。因此，基于国际法上国家主权原则的考虑，上诉法院判决该禁令仅限于两公司在德国子公司的合并。

由此可知，德国对于跨国并购的反垄断规制，虽也适用效果原则作为其依据，但在具体的执法适用上，有其自身的特点。其强调一国虽然可以对不发生于本国境内但对本国市场产生了反竞争效果的行为行使反垄断管辖权，但如只考虑本国利益而不尊重他国的属地管辖权以及正当利益，无视国际法原则，将必然导致反垄断法的管辖权与法律适用上的冲突。因此，德国的联邦卡特尔局以及德国法院在具体的跨国并购案中，在适用效果原则的同时，会考虑不干涉原则、合理联系原则以及禁止滥用管辖权原则，来对其管辖权进行自我限制。

---

〔1〕　参见袁泉：《欧共体竞争法的国际合作与协调》，高等教育出版社 2014 年版，第 208~210 页。

四、英国对于反垄断法域外适用的态度转变

如前文所述,在美国最早提出效果原则并在后续的判例中一以贯之地扩张适用时,曾遭到以英国为首的英联邦国家的强烈抵制,英国甚至在《保护贸易利益法》中设置了抵制其他国家域外管辖权的条款。但进入 20 世纪 90 年代以来,随着世界市场的进一步形成以及在跨国并购浪潮的冲击下,英国对于反垄断法的域外适用也逐渐发生了态度上的转变。

英国 1998 年出台的《竞争法》即规定,该法的禁止性规定适用于在英国境内实施或者意图在英国实施的协议、决议或者行为。也即无论相关协议、决议、行为是在哪个国家作出,也无论行为人的国籍,只要其在英国实施或意图在英国实施,英国即可行使管辖权。而英国 2002 年《企业法》则进一步明确规定其得以适用于在英国境外达成但是其全部或者部分协议在英国境内实施的限制竞争行为。这说明,英国竞争法虽然没有明确使用效果原则这一概念,但其适用范围已经从行为发生地扩大到行为履行地[1],可是说是其在原有的传统的属地主义管辖立场上做出了重大的让步。

五、日本跨国并购反垄断规制的域外适用实践

日本的《禁止垄断法》本身并没有关于域外适用的明文规定,但长期以来,日本公平贸易委员会一直坚持属地管辖原则。以 1972 年的东洋纺织等劝告审决案为代表,日本公平交易委员会早期处理的涉外反垄断案件,主要考虑涉案外国企业在日本国内是否有限制竞争行为。日本公平交易委员会设立的研究会在其 1990 年的报告书《倾销规制与竞争政策、反垄断法的域外适用》中表达过类似于效果原则的观点,但是对于其反垄断法域外适用的依据究竟是据效果原则还是属地管辖原则,日本公平交易委员会并未直接表明看法。[2]

在跨国并购方面,正如本书第一章中所述,日本实行事先申报制度,由公平交易委员会负责审查并购事务的处理基准,大多数并购案是在公平贸易

---

〔1〕　参见王晓晔:《反垄断法》,法律出版社 2011 年版,第 388 页。

〔2〕　参见戴龙:《日本反垄断法研究》,中国政法大学出版社 2014 年版,第 191 页。

委员会提出实施条件，并由申报企业自愿采取补救措施而解决，由于公平交易委员会的事先指导，在很大程度上降低了企业并购的违法性和不确定性。[1] 截至目前，对于涉及外国企业参与的跨国并购案例，日本公平交易委员会尚未做出过禁止其合并的先例。但是，对于事先申报的资产标准，就外国公司而言，在计算其总资产时，只计算其在日本国内公司有关的部分，因此，如果作为某一跨国并购案参与方的外国公司在日本没有资产，则不需履行申报义务。公平贸易委员会原则上也不会行使其反垄断管辖权。[2]

　　然而，在 2008 年必和必拓收购力拓一案中，日本公平贸易委员会却一改以往对于跨国并购案件的处理态度。

　　必和必拓是一家以经营石油和矿产为主的跨国公司，成立于 1860 年，总部地点为澳大利亚墨尔本。作为当时全球最大矿产资源企业、第二大铁矿石供应商，必和必拓 2007 年营业收入（600 亿美元）的 15% 来自日本，新日铁公司（全球第二大）和日本钢铁公司（全球第三大）是其最大的客户。为收购力拓，必和必拓向澳大利亚、美国、欧盟、中国、德国等众多国家和地区均提起了反垄断审查申请，但鉴于必和必拓和力拓在日本均没有资产，其并未向日本公平贸易委员会进行申报。考虑到必和必拓和力拓并购后将控制全球相关市场 30% 以上的市场份额，与巴西的另一家企业联合形成世界市场上的双寡头垄断，进而对市场竞争造成严重损害，日本公平贸易委员会决定对其行使反垄断管辖权，并通过公示送达的方式向必和必拓发出最后通牒，要求其在限期内向公平贸易委会提交有关收购力拓的相关申报材料，否则该委员会将对必和必拓和力拓并购作出裁决，从违反反垄断法的角度对此项交易进行审查，必和必拓还可能面临刑事起诉，其高层管理人员在日本也将面临被监禁的危险。这是日本公平交易委员会首次对参与方均是外国企业的跨国并购案件进行强制性干预。[3] 与此同时，日本反垄断执法官员在审查该项并购时，还通过与欧委会进行正式会谈、与中国和韩国的反垄断执法机构取得

---

〔1〕　See Masako Wakui, "Antimonopoly Law Competition Law and Policy in Japan", available at https://papers.ssrn.com/sol3/papers.cfm? abstract_id=3270141.

〔2〕　参见戴龙：《日本反垄断法研究》，中国政法大学出版社 2014 年版，第 194~195 页。

〔3〕　参见《日本向必拓发出最后通牒，要求限期提供申报材料》，载商务部反垄断局网站，http://fldj.mofcom.gov.cn/article/i/200812/20081205935577.shtml，最后访问日期：2019 年 2 月 6 日。

联系等方式，加强了与其他国家/地区反垄断执法机构的执法合作。

该案表明了日本公平交易委员会逐步改变了以属地管辖原则来处理跨国并购案谨慎的态度，对于可能对日本市场产生重大影响的跨国并购案采取了强势介入的立场。

六、其他国家的反垄断法域外适用制度

尽管美国依据效果原则赋予其反托拉斯法以域外适用的效力在 20 世纪 70 年代曾引发很多国家的强烈抵制，并被指责为是美国霸权主义的体现。但随着越来越多的具有涉外反竞争效果的国际性竞争法案件的出现，许多国家逐渐认识到反垄断法域外适用的法律价值。同时，为了与美欧等发达国家/地区取得对等地位，许多国家先后确立了其各自反垄断法的域外适用制度。尤其进入 20 世纪 90 年代以来，越来越多的国家通过立法接受了效果原则及反垄断法的域外适用制度，其中也包括原本对反垄断法域外适用持敌对态度的原英联邦国家。

匈牙利《竞争法》第 1 条规定："本法适用于由自然人、法人和没有法律人格的公司，包括第六章管制行为以外的外国企业。……除第二章和第三章规定的行为外，本法还适用于企业在国外实施的行为，如果其在匈牙利共和国产生影响的话。"波兰 1991 年《反垄断法》第 1 条规定，"本法旨在确立制止在波兰境内造成影响的企业或企业联合体的垄断行为的基本原则和基本程序"。俄罗斯 1995 年修订的《关于竞争和在商品市场中禁止垄断活动的法律》规定："本法适用于影响俄罗斯联邦各商品市场竞争的各种商务关系。这些商务关系是指俄罗斯和外国的法人、联邦行政权力机构、俄联邦各部门的行政权力机构和各市政当局以及自然人参与的商务关系。当上述主体在俄联邦领域之外所从事的活动或者所订立的协议，可能对俄联邦市场上的竞争产生限制性的或者其他不利影响时，本法也将予以适用。"1998 年的保加利亚共和国《竞争法》规定该法"适用于在保加利亚境内或者境外开展经营活动的所有企业，只要它们公开或者密谋地妨碍、限制、破坏保加利亚国内市场的竞争，或者能够妨碍、限制、破坏这个竞争"。在新西兰，通过 1990 年和 1995 年对于《商业行为法》的两次修订，已经确定了该法适用于来自澳大利亚、影响

到新西兰市场的商业行为,并明确规定在企业并购中运用效果原则。[1] 我国《反垄断法》第 2 条也明确规定:"中华人民共和国境外的垄断行为,对境内市场竞争产生排除、限制影响的,适用本法。"表明我国亦引入了效果原则,从立法上确立了我国《反垄断法》的域外适用制度。

时至今日,世界上已经制定了反垄断法的绝大多数国家都已经接受或采纳了反垄断法域外适用的效果原则。[2]

第三节 跨国并购反垄断制度域外适用所导致的冲突

一、跨国并购反垄断规制域外适用所导致的冲突问题

反垄断法的域外适用反映了经济全球化时代规制跨国反竞争行为的需要,在世界范围内还没有达成统一的竞争规则之前具有重要的实践意义。反垄断法域外适用的正当性虽然在效果原则提出的初期遭到了激烈质疑和抵制,但发展到当代,已为各国/地区所普遍接受,且逐渐形成了自身的理论体系。而在跨国并购领域,考虑到企业,尤其是跨国企业的生产经营活动早已打破国别边界,其经济势力的影响也早已遍布全球市场,为了其经济活动在相关市场的顺利开展,大多数企业在实施一项跨国并购交易时,基本上都会按照所涉及的相关国家/地区的并购控制制度进行反垄断申报,已少有会在域外适用问题上提出管辖权异议。然而,跨国并购反垄断规制的域外适用也不可避免地带来了一些冲突与问题。

（一）管辖权冲突问题

跨国并购反垄断规制的管辖权冲突尤其体现在巨型跨国企业的并购案中。在全球化背景下,大型的跨国企业可能在世界各国/地区均设有子公司或分支机构,并在各地市场均开展生产和经营活动。其从事并购交易时就可能涉及向其经营活动所在地中达到了相应申报门槛的所有司法辖区的反垄断当局进

---

〔1〕 参见郑鹏程:《反垄断法专题研究》,法律出版社 2008 年版,第 292 页。
〔2〕 参见戴龙:《日本反垄断法研究》,中国政法大学出版社 2014 年版,第 187 页。

行申报。如两大石油巨头埃克森和莫比尔并购时，鉴于其经营活动几乎遍布整个世界市场，其共向 12 个反垄断司法辖区的主管机关进行了强制反垄断申报，同时向 2 个反垄断司法辖区的主管当局进行了非强制性申报；戴姆勒-奔驰与克莱斯勒并购时，双方曾研究过 40 多个司法辖区的反垄断法，并向 10 个司法辖区的反垄断主管机关提起反垄断审查；而 2018 年 6 月宣布完成的德国拜耳收购美国孟山都案，作为德国迄今为止最大的海外并购案，交易双方分别向美国、欧盟、巴西、中国、俄罗斯、印度等 30 多个反垄断司法辖区提起了并购反垄断审查。

除了给交易双方带来巨大的不确定性风险外，各司法辖区并购反垄断审查管辖权的重叠可能导致的终极问题是，如果各司法辖区的主管机关对于同一并购有不同的看法，有的批准了并购，有的禁止该项并购，则哪个司法辖区才拥有最终管辖权？这种冲突，在 20 世纪初美国通用电气与美国霍尼韦尔并购案[1]中表现得尤为突出。

该项并购所涉及的两家企业都是美国公司：并购前的通用电气作为世界上最大的跨国公司之一，是众多品牌的所有者，也是全世界最大的喷气式发动机生产商；而霍尼韦尔的业务主要涉及宇航工业、工业自动化和控制系统以及汽车零配件。2000 年 10 月，通用电气宣布其拟出资 440 亿美元收购霍尼韦尔的全部股票，使其成为通用电气的全资子公司。该项并购计划是当时跨国企业最大的产业性并购。就此，并购双方分别向几个国家的反垄断主管机构进行了并购申报。

2001 年 5 月，美国司法部附条件许可了该项交易，要求并购双方剥离军用直升发动机业务以及大量航空发动机的服务；同月，加拿大反垄断机构也批准了该项并购。而欧委会经调查，认为通用电气在几个相关市场上都具有优势地位，两公司的纵向并购，将导致并购后的企业在飞机购买、销售、租赁以及售后服务等领域产生或者加强市场支配地位，产生排除竞争的效果，将对共同体市场的有效竞争产生重大影响。尽管通用电气提出了一揽子承诺性建议，但是欧委会认为这些承诺不足以消除潜在的反竞争问题。同时，欧

---

[1] General Electric / Honeywell v. Commission, Case No. Comp / M. 2220, 2001.

委会还指出，美国司法部批准该项并购所附加的条件不足以消除欧委会关于该项并购会增加通用电器在全球喷气式发动机市场的支配性地位。最终，欧委会于 2001 年 7 月宣布该项并购与共同体市场不相容，而禁止了该项并购。

该案上诉至欧洲初审法院，法院于 2005 年作出最终判决。法院虽然指出了欧委会在评估并购对特殊市场的影响上存在错误，但其认为该项并购的横向影响足以确认欧委会禁止并购的决定是合理的，并据此驳回了通用电气与霍尼韦尔要求撤销委员会禁止决定的请求。

这是大西洋两岸的美欧反垄断主管机构就同一跨国并购案件出具了完全相反意见的罕见案例，深刻暴露了因反垄断法域外适用而导致的同一并购案的重叠管辖权的冲突问题。

（二）适用法律的冲突问题

适用法律冲突也是跨国并购反垄断规制域外适用导致的一个突出问题。由于历史传统、产业政策、经济发展水平、市场全球化水平以及反垄断立法水平的差异，各国的并购反垄断制度无论从实体标准还是审查程序上都存在着很大的差异。尤其是实体标准作为并购控制实体法的核心，其差异可能使得一项并购在不同司法辖区进行反垄断审查时，所得出的评价结果也大相径庭。除前述美国通用电气与美国霍尼韦尔并购案外，发生于 20 世纪末期的美国的波音与麦道并购案[1]也暴露出美国与欧盟在适用法律方面的冲突。

该案中，并购前的美国的波音公司是全球最大的民用和军用飞机制造商，也是世界上唯一可生产系列型号的飞机制造商；美国的麦道公司是美国和世界上最大的军用飞机制造企业，也是美国和世界第二大的军用品制造企业，此外还是世界排名第三的大型客机制造商。二者在全球市场上共同的竞争对手是全球第二大的欧洲空中客车公司，三家公司在大型商业喷气式客机全球市场上的市场份额分别是 65%、6%、30%。1996 年 12 月，波音公司和麦道公司宣布计划以换股形式进行并购，该项并购将在美国进行，交易完成后麦道公司将成为波音公司的全资子公司，交易估值高达约 133 亿美元。就此，并购双方分别向美国与欧盟提交了申报。

---

〔1〕 Boeing / McDonnel Douglas v. Commission, Case IV / M. 877, 1997.

鉴于该项并购可以显著提高美国航空业在全球市场的竞争力，并将极大提高美国国防工业的集中，且冷战后国防领域经济势力的集中有助于保证规模经济的优势，并对美国的经济、就业以及建立高效国防产业具有积极作用，尤其是作为买方垄断者的美国国防部也完全有能力抵消并购对竞争带来的不利影响。因此，美国联邦贸易委员会于 1997 年 7 月无条件同意了该项并购，美国前总统克林顿甚至亲自介入以促成该项并购。而欧委会经审查认为，交易完成后，并购后波音公司的市场份额将高达 70%，寡头市场的竞争对手将从三家减少至两家，波音公司在全球大型客机生产市场上的市场支配地位将进一步加强。彼时欧盟并购反垄断审查的实质性标准为市场支配地位标准，即如果并购将导致产生或加强并购方在相关市场的支配性地位，即可宣布其与共同体市场不相容，而欧委会判断是否产生市场支配地位的主要依据就是市场份额。但以实质减少有效竞争为并购审查实体标准的美国则认为市场份额不能作为判断市场支配地位的决定性因素。尽管最后欧盟也批准了该项并购，但是在波音公司接受了其附加的一系列条件后才对其发放了并购的通行证。美国与欧盟在对于跨国并购审查实体标准的不一致，导致了二者认定结果的冲突。[1]

由此可见，跨国并购反垄断管辖在适用法律，尤其是并购审查实体标准方面的冲突，也可能导致不同司法辖区对同一并购的不同审查结果，甚至可能会上升至国家政治经济利益方面的冲突。

（三）域外执行的冲突问题

如上所述，因管辖权与法律适用冲突的问题，很可能导致各国/地区的主管机关对于同一并购有不同的看法，有的无条件批准该项并购，有的附条件批准该项并购，而有的可能会对该项并购颁发禁令。由此而带来的另一个问题即是各国/地区就同一案件不同审理结果的执行问题。矛盾的是，各司法辖区一方面都坚持本国反垄断法的域外适用，另一方面却抵制或者限制他国行使域外管辖权的裁决或判决在本国执行。正如美国早期的反垄断法域外适用实践曾遭到英联邦国家的强烈抵制，主张反垄断法域外适用原则的国家永远

---

〔1〕 有关该案中，因二者并购审查实体标准不同所导致的冲突的进一步论述，详见本书第四章。

都面临着执行中的困难。[1]

但在实践中,随着经济全球化的发展和世界统一市场的形成,尤其对于大型跨国公司并购而言,这一冲突实际上已并不十分突出。如果一国/地区禁止了某项并不在其境内发生的跨国并购,而该项并购交易的实际发生地国批准了该并购,诚然,基于领土管辖权的问题,出具了禁令的国家/地区无法强制该并购双方履行其禁止并购的法令。但在统一的世界市场上,任何一个企业,尤其是跨国企业,其经营活动都不是在其本国境内孤立开展的,而是遍布了全世界各国、各地区的各个市场,违反禁令的强行并购无疑会致使企业在该国/地区市场上的经营活动寸步难行,并可能面临巨额的罚款。

（四）国际礼让适用的不确定性导致的冲突

正如前文所述,由于反垄断法的域外适用导致的冲突,各国也在尝试通过单边的自我协调方式来进行适度的修正。而基于国际礼让对反垄断法域外适用案件进行合理管辖,即是一国对于反垄断法域外适用过度扩张而导致的双边或多边利益冲突的单边自我修正。但由于国际礼让本身并非一国在国际法上的强制性义务,法院对于国际礼让的适用更多地依赖于其在各自衡量因素的基础上,对于双方利益分析的自由裁量。加之国际礼让内涵的包容性与模糊性,导致法院在自由裁量的过程中,始终以维护本国的国家利益为基本出发点,使得这一原则的适用始终具有不确定性。

尤其在贸易保护主义日渐抬头、贸易摩擦不断升级的当今国际社会的经济活动中,反垄断法的域外适用也日益成为一国新的贸易保护措施,这也是导致反垄断法域外适用之不确定性及国家间冲突的重要原因。这一点,在前述的中美维生素 C 案中表现得尤为突出。

二、跨国并购反垄断规制域外适用之冲突的负面影响

本书第一章中已经述及,良好的跨国并购交易不仅会实现企业自身规模的跨越式增长,进一步提高其市场竞争力,更会提高世界市场上的资源优化配置的效率,促进资本的跨国流动,在世界市场上实现规模效应,推动全球

---

〔1〕　参见谢晓彬:《外资并购反垄断规制的国际协调》,载《法律科学》2011 年第 6 期。

一体化的进程。然而如前所述的因反垄断域外适用而导致的在管辖权、法律适用以及域外执行等方面的冲突，无疑给国际社会以及跨国并购交易本身带来了一系列的负面影响。

从国际关系上来看，由于跨国并购不可避免地涉及不同国家与地区的并购反垄断制度以及其不同的政治与经济利益，大大加剧了在不同国家与地区之间发生冲突的风险，因反垄断法域外适用而导致的种种冲突将损害国家间的关系。反垄断法作为经济法的重要组成部分，属于公法范畴，与国家主权与国家利益密不可分，因此，反垄断法域外适用导致的冲突问题，实际上反应的是国家利益的冲突问题，如果不能妥善协调，就可能导致国家间关系的严重危机。正如在前述波音与麦道并购案中，由于该案对美欧经济都有重大影响，且将改变全球大型商用客机市场的竞争结构，美欧对此的立场截然不同：不止欧委会认为该项并购与共同体市场不相容，欧盟许多竞争法专家，尤其是法国，均认为应当对其予以禁止；但鉴于该项并购涉及美国的国防利益，为促成该项并购，美国政府甚至出面向欧盟施加压力，且不惜以贸易战相威胁。[1] 美国已打算在美国与法国之间限制航班，并通过施加制裁、扣押班机等对法国施加报复，并可对那些其认为与美国反垄断法不符的欧盟并购案适用美国反垄断法，而否决其他欧盟合法批准的并购。而欧委会最后的附条件批准也遭到了美国的强烈反对，其认为是欧盟的市场支配地位标准本身的恶意导致了对同一并购的不同结果。[2]

从跨国并购交易本身来看，重叠的管辖权将导致法律的稳定性与一致性丧失，给并购参与方苛增了巨大的交易成本，降低全球经济效率。这种成本不仅仅是巨额经济成本，因各司法辖区的审查程序不一，且一般都有一定期限的等待期，并购交易的时间因此被无限延长，也导致了难以预计的时间成本，而且面临着巨大的不确定性风险。如2018年完成的德国拜耳收购美国孟山都案，并购双方系于2016年5月宣布了并购并于同年9月签署了并购协议，并购完成却是在2018年的6月，并购双方用了此间的两年时间说服了30多个

---

〔1〕　See Bruce Clark, "Clinton and Chirac Join Row over Boeing Merger", *FIN. TIMES*, July 18, 1997, p. 16.

〔2〕　刘和平:《欧盟并购控制法律制度研究》，华东政法大学2005年博士学位论文。

主要国家和地区的反垄断主管机构批准该交易。在当前全球化背景下，资本与资源的流动速度加快，世界市场的形势瞬息万变，时间的成本的增加很有可能会贻误商机，即使最终通过了各司法辖区的反垄断审查，也可能会因为错过了最佳交易时机而导致并购的最终失败或难以达到预期的经济效益。

　　为了减少域外适用的冲突给国际关系带来的损害，提高反垄断执法效率，降低管辖权的重叠给并购参与方苛增的巨大时间成本与经济成本以及由此带来的不确定性风险，提高企业经济活动的效率，需要从以下两个层面做出努力：一是各司法辖区从单边角度为解决相关冲突而采取必要的自我约束。这要求各司法辖区将其跨国并购反垄断规制的域外适用限定在必要的限度内，即各国行使域外管辖权应基于相关并购行为将对本国市场产生直接的、实质的且可合理预期的反竞争影响，并在适用和执行时基于国际礼让适当考虑其他相关国家的重要利益。二是从国际合作的角度，建立各反垄断司法辖区之间的国际合作关系、加强国际在跨国并购反垄断的审查与执法等领域的协调与合作。然而单边的自我约束在实践中往往具有不稳定性，尤其在跨国并购领域，基于各司法辖区在申报门槛、审查程序以及救济手段等方面的差异，单边自我约束的协调效果往往是有限的。通过开展国际合作，则可以加强反垄断执法机构之间的沟通与交流，促进信息共享，在案件调查以及适用并购救济时，充分提高跨国并购反垄断的审查效率。

　　综上可知，在跨国并购的反垄断领域，建立各反垄断司法辖区之间的国际合作关系、加强国际的协调与合作尤为必要。

第四章　跨国并购反垄断规制的实体分析

　　并购反垄断规制的实体标准又称为违法判断标准，是判断一项并购是否具有违法性的实体规范或标准。正如本书第二章已经述及，本身违法原则与合理法则是判断一项行为是否构成反垄断法上的违法行为的两个标准。相比限制竞争协议、滥用市场支配地位等垄断行为而言，并购将更直接、更持久地消灭并购参与方之间的竞争，彻底改变市场结构，但由于良性的并购可以产生效率，因此各国/地区的反垄断法对并购行为的规制均适用合理法则，而非本身违法原则。也正因如此，判断并购是否具有违法性的实体标准，无疑是各国/地区反垄断主管机关审查企业并购的核心依据，也构成了各国/地区并购反垄断制度的核心内容。

第一节　跨国并购反垄断规制的实体标准

一、美国的实质性减少竞争标准

　　如本书第一章已经提及的，美国1914年《克莱顿法》第7条明确，禁止一项并购可能在实质上减少被收购公司与收购公司之间的竞争，或者在任何领域或区域限制商业，或者旨在商业领域形成垄断。由此美国以成文法的形式首次确立了美国并购反垄断规制的实质性减少竞争标准（Substantial Lessening of Competition，以下简称"SLC标准"），即以实质性减少竞争作为判断并购是否违法的实体性构成要件，如果一项并购经审查被认定会达到实质性减少竞争的效果，美国反托拉斯当局就得以对该项并购予以干预。

鉴于《克莱顿法》第 7 条及其确立的 SLC 标准极其原则性，早期对该标准的认定主要依靠反托拉斯执法机构及法院的自由裁量权，任意性较大，在不同的历史时期，执法机构及法院适用 SLC 标准时的侧重点亦有所不同。20 世纪 60 年代，哈佛学派的结构主义盛行，并成为美国反托拉斯法的主流经济学基础，其强调政府对市场的干预。美国 1968 年的《企业并购指南》深受结构主义影响，在 SCL 标准的判断方面，十分注重对市场结构的分析，强调市场集中度，且以市场份额作为判断市场集中度的唯一指标。20 世纪 70 年代，芝加哥学派兴起，其崇尚自由市场经济，相信市场力量，认为效率是反托拉斯的唯一目标。1982 年修订的《企业并购指南》深受芝加哥学派影响，加大了经济学分析的比重，也提高了以经济学分析为主的反托拉斯实体分析的复杂程度，使效率分析成为并购实体分析的重要组成部分；1982 年的《企业并购指南》被视为是美国现代反托拉斯法发展的一个里程碑，其提出了严格界定相关市场的分析方法，提高了在限制竞争效果评估时，对于市场份额与市场集中度的判断门槛，并设置了安全港标准，在很大程度上消弭了并购反垄断实体分析中的模糊性与不可预测性。[1] 1992 年的《横向并购指南》由美国司法部和联邦贸易委员会联合发布，只适用于横向并购，因此非横向并购的 SCL 分析与审查仍适用于 1984 年修订的《企业并购指南》。为细化 SLC 标准，美国 1992 年《横向并购指南》创设了评估一项并购是符合实质性减少竞争标准而应被提起异议的五步分析法：第一步，市场集中度评估，即在对相关市场进行界定的基础上评估相关市场的集中度，以分析一项并购是否会显著导致市场集中。第二步，潜在反竞争效果评估，即分析和评估该项并购交易是否会导致潜在的反竞争效果，重点分析单边效应和协同效应。第三步，市场进入评估，即分析新的市场进入的可能性及对该项并购潜在反竞争效果的抵消作用。第四步，效率评估，即分析该项并购特有的效率。第五步，破产评估，即评估参与企业未实现并购的情形下破产退出市场的可能性。而 2010 年再次修订的《横向并购指南》则打破了前述五步分析法，进一步淡化了结构主义在并购反垄断分析中的地位和作用，对相关市场的界定进行了重

---

〔1〕　参见韩伟：《美国〈横向合并指南〉的最新修订及启示》，载《现代法学》2011 年第 3 期。

新定位，更加强调对并购的单边反竞争效果的分析，首次确认了临界损失分析、并购模拟等经济学分析法在并购反垄断分析中的应用，使得美国对于并购反垄断的 SLC 标准的分析最终实现从结构推定方法向多种方法的转变。[1]

综上，美国反托拉斯执法当局在适用 SLC 标准进行并购审查时，历经了从结构主义到去结构化的历程，从市场份额单一论，到越来越多地考虑了经济因素，同时采用经济学以及产业组织研究中较为复杂的微观经济理论、工具和模型等分析方法，愈加侧重效果分析，从而更加具有灵活性。[2]

二、欧盟并购反垄断规制的实体标准

以《4046/89 号并购条例》和《139/2004 号并购条例》的颁布生效为节点，欧盟并购反垄断规制的实体标准经历了三个阶段的变迁：

（一）根据《罗马条约》第 86 条确立的滥用市场支配性地位标准

正如本书第一章所述，在欧共体诞生之时，正值美国经济的鼎盛时期，在美国经济的强大压力下，欧共体各成员国均认为通过企业并购可以实现规模经济和规模效应，促进强强联合，有助于显著提高企业的整体效益，进而提高其在国际市场上的竞争力。因此，各成员国都认可并购导致的经济势力的集中并非是谋求市场支配势力的工具，而是实现上述目的的手段。因此，在《罗马条约》中仅对限制私人竞争协议和滥用市场支配地位等垄断性行为进行了规范，并没有对企业并购进行反垄断规制的条款，亦没有成文法规定的并购控制实体标准。受德国弗莱堡学派的影响，这一时期的欧共体竞争法都是以防止企业滥用市场支配地位作为保护竞争的首要目标。因而对于并购规制的实体标准，是在第三章中已论及的 1973 年大陆制罐公司等诉欧委会案中，根据《罗马条约》第 86 条确立的滥用市场支配地位标准。

在该案中，欧委会首次运用《罗马条约》第 86 条对大陆制罐公司等的并购行为加以干预，虽然欧洲法院最终因相关市场界定的错误而撤销了委员会

---

[1]　参见胡甲庆：《美国合并反垄断分析的晚近发展——以美国 2010 年〈横向合并指南〉为中心的考察》，载《中国社会科学院研究生院学报》2012 年第 5 期。

[2]　参见王晓晔、[日] 伊从宽主编：《竞争法与经济发展》，社会科学文献出版社 2003 年版，第 237 页。

的决定，但其最终判决的论述表明，其已在理论上支持了欧委会引用《罗马条约》第86条对并购行为进行规制的观点：在共同体市场上已取得支配性地位的企业，如果拟通过并购加强其自身的支配性地位，且可能导致消灭竞争对手的反竞争影响时，则构成支配性地位的滥用，应受《罗马条约》第86条的规制。[1] 由此确立了"滥用市场支配性地位标准"这一并购审查实体标准，为早期欧委会对于企业并购的规制提供了法律依据。

然而，《罗马条约》第86条并没有明确市场支配地位的概念，欧洲法院在实践中对市场支配地位进行了解释。在1978年的联合商标公司诉欧委会案中，欧洲法院认为，《罗马条约》第86条下的市场支配地位是指一个企业所拥有的，使得其独立于其竞争者、供应商以及客户，乃至终端消费者，而不必受该等主体影响而行事的，足以对相关市场产生限制竞争影响的经济势力。[2] 在1979年的罗氏制药企业诉欧委会案中，欧洲法院进一步指出，市场支配地位并不排除某些竞争，但从这种支配性地位中受益的企业即使不能决定，也可以在相当程度上对市场的竞争条件产生影响，且只要不损害其自身的利益，其在任何情况下都可以任意而为；而拥有很大的市场份额是影响市场支配地位的重要因素。[3]

尽管欧洲法院试图对市场支配地位进行解释，但由于立法的局限性，滥用市场支配地位标准只适用于已经取得市场支配地位的企业拟进一步增强其支配性地位而实施的并购行为，对于本不具有支配性地位企业实施的可能产生限制竞争影响乃至获取市场支配地位的并购行为并不适用，而且对其既没有相关的程序要求，也缺乏相应的实体规范。因此，滥用市场支配地位这一实体标准的适用范围十分有限。有鉴于此，在欧盟并购条例实施前，欧委会对于共同体市场上的并购行为的干预采取了谨慎的态度，审查的并购案件也非常有限。[4]

---

〔1〕　Europemballage Corporation and Continental Can Co. Inc. v. Commission, Case 6/72, [1973] ECR. 215; [1973] C. M. L. R. 199.

〔2〕　United Brands Company v. Commission, Case 26/76, (1978) ECR 207.

〔3〕　Hoffmann-La Roche & Co AG v. Commission, Case 85/76, (1979) ECR 461.

〔4〕　参见阮方民:《欧盟竞争法》，中国政法大学出版社1998年版，第236~237页。

（二）《4046/89 号并购条例》确立的市场支配地位标准

为了对并购行为所产生的反竞争效果进行有效监管，维护共同体市场的竞争秩序，《4046/89 号并购条例》借鉴德国的《反对限制竞争法》的经验，确立了市场支配地位标准（Market Dominance Test，以下简称"MD 标准"）。根据《4046/89 号并购条例》第 2 条第 3 款的规定，如果企业通过一项特定并购行为将取得或者加强其在共同体市场上的支配性地位，以致严重妨碍了共同体市场内或其中相当部分区域内的有效竞争，则该项并购被视与共同体市场不相容。

相对此前根据《罗马条约》第 86 条确立的滥用市场支配地位标准而言，MD 标准属于典型的结构主义评估标准，只要相关并购行为减少了相关市场的竞争者数量，改变了市场的竞争结构，导致并购方取得、维持或者增强其市场支配地位，或者提高了市场进入的壁垒，都应受到反垄断监管。由此，MD 标准的确立，有效地克服了作为行为主义评估标准的滥用市场支配地位标准要求参与并购的企业已经取得市场支配地位，且只能对增强市场支配地位的并购行为进行规制的缺陷。

《4046/89 号并购条例》生效后，欧委会与欧洲法院通过对 MD 标准的适用和解释，确立了单一企业的支配地位，即并购后的企业在相关市场独占支配地位。随后欧委会通过 1992 年的雀巢、巴黎水并购案[1]，将单一企业支配地位拓展到集体支配地位，即并购后的企业与企业竞争者共谋而形成对相关市场的支配地位。欧委会对于集体支配地位，也即协同效应的认定，在此后的案例中也得到了欧洲法院的支持。

尽管如此，MD 标准的适用范围仍存在缺口。从定义上看，MD 标准分析框架应包括市场支配地位的创设或加强，共同体市场内的有效竞争受到了严重妨碍，以及二者之间的因果关系三个方面。但《4046/89 号并购条例》也没有对如何界定市场支配地位给出答案。根据欧委会过往对于并购案件的审查，其在评估一个企业是否具有市场支配地位时，往往太过于看重市场份额

---

〔1〕　Nestle / Perrier, Case IV/M 190, (1992), OJL356/1.

的高低，并在很多判例中都将40%作为市场支配地位的临界点。[1] 虽然市场份额有助于认定企业在相关市场的经济势力，但无疑可能会导致缺口。如果并购后企业的市场份额不足40%，在非协同的情况下，尽管不视为其取得了市场支配地位，但如果并购参与方之间的产品或服务具有更强的可替代性，或者存在着一定的市场进入障碍，则其可能依靠单边行为取得限制竞争的效果。[2] 例如，假设某一相关市场只有三个竞争者，其相互之间不存在协同行为，如其中市场份额较小的两家企业合并，将导致相关市场上的竞争者从三家变为两家，此时并购后的企业不构成单一企业支配地位，也不会导致集体支配地位，但相关市场上仅剩的两家竞争者均可单方行使其经济势力，导致反竞争效果的产生，此时 MD 标准失灵。[3]

（三）《139/2004 号并购条例》确立的严重妨碍有效竞争标准

MD 标准在实体认定上的不周延性和因此导致的监管空白亟待弥补，在这一背景下，欧盟各界对此问题展开了激烈的讨论。英国、爱尔兰等国主张接受美国的 SLC 标准，以弥补 MD 标准在寡头市场上特定情形下的监管空白，并防止对于市场支配地位的扩张解释导致其与《欧盟条约》第82条（即原来的《罗马条约》第86条）中对市场支配地位的认定不一致而导致溢出效应；而德国则主张保留传统的 MD 标准并对其灵活理解适用，以维持欧共体传统法律及判例的一致性，以及并购条例与成员国竞争规则的一致性和稳定性。

在这一背景下，欧盟理事会最终通过的《139/2004 号并购条例》进行了折衷，创设了新的并购实体审查标准——严重妨碍有效竞争标准（Significant Impediment of Effective Competition，以下简称"SIEC 标准"）。根据《139/2004 号并购条例》第 2 条第 2 款、第 3 款的规定，一项并购，尤其是因其产生或者加强市场支配地位而严重妨碍共同体市场内或其中相当部分区域内的有效竞争的，则该项并购被视与共同体市场不相容。

---

〔1〕 See Vijay SV Selvam, "The EC Merger Control Impasse: Is There a Solution to this Predicament?", *European Competition Law Review*, Vol. 25, No. 1, 2004, p. 60.

〔2〕 参见刘英国:《由"支配地位"到"严重阻碍有效竞争"——欧盟企业合并控制法的实体标准改革评析》，载《辽宁大学学报（哲学社会科学版）》2008 年第 2 期。

〔3〕 See Vijay SV Selvam, "The EC Merger Control Impasse: Is There a Solution to this Predicament?", *European Competition Law Review*, Vol. 25, No. 1, 2004, p. 59.

新确立的 SIEC 标准对 MD 标准不适用于寡头市场特定情形的盲区进行了有效的弥补。且相较结构主义的 MD 标准而言，SIEC 标准采效果主义，强调无论参与并购企业的市场份额与并购后的市场竞争结构发生了何种变化，只要该项并购在相关市场产生了严重限制有效竞争的结果，即可认定为其与共同体市场不相容。SIEC 标准更加强调并购可能导致的反竞争效果，而不是市场支配地位本身，产生或者加强市场支配地位不再是判断一项并购是否合法的唯一标准，但仍是评估并购合法性的重要因素之一。因此 SIEC 标准的适用范围比 MD 标准更为广泛，也更为明确，更有利于有效地维护欧盟的市场竞争秩序。

此外，在与国际接轨以及维持欧盟自身及成员国法律的稳定方面，欧盟没有照搬美国的 SLC 标准，而是在原有 MD 标准的基础上，将市场支配地位作为严重妨碍有效竞争的一种表现形式而予以保留，同时将严重妨碍有效竞争作为判定并购是否合法的最终标准，由此创设了 SIEC 标准，既延续市场支配地位的原有解释防止了溢出效应，又解决了原 MD 标准的若干缺陷，同时在分析方法上与美国实现了基本一致，即考察并购的效果是否对相关市场上的有效竞争产生了不利影响。在文字表达上，SIEC 标准也尽可能地使用了原 MD 标准的相关用语，如严重妨碍有效竞争、产生或者加强市场支配地位等，有助于对 SIEC 标准的理解，避免出现概念上的混淆，保持了法律的统一性与确定性。[1]

在《139/2004 号并购条例》颁布的同时，为明确 SIEC 标准，提高并购反垄断审查的透明度，欧委会在总结历史经验的基础上，根据《139/2004 号并购条例》的授权发布了《横向并购评估指南》，以配合该条例的实施。该指南采取了与美国并购指南大致相同的分析框架，对欧委会在反垄断审查时需要注意的各项指标和要素进行了细致的说明，比如市场份额与市场集中度的评估、反竞争效果的评估、市场准入的及时性与充分性评估、效率抗辩与破产抗辩等。

---

〔1〕 参见刘英国：《由"支配地位"到"严重阻碍有效竞争"——欧盟企业合并控制法的实体标准改革评析》，载《辽宁大学学报（哲学社会科学版）》2008 年第 2 期。

三、其他部分司法辖区的并购反垄断规制实体标准

（一）英国并购反垄断规制的实体标准

英国 1948 年的《垄断与限制性行为（调查与控制）法》确立了反垄断规制的公共利益的评价标准，这一标准也作为后来 1965 年的《垄断与并购法》与 1973 年的《公平贸易法》中并购控制的实体标准，即反垄断执法当局在判断一项并购是否违法时主要考虑其是否会对公共利益造成损害。在欧盟各界就 MD 标准修改问题的讨论以及英国议会就《企业法》所应采纳的实体标准的讨论中，英国政府作为 SLC 标准的支持者，其认为相较于欧盟的 MD 标准在寡头市场上适用的不确定性，SLC 标准更注重于考察并购对竞争的影响，而非市场结构，其执法结果确定性和可预见性的程度更高，适用范围也更为广泛。[1] 有鉴于此，英国在欧盟《139/2004 号并购条例》出台前，于 2002 年公布的《企业法》中正式采纳了 SLC 标准，政府甚至将 SLC 标准视为英国并购反垄断规制制度的基石。[2]

英国 2010 年新修订的《并购指南》也吸收了美国与欧盟在并购反垄断执法方面的最新研究成果与实践经验，对于 SLC 标准的分析，也采取了相关市场界定、市场集中度分析、反竞争效果评估、抗辩事由分析的框架，并在相关市场界定方面淡化了结构性指标，体现了与美国与欧盟的并购反垄断实体标准的分析框架的趋同性。

（二）德国并购反垄断规制的实体标准

德国《反对限制竞争法》的前几次修订逐步确认了市场支配地位标准，并由此影响了欧盟《4046/89 号并购条例》MD 标准的确立。在就 MD 标准修改问题的大讨论中，德国也持坚持 MD 标准并对其灵活运用的观点。在《139/2004 号并购条例》最终创造性地创设了 SIEC 标准后，德国 2005 年的《反对限制竞争法》第七修正案并未立即采纳该标准，而是继续沿用了传统的

---

〔1〕　See Aparna Viswanathan, "From Buyer Beware to the Confident Consumer: Does Enterprise Act Create a World Class Competition Regime", *International Company and Commercial Law Review*, 2003, 14 (4), p. 141.

〔2〕　参见王健：《2002 年英国〈企业法〉与英国竞争法的新发展》，载《环球法律评论》2005 年第 2 期。

MD 标准。为进一步实现与欧盟竞争法的对接，德国 2017 年的《反对限制竞争法》第九修正案最终接受了 SIEC 标准作为其并购反垄断规制的实体标准，同时保留了德国原有的市场地位作为审核考量因素，并且提高了市场支配地位的判断标准，从而在实体标准上实现了与欧盟的协调与统一。

（三）日本并购反垄断规制的实体标准

在日本《禁止垄断法》第 2 条规定："本法所称'不正当限制交易'（即垄断协议），是指企业不论以合同、协定或其他何种名义，与其他企业共同决定、维持或上调价格，或对数量、技术、产品、设备、交易对方加以限制等相互间约束或完成事业活动，违反公共利益，在一定的交易领域实质性的限制竞争的行为。"可见，"在一定的交易领域实质性的限制竞争"是日本《禁止垄断法》框架下对包括并购反垄断规制在内的所有垄断行为共通的违法标准。这表明，日本《禁止垄断法》对于并购反垄断控制的实体标准，采用的是美国的 SLC 标准。[1]

2004 年，日本公平贸易委员会也公布了一个并购指南，即《关于企业并购审查的反垄断法运用指南》，该指南历经 2006 年、2007 年、2009 年和 2010 年多次修订，也日益与美国与欧盟的并购反垄断制度接轨。该指南采用了美国与欧盟通行的分析框架，从市场份额、单边效应与协同效应、当事双方的市场地位、进口压力、市场准入、相邻市场的竞争压力以及经济效率等诸多方面，对并购可能导致的实质性限制竞争效果进行分析判断。[2]

第二节　跨国并购反垄断规制的实体分析框架

纵观世界各反垄断司法辖区的并购反垄断制度，美国的 SLC 标准与欧盟 SIEC 标准已经成为许多国家的并购反垄断制度所采纳或效仿的两大主流的实体标准。美国作为并购反垄断制度的发源地，其并购反垄断审查的 SLC 标准的实体分析框架在逐渐发展和完善的过程中，深受经济学理论的影响，体现

---

〔1〕　参见戴龙：《反垄断法域外适用制度》，中国人民大学出版社 2015 年版，第 69 页。

〔2〕　参见戴龙：《日本反垄断法研究》，中国政法大学出版社 2014 年版，第 48、57~58 页。

了由结构化到去结构化的发展历程，并越来越多地将经济学分析方法运用其中。而在并购反垄断规制领域后来居上的欧盟，在其 SIEC 标准的确立以及并购审查实体分析框架的发展过程中，既吸收了美国最新的理论与实践经验，也体现了其自身的特点。本节即在并购反垄断规制实体分析的相关市场界定、市场集中度、反竞争效果评估、抗辩事由等诸多方面，对 SLC 标准与 SIEC 标准的实体分析框架进行对比研究。

一、相关市场的界定

相关市场是指企业在其中从事经营活动的有效竞争范围或在各企业所经营的商品或服务之间存在竞争约束的场所[1]，同时，也是明确企业之间，以及企业所生产的产品或提供的服务之间相互竞争的特定市场。

界定相关市场就是明确竞争所处的市场范围，这种范围一般而言可以从产品与地域两个维度予以考察，也即相关产品市场的界定与相关地域市场的界定：相关产品市场是指能够与被考察产品/服务发生竞争关系的同类产品/服务或其密切替代品的构成的集合，其既可能由不同种类的产品/服务构成，也可能由单一的产品/服务构成；相关地域市场是指与被考察产品/服务发生竞争关系的同类产品/服务或其密切替代品进行竞争的地理地域，一般来说，通常是法域的全部或一部分[2]。

相关市场的界定是反垄断执法的前提，只有界定了相关市场，才能够从中评估整个市场的结构以及参与主体的市场份额和支配力，从而判断该市场的竞争效率、垄断可能，预估限制市场竞争的各种要素。因而，相关市场的界定，对于各国/地区的反垄断审查及执法都有至关重要的作用，可以说是反垄断的逻辑起点和制度要求。

（一）美国 SLC 标准下的相关市场界定

相关市场最早是从美国判例法中发展出来的理论。

在哈佛学派结构主义思想的影响下，相关市场的界定成为并购反垄断审

---

〔1〕　余东华：《横向并购反垄断控制中的效率抗辩研究》，北京大学出版社 2014 年版，第 61 页。

〔2〕　李虹：《相关市场理论与实践——反垄断中相关市场界定的经济学分析》，商务印书馆 2011 年版，第 6 页。

查的关键环节。在早期美国反垄断司法实践中，法院常使用合理替代性、供给替代性、交叉价格弹性等经济学方法进行市场界定。在此基础上，1968 年《企业并购指南》第一次明确了相关市场的概念及其界定标准，即融入经济学和管理学思想的合理可替代性方法。该指南认为一个相关市场应该从产品维度和地域维度两个方面进行界定。就产品维度而言，相关市场的划分主要依据是商业习惯、产品价格、品质、用途及消费者的偏好来分析产品之间的合理可替代性。因此，合理可替代性方法也被认为是基于相关市场定义而产生的最基本的市场界定方法。[1] 这一方法比较容易理解，操作上也比较简单，但是其在替代程度方面，没有考虑供需两方面，因此主观性很强。

鉴于此，1982 年修订的《企业并购指南》就相关市场的界定提出了一个新的分析框架：假定垄断企业在某一候选市场内，对相关产品或者服务施加一个"小幅但显著而且并非临时的价格上浮"（Small but Significant Not-transition Increase in Price，SSNIP）后是否还能继续盈利，如果被检验对象是产品则称为相关产品市场，如果对象是地域则被称为相关地域市场——也即 SSNIP 检验方法。这种相关市场界定的假定垄断者测试思想，以及基于该思想的 SSNIP 检验方法成为美国反托拉斯当局在并购审查中进行相关市场分析的主要工具，也成为相关市场界定的主流方法。

后续修改的《企业并购指南》和 1992 年及其后修订的《横向并购指南》也均保留了 SSNIP 检验以界定相关市场的方法，特别是 1992 年的《横向并购指南》在确立评估一项并购是否符合 SLC 标准而应被提起异议的五步分析法中，将相关市场分析作为评估集中度的前提，确立了它的首要地位。然而，2010 年修订的《横向并购指南》对并购审查中的市场界定进行了重新定位，认为市场界定作为并购审查的一项工具而非目的，对于并购反竞争效果的评估，并不依赖于对于相关市场的界定，因此其不需成为反托拉斯执法机构对于并购的反垄断分析的起点。这从表面上看似乎是很大程度上降低了市场界定在并购审查的实体分析中的重要性，然而，这并不代表相关市场的界定在并购反垄断分析中不重要，而是基于市场界定本身存在的不确定性问题，提

---

〔1〕　李虹：《相关市场理论与实践——反垄断中相关市场界定的经济学分析》，商务印书馆 2011 年版，第 72 页。

出要整合竞争分析的多种方法，即既要界定相关市场，也要重视其他实体分析的工具以及直接证据的运用，才能有效识别将会对相关市场产生严重限制竞争影响的并购交易。[1] 此后的曼尼诉美国联合航空公司案中法院明确指出原告需首先证明界定相关市场[2]，2011 年美国实验室公司并购案中法院更因联邦贸易委员会对相关市场界定错误而驳回了其发布的并购禁令[3]。这说明在司法审查实践中，法院仍强调相关市场界定在并购反垄断审查中的起点作用。但无论如何，2010 年《横向并购指南》对于市场界定的重新定位进一步体现了去结构主义的立场，明确了并购审查的目标是评价并购对于竞争产生的影响，颇有正本清源的积极意义。[4]

此外，2010 年的《横向并购指南》在原有 SSNIP 检验方法的基础上，对临界损失分析法作为 SSNIP 检验方法的一种实施方法予以了明确。这一分析法认为企业作为追求利益最大化的拟制理性人格，其涨价的唯一的动力是因涨价导致的销量下降或产量走低带来的损失小于涨价本身带来的利益增长，而所谓的"临界损失"即指盈亏平衡时企业所受的损失。而后通过 SSNIP 检验所得的实际损失与临界损失进行比较，如果临界损失大于涨价后的实际损失，意味着涨价将给企业带来实际的利益增长，也进一步说明并购企业具备影响市场的优势地位，此一备选市场也应当界定为相关市场。[5] 实际上，此前，美国司法实践中已多次运用临界损失分析法对相关市场进行界定，并得到了理论界的支持。2010 年《横向并购指南》对它的确认也体现了其更加注重经济学分析的总体思路。

（二）欧盟 SIEC 标准下的相关市场界定

欧委会与欧洲法院一贯认同相关市场界定的重要性。20 世纪 70 年代，欧

---

〔1〕　参见王晓晔：《市场界定在反垄断并购审查中的地位和作用》，载《中外法学》2018 年第 5 期。

〔2〕　Malaney v. UAL Corp., Case No. 3：10-CV-02858-RS, 2010 (N. D. Cal. Sep. 27, 2010).

〔3〕　United States v. Laboratory Corp. of America, No. SACV 10-1873AG (MLGx), 2011 (C. D. Cal. Fed. 22, 2011).

〔4〕　戴龙：《反垄断法中的相关市场界定及我国的取向》，载《北京工商大学学报（社会科学版）》2012 年第 1 期。

〔5〕　参见胡甲庆：《美国合并反垄断分析的晚近发展——以美国 2010 年〈横向合并指南〉为中心的考察》，载《中国社会科学院研究生院学报》2012 年第 5 期。

委会在具体案例中使用的界定市场的主要方法便是需求可替代性。

《4046/89 号并购条例》首次直接对相关市场的问题进行了规定，其吸收了当时布鲁塞尔学派及早期经济学派的观点，以产品功能分析为基础，综合考虑多种因素，明确了界定相关产品市场的考虑因素：其一，产品特征，即产品的物理性质以及产品的最终用途；其二，消费者偏好；其三，消费者转向替代品的障碍及成本；其四，价格差异；其五，价格变动趋势；其六，需求价格弹性，即消费者对小幅度但显著的提价的反应。同时明确了界定相关地域市场的考虑因素：其一，所涉产品或服务的性质与特征；其二，市场进入壁垒；其三，消费者偏好；其四，所涉企业在相关市场及相邻市场显著的市场份额差异以及实质性的价格差异。此外，还明确了对国家间的关税和非关税贸易壁垒、税收差异和汇率变化等因素也应予以充分考虑。

20 世纪 90 年代，欧盟一体化市场形成后，欧盟竞争法更为关注有效率的竞争。这一时期正值美国芝加哥学派盛行，并深刻影响了美国 1992 年《横向并购条例》的出台。欧盟在吸收美国经验的基础上，出台了《欧盟委员会关于相关市场界定的通告》，实现了欧盟竞争法与美国《横向并购指南》中提出的 SSNIP 市场界定方法的联姻，标志着欧盟监管机构适用经济分析方法审查企业并购阶段的到来。[1] 显然，欧盟的这一通告不仅仅适用于并购反垄断审查，而且欧盟前述通告所采用的 SSNIP 检验方法与美国 SLC 标准不尽相同：欧盟采取的小幅但显著而且并非临时的价格上浮幅度为 5% ~ 10%，而检验的时间周期视具体案件而定，且仅考虑到了当前市场中的企业，而美国 SLC 标准采用的幅度是 5%，除市场中的企业外，还考虑到了潜在的竞争者，而消费者做出反应的检验周期是 1 年；此外，该通告降低了供给替代在市场界定中的作用，在地域市场的界定中，也不再考虑企业在不同国家中的市场份额差异。

《139/2004 号并购条例》进一步明确了市场界定对于 SIEC 标准下并购反垄断审查的重要性，并且进一步完善了相关市场界定过程中应考虑的因素：在界定相关产品市场时，应考虑需求替代性、竞争条件、价格、需求的交叉

〔1〕 李虹:《相关市场理论与实践——反垄断中相关市场界定的经济学分析》，商务印书馆 2011 年版，第 54 页。

弹性以及供给替代等因素；在界定相关地域市场时应考虑的因素包括相关产品和服务的特点、相关企业在候选市场和相邻市场中市场份额的差距以及价格差距等。

二、市场集中度

并购除了排除并购企业间的竞争，还可能影响相关市场上的一般竞争，这将会进一步引起市场集中度的增长，市场集中度的增强有利于形成、维持和强化企业对市场价格和其他交易条件的规制力量，也有利于形成、维持和强化企业对市场开发的妨碍作用，从而严重损害竞争。因此，考量市场集中度成为评估并购是否实质性减少竞争的重要手段之一，也是整个并购反垄断实体分析框架的起点。[1]

（一）美国 SLC 标准下的市场集中度评估

在市场集中度的评估方面，美国经历了从市场份额标准，到四企业集中度指数（Four-Firm Concentration Ratio，CR_4 指数），到现在的赫芬达尔-赫希曼指数（Herfindahl-Hirschman Index，HHI 指数）及安全港标准三个阶段：

在 20 世纪 60 年代以前，在哈佛学派结构主义理论的影响下，判断市场集中程度的唯一指标就是企业在相关市场上的市场份额。尤其 1950 年《塞勒-凯弗维尔反并购法》颁布后的一段时期，美国法院将其对《克莱顿法》的修正案解读为谴责大多数横向并购。在布朗鞋公司诉美国政府案中，法院认为市场份额是确定并购对相关市场上的有效竞争可能产生的影响的最为重要的因素之一。[2] 一年后，在美国政府诉费城国家银行案中，美国联邦最高法院指出，产生不当比例控制相关市场的企业和引起企业集中度在市场内显著增长的并购本身可能严重减少竞争，这种并购必须在缺乏明显证据表明并购不可能出现这种反竞争影响的情况下予以禁止。[3]

进入 20 世纪六七十年代，美国反垄断当局及法院均倾向于用 CR_4 指数来

---

〔1〕　参见黄晋：《合并控制法：以美国和欧盟为视角》，社会科学文献出版社 2013 年版，第 128 页。

〔2〕　Brown Shoe Co. v. United States, 370 U. S. 294 (1962).

〔3〕　United States v. Philadelphia Nation Bank, 374 U. S. 321 (1963).

衡量市场的集中程序。CR_4 指数是指市场上最大的前四家企业的市场份额之和，如一个相关市场上的前四家大企业的市场份额分别是 28%、20%、18%、15%，那么 CR_4 指数就是 81%。根据 1968 年的《企业并购指南》规定，判断高度集中市场的标准是 CR_4 指数在 75% 以上，因而在 CR_4 指数大于 75% 的市场上，两个持有 4% 及以上市场份额的企业之间的并购即会被判定为非法。

进入 20 世纪 80 年代以来，HHI 指数成为美国反托拉斯当局评估并购后市场集中度水平的主要指标。HHI 指数是一种平方计算方法，亦即在分析相关市场构成时，将市场内所有企业的市场份额平方后相加所得出的指数。美国自 1982 年《企业并购指南》起即采用 HHI 指数取代了 CR_4 指数，并以并购后的相关市场的 HHI 指数及并购所引起的 HHI 指数的增量，设置了可量化的安全港标准。所谓安全港标准，是指依据 HHI 指数设定一个市场集中度与市场份额的最低门槛标准，未达此标准的并购可推定其不产生限制竞争的效果，从而不会触发相应的反垄断调查程序。1982 年的《企业并购指南》将市场分为非集中的市场、中度集中的市场、高度集中的市场：非集中的市场是指并购后市场的 HHI 指数低于 1000 点，或者市场份额低于 35%，在此市场上并购行为推定为不会产生反竞争的影响；中度集中的市场是指并购后 HHI 指数介于 1000~1800 点之间，在此市场上如果并购导致 HHI 指数的增量不足 100 点，则认定为该项并购不具有反竞争效果；如果并购导致 HHI 指数提高了 100 点以上，则该项并购将会被关注，需结合其他相关分析要素进行综合评估，以判断该项并购是否会导致并购方的市场优势地位的显著提高。如果并购后 HHI 指数高于 1800 点以上，则被认定为是高度集中的市场。在此市场上，如果并购导致的 HHI 指数增量不足 50 点，则认定为该项并购不具有反竞争效果；如果并购导致 HHI 指数增量介于 50~100 点之间，则该项并购将会收到监管当局的进一步关注；如果并购导致 HHI 指数增量超过 100 点的，则认定为该项并购可能产生或强化市场势力，或者巩固、推动行使市场势力，该项并购可能遭到禁止。安全港标准的设置，一方面可以增加并购反垄断审查的可预测性，另一方面可以快速过滤掉一大部分不会实质性损害竞争的并购，以降低并购及审查的成本。[1]

　　与 CR₄ 指数不同，HHI 指数不仅关注市场上四家最大企业的市场份额，还反映了市场的整体竞争状况，不仅能够反映大企业对市场竞争影响的实际情况，更能够精确地反映市场结构。[2] 而对于那些市场份额中等偏上的企业间的并购，以 CR₄ 和 HHI 计算的结果大相径庭，从这个角度，可以说 HHI 指数的应用和安全港标准的确立，表明美国反托拉斯法对于企业并购的监管开始从严厉走向宽容，从而大大推动了其经济结构的寡头化趋势。[3] 而 2010 年新修订的《横向并购指南》进一步体现了这一趋势，其根据反托拉斯当局的执法实践提高了评估反竞争效果的 HHI 指数门槛，将非集中的市场、中度集中的市场、高度集中的市场的 HHI 指数分别提高至 1500 点以下、1500～2500 点之间、2500 点以上，并将高度集中的市场上的安全港标准提高至低于100 点，导致反竞争程度从低至高的幅度分别提高至 100～200 点之间、200 点以上。尽管该门槛较 1997 年《横向并购指南》中的 HHI 指数门槛已经有所提高，但仍然低于美国反托拉斯执法部门实践中所实际适用的标准。[4]

　　（二）欧盟 SIEC 标准下的市场集中度评估

　　在早期 MD 标准确立之前，市场份额几乎是欧委会判断是企业否拥有市场支配地位的唯一标准。在《4046/89 号并购条例》发布后，市场份额仍然是欧委会评估企业是否拥有市场支配地位的主要指标，且坚持 40% 市场份额作为认定市场支配地位的起点。

　　由于以市场份额作为评估主要标准在单边效应方面的缺陷，SIEC 标准确立后，2004 年的《横向并购评估指南》确立了多元化的市场集中度评估标准。一是市场份额标准，将 25% 作为欧盟并购反垄断审查的安全港标准，即并购后企业的市场份额不足 25% 时，只要其不违反《欧盟条约》第 81、82 条（也即 2007 年签署的现《里斯本条约》第 101、102 条），即认为该并购与共

---

　　〔1〕　参见应品广：《论我国经营者集中反垄断审查标准的选择》，载《经济法论丛》2013 年第 2 期。

　　〔2〕　参见王晓晔：《企业合并中的反垄断问题》，法律出版社 1996 年版，第 57 页。

　　〔3〕　参见卫新江：《欧盟、美国企业合并反垄断规制比较研究》，北京大学出版社 2005 年版，第 77 页。

　　〔4〕　参见韩伟：《美国〈横向合并指南〉的最新修订及启示》，载《现代法学》2011 年第 3 期。

同体市场相容。然而，条例对于达到多少市场份额即构成 SIEC 标准下的市场支配地位并没有明确的规定。二是引入了美国 1982 年《横向并购指南》确立的 HHI 指数来评估市场集中度，分别按照 HHI 指数在 1000 点以下、1000～2000 点之间、2000 点以上的标准将市场划分为非集中的市场、中度集中的市场、高度集中的市场，并将中度集中的市场、高度集中的市场上的安全港标准分别设置为 HHI 指数增量低于 250 点、100 点。根据指南，市场份额与市场集中度不再是欧盟并购反垄断审查的唯一评估标准，还应综合考虑并购的反竞争效果、买方力量、效率抗辩、破产抗辩等因素，综合评价并购是否构成 SICE 标准下的严重妨碍有效竞争。

在作为欧盟成员国且同样适用 SIEC 标准的德国，其仍采用 CR_n 指数的方法来评估市场集中度，即如果三个或三个以下企业的共同市场份额不低于50%，或者五个或五个以下的企业共同的市场份额不低于2/3 的，一般可推断这个企业单独或这些企业共同拥有市场支配地位，除非其可以证明市场上或这些企业之间存在实质性竞争。可见 CR_n 指数方法仍是除 HHI 指数方法外，当今各国评估企业市场地位的另一个主要基本方法。

三、反竞争效果评估

市场集中度只是分析并购对竞争影响的起点。虽然在其他条件不变的情况下，市场集中度越高，产生反竞争效果的可能性越大，但是因市场条件不同，对竞争影响的具体程度也是不一样的。因此，在并购反垄断审查中，还有必要对并购的潜在反竞争效果进行评估。这种评估包括两个方面：一是并购导致企业间共谋以相互协调联合限制竞争，即协同效应（Coordinated Effects）；二是并购导致企业采取单边行动以限制竞争，即单边效应（Unilateral Effects）。协同效应与单边效应是反垄断执行当局评估反竞争效果的两项重要考察指标。

（一）美国 SLC 标准下对反竞争效果的评估

协同效应主要出现于同质产品/服务的市场，即并购增加企业间明示或者默示的合谋的风险，是 1992 年以前的并购指南重点关注内容，1982 年的《企业并购指南》即十分强调并购导致的潜在的合谋风险，注重对于合谋的便利性以及可能带来的经济利益等因素的分析。1992 年的《横向并购指南》对评估协同效应应考虑的因素进行了分析。实践中，反托拉斯执法机构通常从以下几个角度评估并购是否会导致协同效应：一是相关市场是否发生过明示共谋行为，这证明该市场可能发生协同行为；二是是否存在惩罚背叛企业、消除"独行"行为的可能性。除前述结构性因素外，还应考虑其他几个相关因素，如是否有共谋的历史、交易的透明度、消费者的特点、产品的同质性与复杂性、供货商市场份额的差距等。2010 年的新《横向并购指南》在进一步丰富了评估协同效应的考虑因素的基础上明确，在某项并购可能显著提高市场集中度而导致市场被认定为高度集中的市场时，如果该市场上有协同限制竞争的可能性，且反托拉斯执法当局确有证据证明并购将加重这种协同限制竞争的效果，则该项并购将会受到关注乃至干预。

　　单边效应主要出现于差异化的产品/服务市场，即一项并购如果造成了单方行使市场力量的机会则会引起反竞争效果，即所谓的单边效应。由于企业提供差异化的产品和服务，使得一些类似产品不存在可替代性，加之消费者对于品牌的信赖，使得企业在并购后有可能将价格提升到相对于并购之前更有利的水平。一般而言，差异化的产品可能会导致单边涨价，而参与并购的企业之间其各自提供产品或服务之间的可替代性越高，该项并购所可能导致的单边反竞争效果也就越大。美国 1992 年《横向并购指南》首次提出了对单边效应的分析框架，确定了对并购后的企业进行单边效应分析的 35% 的市场份额的门槛要求，以及区分产品的差异性以及企业的生产能力这两种情况对单边效应进行分析的框架。在早期的结构主义分析框架下，单边效应评估是在对市场份额与市场集中度进行测算的基础上，结合其他因素予以分析。经济学理论的发展为后期更为科学的分析单边效应奠定了基础，2010 年新修订的《横向并购指南》对单边效应的完善即建立在这一背景下。一方面，其更加完善了对于单边效应的分析机制，取消了原市场份额达到 35% 以上的并购可能导致单边效应的推定，从差异化产品市场的单边效应、买卖双方协商价格的市场或拍卖市场上的单边效应、同质化产品市场上产量降低而导致的单边效应、因创新减少及产品品类减少而导致的单边效应等多维度，完善了单边效应的分析框架。另一方面，2010 年的《横向并购指南》指南还明确了涨价压力测试以及评估转移率等新经济学方法来评估单边效应。

（二）欧盟 SIEC 标准下对反竞争效果的评估

如前所述，美国对于反竞争效果的评估历经了由注重协同效应到关注单边效应的发展，这体现了美国并购反垄断规制的执法重心从同质产品市场更多地向差异化产品市场的转变，体现了其从工业化向信息化迈进的时代背景。[1] 欧盟对于并购反竞争效果的评估，也经历了相似的进程。

如前文所述，在《4046/89 号并购条例》确立 MD 标准后，欧委会认识到单一支配地位的局限性，通过案例确立了集体支配地位，即涉及对于协同效应的分析，这一认定也得到了欧洲法院的支持。2004 年《横向并购评估指南》确立了 SIEC 标准下的协同效应的分析框架：其一，市场上是否存在使企业易于达成协同的条件；其二，是否存在对背叛企业的惩罚机制以阻止其退出协同；其三，市场上未参与协同的其他企业是否能抵消协同可能带来的反竞争效果。此外，欧委会在并购反垄断审查实践中，对于协同效应的评估，还会考虑行业壁垒、各企业的市场份额结构、产品的同质性、市场需求的稳定性、价格的透明度、是否存在协同的历史等因素。总体而言，其分析框架与美国大致相同。

同时，有鉴于原 MD 标准下的单一支配地位标准在寡头市场上特定情形下的适用局限性，基于 SIEC 实体标准的框架，2004 年《横向并购评估指南》的重大突破即在于引入了单边效应理论，不过其使用了非协同效应（Non-Coordinated Effects）的表述。在欧盟 SIEC 标准下，考虑一项并购是否会产生非协同效应，应考虑以下几个因素：其一，并购参与方是否拥有较大市场份额；其二，并购双方是否是直接竞争者；其三，消费者更换产品或服务提供商的可能性；其四，在价格上涨的情况下，其他竞争者是否可以供给相关产品；其五，并购后的企业是否有能力限制企业竞争者扩大产能；其六，是否有能力限制新竞争者的市场进入。在实践中，欧盟也开始由原来的从市场集中度出发进行非协同效应评估的结构主义分析法，逐渐转向于将经济学方法应用于并购可能导致的非协同效应的评估中。

---

〔1〕　参见胡甲庆：《美国合并反垄断分析的晚近发展——以美国 2010 年〈横向合并指南〉为中心的考察》，载《中国社会科学院研究生院学报》2012 年第 5 期。

四、并购反垄断审查的抗辩事由

（一）美国 SLC 标准下的抗辩事由

1. 市场进入

即使是拥有很高市场份额的企业在高度集中的市场上进行的并购，便宜的市场进入也会使得并购后企业无论采取单边行为还是协同行为都无法造成垄断市场的效果，进而保证市场竞争机制的有效发挥。因此，市场进入因素既是进行反竞争效果评估的重要因素，即并购是否会影响新的市场进入，也是并购方应对反垄断审查的抗辩事由，即并购后的市场进入的便宜程度是否能抵消该项并购导致的反竞争效果。

在美国 SLC 标准下，根据 1992 年《横向并购指南》，有效的市场进入需满足及时性、可信性与充分性三个条件：对于及时性要求，2010 年新修订的《横向并购指南》修改了原指南中对于及时性所要求的 2 年期限，而提出了"足够快速"（rapid enough）这一看似更为原则性但实则更为严格的要求；可信性，即指并购后的市场进入能为进入者带来盈利，指南对于可信性的评估，采用了最小可行规模的评价方式，认为只有进入者可得的销量大于进入策略所需的最小可行规模的前提下，进入策略才是可行的；所谓充分性，指市场进入足以抵消并购所带来的反竞争效果。此外，2010 年新修订的《横向并购指南》还指出，反托拉斯执法当局还会对其他企业进入相关市场的历史情况予以考量和关注。

2. 效率抗辩

受反垄断经济学的影响，美国反托拉斯法对于 SLC 标准的分析经历了由结构化向去结构化的转变，反托拉斯执法当局对于效率的态度也由早期的否定到后期的逐渐接受。早期受哈佛学派的结构主义影响，并购的反垄断分析更注重并购对于市场势力与市场结构的影响。在当时的并购案中，最高法院曾在美国政府诉费城国家银行案中明确拒绝了对效率因素的考量[1]，并为此后的判例所纷纷效仿。1968 年的《企业并购指南》中也指出，除非在例外情

---

〔1〕　United States v. Philadelphia Nation Bank, 374 U. S. 321 (1963).

形下，执法机构在进行并购审查时不会接受经济性的效率主张作为抗辩的理由。20 世纪 80 年代芝加哥学派兴起后，经济效率成为重要的衡量因素。1984年的《企业并购指南》即明确了效率的类型，指出并购方在有"明确和令人信服的证据"对效率予以证实时，反托拉斯执法机构将在并购审查时对效率因素予以考虑。20 世纪 90 年代起，法院在评估并购的合法性时开始考量潜在的效率问题。1992 年的《横向并购指南》删除了"明确和令人信服的"证据标准。至 1997 年，效率抗辩已成为《横向并购指南》的重点修订内容，其认为执法机构应只考虑并购所特有的效率，模糊的、不确定的或者不能被合理证明的效率主张不能被采纳。但在此后的实践中，在高度集中的相关市场上，美国反托拉斯执法当局与法院对于效率抗辩仍有所质疑。[1] 因此，2010 年修订的指南对效率抗辩所要求的证据可靠性提出了更高的要求。效率抗辩得以在并购反垄断审查的实体评价中被承认，需考虑以下因素：其一，须为并购所特有的效率，即在不实施并购或采取其他对不会产生实质影响竞争效果的行为时不能产生该等效率；其二，效率须具有可证实性，而不是含糊或推测而来；其三，效率须具有可认知性，且有利于增进消费者福利，而不能来自于产能的减少或质量的降低。此外，指南还指出，效率抗辩不能适用于可能会导致垄断，或者接近于导致垄断的并购案件中。

　　1997 年以及 2010 年对于效率抗辩的修订，表明策略理论已成为美国反托拉斯执法机构对并购的反竞争效果进行评估的主要指导思想。这一理论要求对一项并购交易可能导致的降价与涨价的效果同时评估，并对其进行对比分析，只要能够成功证明该项并购最终在提高生产与服务水平、促进价格降低等方面所产生的效率可以抵消该项并购将导致的反竞争效果，就有可能获准实施。但鉴于与生产与服务相关的效率信息往往由并购方掌握，信息的不透明使得执法机构事实上难以对上述相关主张予以证实和量化。因此，美国的反托拉斯当局在其执法审查实践中，对效率因素一直秉持审慎严格的评估

---

〔1〕 参见 J. E. 克伍卡、L. J. 怀特编：《反托拉斯革命——经济学、竞争与政策》（第 5 版），林平、臧旭恒等译，林平校，经济科学出版社 2014 年版，第 151 页。

态度。[1]

3. 濒危企业的破产抗辩

美国关于并购审查的破产抗辩最早源于判例法，并在 1950 年对《谢尔曼法》的修正案中予以明确。1992 年的《横向并购指南》对濒临破产的企业的并购行为进行了豁免，并对破产分公司的豁免进行了明确。明确了在满足以下条件时，濒临破产的企业并购将不被认为是构成市场支配力量的强化：其一，参与并购的企业即将资不抵债；其二，相关的濒危企业无法根据破产法规实现破产重整；其三，相关濒危企业曾试图寻求更为合理的报价以及不会对市场造成反竞争影响的并购方案，但未能成功实现重组；其四，该项并购的禁止将导致相关企业破产退市。2010 年《横向并购指南》再次重申了反托拉斯执法部门会考虑当事人破产及退出资产的抗辩。

（二）欧盟 SIEC 标准下的抗辩事由

1. 市场进入

在欧盟的 SIEC 标准下，其 2004 年《横向并购评估指南》对于市场进入的条件的规定与美国 1992 年《横向并购指南》大体相同，要求满足及时性、可信性与充分性三个条件：对于及时性而言，设置了与美国 1992 年《横向并购指南》相同的 2 年的市场进入期限。对于可信性而言，该指南提出了三种市场进入的壁垒：其一，因法律法规对企业进入的限制而产生的市场进入壁垒；其二，因相关市场内企业特有的优势而产生的市场进入壁垒，如关键设备、资源、技术等；其三，因相关市场内企业积累的优势而产生的市场进入壁垒，如信誉、品牌、客户忠诚度等。对于充分性而言，要求新进入企业的规模与市场范围足以抵消并购产生的反竞争效果。

2. 效率抗辩

欧盟对于基于效率的抗辩也经历了与美国一样的从排斥到接受的过程。在《139/2004 号并购条例》前，欧委会对基于效率的主张持否定态度，效率因素只是在评估是否可能产生或加强市场支配地位的时候才会被考虑，而不是用于证明其可减轻市场支配地位并由此对该项并购予以豁免。然而，随着

---

〔1〕　参见韩春霖：《横向并购反垄断审查中的效率与反竞争效应权衡》，载《经济与管理研究》2017 年第 6 期。

SIEC 标准的确立，欧盟对效率的态度也发生了转变。《139/2004 号并购条例》指出并购产生的效率可以与其产生的反竞争效果相抵消，并明确在并购审查时应考虑对竞争没有妨碍的技术和经济进步的发展因素。这一转变也体现在了 2004 年的《横向并购评估指南》中。该指南对效率问题进行了专节说明，认为并购带来的效率可能抵消并购带来的反竞争效果，特别是对消费者的影响。鉴于欧委会评估效率主张的相关基准是消费者的福利不会因并购而受到减损，因此，该效率应当是并购所特有的、实质性的、及时的，且在那些可能引起竞争关注的市场是有利于消费者福利的，那些只给并购参与方带来效率增长但没有传递给消费者的效率不能计算在内，且用以主张的效率应当可量化，且由并购方在合理的期限内予以证实。

3. 濒危企业的破产抗辩

欧委会对于欧洲法院在此前的案例中对濒危企业的破产抗辩也持支持态度。2004 年的《横向并购评估指南》也对破产抗辩进行了明确，提出了委员会在适用破产抗辩时考虑的三个因素：其一，如果濒危破产企业不被并购，就可能会因财务困难而被挤出市场；其二，相较于并购而言，没有对竞争产生更小影响的替代性购买方案；其三，如果不实施该项并购，濒危企业的资产未来将不可避免地退出市场。由此可见，欧委会对于濒危企业破产抗辩的评估因素已与美国越来越趋同。

五、其他分析要素

（一）美国 SLC 标准下的其他分析要素

在前述原 1992 年《横向并购指南》确定的主要分析要素的基础上，2010 年《横向并购指南》的修订还新增了并购反垄断审查的以下分析要素，进而打破了原有的五步分析法，使得 SLC 标准的审查框架更为灵活，体现了去结构化的特点，也体现了美国反托拉斯当局对于并购的经济效果的认知的进一步深化。

1. 买方势力

2010 年《横向并购指南》增加了对于可抗衡的强势买方的内容，认为强势买方既能削弱并购可能导致的单方限制竞争效果，也能减少导致协同进而限制竞争效果的可能性，据此明确了反应托拉斯执法当局会考虑强势买方对于并购企业并购后行使市场支配实力的能力的抗衡可能性。指南同时指出，反垄断当局不会仅因为可抗衡的强势买方的存在而当然推定其可以抵消并购产生的反竞争影响，因为即使是在谈判中可以获得相对有利条件的强势买方也可能会因卖方市场支配势力的增强而利益受损。此外，反托拉斯执法机构还会关注并购对于其他非强势买方的不利影响。

2. 买方垄断

2010 年《横向并购指南》指出，竞争性的卖方之间的并购可能会加强相关市场中的卖方市场支配势力，同样，竞争性的买方之间的并购也会加强相关市场中的买方的市场支配势力。因此，反托拉斯执法机构将采用相同的评估框架，来评估竞争性买方并购时可能导致的买方垄断力。

3. 部分收购

长期以来，美国的司法实践一直坚持对于目标企业的部分收购也会导致反竞争效果，因而应受《克莱顿法》管辖。2010 年《横向并购指南》专门就部分收购的问题进行了分析，明确反托拉斯执法机构将对竞争性企业间的部分收购进行审查，并关注其可能导致的反竞争影响：并购方是否获得足以影响被并购企业的竞争行为的能力而实质性减少竞争；并购方是否通过减少被并购方在相关领域的竞争激励而削弱其竞争动力；并购方是否得已获知被并购方相关领域的商业秘密而实质性减少竞争。此外，2010 年新《横向并购指南》还指出，反托拉斯执法当局将考虑部分收购是否存在特有效率，尽管通常情况下部分收购难以产生并购审查的实体评价意义上的特有效率。

（二）欧盟 SIEC 标准下的其他分析要素

1. 买方势力

欧盟 2004 年《横向并购评估指南》对买方势力做了较为全面的规定，其认为买方势力是指由于买方市场规模较大、卖方对买方依赖性较强、买方易于更换产品/服务的供应商等原因，使得买方拥有较强议价能力，而在市场上占相对优势地位。欧盟将这种优势买方的市场地位视作可抵消反竞争效果的一个重要分析要素，并提出了反垄断执法机关在衡量买方的优势势力时，应对买方的市场集中度、买方对于其供应商的依赖程度、买方寻求其他供应商的市场障碍、买方相较于其竞争者而言的定价能力等多方面的因素进行综合评估。

2. 合法利益

鉴于欧盟作为一体化经济组织的特殊法律地位，成员国的合法利益始终是欧盟并购反垄断审查的重要考虑要素。《139/2004 号并购条例》中明确规定成员国可以采取适当措施保护条例以外的，但符合共同体相关条约的一般原则和其他规定的合法利益，包括公共安全、新闻自由和审慎原则。且该条例明确规定，这些明确界定的合法利益仅适用于非竞争因素，如欧委会认定某项并购与共同体相容而对其予以批准，成员国也可以援引合法利益而阻止该项并购。

第三节　跨国并购反垄断规制实体标准的趋同

一、美欧并购实体标准的趋同

（一）发展历程的趋同

如前所述，美国 SLC 标准下的实体分析框架，经历了从严格的结构主义下强调并购对于市场份额及市场集中度的影响，到逐渐淡化结构主义色彩，注重对并购所产生的经济效率可以抵消并购的反竞争效果的评估，体现了不同时期的经济学理论对于并购反垄断实践的影响；从重点关注同质产品/服务市场下的协同反竞争效应，向关注差异化产品/服务市场下的单边反竞争效应转变，体现了工业化向信息化迈进的时代背景和历史进程。因此，美国的 SLC 标准虽然从形式上看一直没有变化，但其内涵与执法实践却因深受不同时期的政治经济环境、价值观念、利益博弈、经济理论与司法实践等多种因素的影响，从而旧瓶装新酒，呈现出所指固定不变外衣下能指的移步换形、旧话新解、表达与实践若即若离的一种经历曲折的依旧维新发展路线。[1]

---

〔1〕　参见张世明、马立国：《更为经济的方法：欧盟经营者集中控制实体标准论衡》，载《内蒙古师范大学学报（哲学社会科学版）》2017 年第 5 期。

纵观欧盟并购反垄断制度实体标准的发展历程，其从依据《罗马条约》第 86 条确立滥用市场支配地位标准，到借鉴德国卡特尔法的经验发展为 MD 标准，再到进一步吸收美国经验发展为 SIEC 标准，也经历了从行为评价模式到结构评价模式，最后向效果评价模式转变的发展历程；而对于并购反垄断的实体分析框架，也经历了由重点关注市场份额与市场集中度来判断市场支配地位，并严重依赖市场支配地位来评估并购的合法性，到进一步关注并购可能带来的协同反竞争效果，再到对并购的非协同效应与效率对于反竞争效果的抵消作用的重视，逐步适应了日益复杂的经济形势发展的需求，也体现了欧盟对于并购的反垄断监管的态度的变化。

由此可见，受世界经济的发展水平与经济学理论的不断发展，美国与欧盟的并购反垄断的实体标准，在发展历程上都呈现出由结构主义向效果主义转变、由单一评价标准向多元评价标准转变的历程，其发展历程呈现出一定意义上的趋同性。

（二）内涵与分析框架的趋同

如前文所述，欧盟的 SIEC 标准是在欧洲大陆传统的市场支配地位标准的基础上，吸收了美国 SLC 标准对于规制单边效应的优势而创设的折中标准，实现了与 SLC 标准基本接轨，不论在内涵上还是在分析框架上，二者都大同小异。

从内涵上看，二者都属于效果主义的评价标准，强调并购对于市场竞争的影响与破坏。只不过为尊重法律传统，维护欧盟与成员国法律的前后统一性与确定性，欧盟在创设 SIEC 标准的同时并未彻底放弃传统的市场支配地位的评价指标，继续将其作为评价并购是否合法的重要标准之一，但市场支配地位已经不再是唯一的标准。

从分析框架上看，美国 SLC 标准与欧盟 SIEC 标准都是从市场界定出发，进而评估相关市场的集中度，并在此基础上对并购可能产生的反竞争效果进行评估，并同时考虑相关的抗辩因素，而不再将市场份额与市场集中度作为唯一的评价标准：在市场界定方面，二者都采取了 SSNIP 检验法，只不过欧盟的界定规则更加灵活，在实践中的弹性更大；在市场集中度方面，二者都采用 HHI 指数对市场集中度进行评估，并设置了一定的并购审查安全港标准，不过美国 2010 年修订的《横向并购指南》放宽了对市场集中度的指数要求；在反竞争效果评估方面，都强调对于协同效应及单边效应的评估，不过对于单边效应的认定方面，美国取消了 35% 的市场份额要求，欧盟仍要求 25% 以上的市场份额的门槛；在抗辩事由方面，也都认可了对于市场进入、效率、破产以及买方势力的抗辩。

二、跨国并购反垄断规制实体标准趋同的影响

截至今日，SLC 标准与 SIEC 标准已成为当今世界各司法辖区的并购反垄断制度所采纳的两大主流实体标准：美国、英国、日本以及加拿大、澳大利亚等国均适用 SLC 标准，而欧盟及其许多成员国均适用 SIEC 标准。美国与欧盟代表了世界并购反垄断制度的最高水平，二者创设的 SLC 标准与 SIEC 标准在发展历程上的统一性，以及这两大标准在内涵与分析框架上的趋同性，都体现了当今国际社会并购反垄断规制的实体标准的整体发展趋势——即从相互冲突，到日益趋同。

如本书第三章所述，各国对于跨国并购的管辖所面临的最大问题之一，即是适用法律的冲突问题，这一点从前文已经述及的波音与麦道并购案中可见一斑：彼时美国处于 1997 年《横向并购指南》对于效率问题的重大修订完善之际，已经采用 HHI 指数来测算市场集中度，而不再依赖市场份额的高低，且更加强调自由竞争与效率对于反竞争效果的抵消作用，承认了波音与麦道并购所特有的效率，即有利于整个行业经营成本的降低并有利于消费者，同时认为该项并购可以促进贸易，创造就业机会，因此美国司法部对其无条件批准；而当时的欧盟的并购审查仍适用 MD 标准，强调产生或加强并购方市场支配地位的并购行为均与共同体不相容，且对于市场支配地位仍采用传统的市场份额认定法，其认为二者并购后的市场份额将高达 70%，且波音公司与其下游签署了长达 20 年的独家供货协议垄断了全球 40% 的市场，相较于对最终消费者福利的保护而言，欧盟彼时的 MD 标准更强调保护竞争者的思想，且对效率对于反竞争效果的抵消作用持否定态度。最终，美国与欧盟在并购审查实体标准上的冲突，进一步导致了二者对于同一并购案认定结果的冲突。

由此可见，各国/地区对于跨国并购反垄断审查在适用法律上，尤其是实体标准上的冲突，使得跨国并购的反垄断规制进行国际协调成为必要。而美国与欧盟在实体标准及其分析框架上的接轨与趋同，体现了其从单边角度对于跨国并购反垄断规制的国际协调所做的努力。相似的并购分析标准有助于促进结论的基本一致性[1]，各国/地区在并购审查实体标准及分析框架上的趋同性，无疑为跨国并购反垄断领域开展国际合作奠定了基础，创造了可能性。

---

〔1〕　See Vijay SV Selvam，"The EC Merger Control Impasse：Is There a Solution to this Predicament？"，*European Competition Law Review*，Vol. 25，No. 1，2004，p. 52.

第五章　跨国并购反垄断规制的国际合作实践

正如本书第三章、第四章所述，基于跨国并购反垄断规制的域外适用而导致的管辖权、适用法律以及域外执行等方面的冲突，使得在跨国并购反垄断领域开展国际合作成为必要，而各国/地区跨国并购反垄断规制实体标准的趋同，进一步为跨国并购反垄断规制的国际合作奠定了制度基础。在此基础上，国际社会已经在跨国并购反垄断规制领域开展了广泛的国际合作。

第一节　国际礼让对于反垄断规制国际合作的现实意义

所谓国际礼让，指各国在国际交往中，不仅遵守有法律约束力的规则和具有惯例性质的规则，而且也遵守礼貌、便利和善意的规则的一种礼仪。如各国允许外交使节免纳关税，即国际礼让的结果。国际礼让最早源于法官在司法判例中对于处理国际争端的一项规则的总结：格雷法官在 1895 年的"希尔顿诉基奥特案"中认为礼让"既不是一项绝对的义务，另一方面也不是单纯的礼貌和善意"；而在 1923 年的"苏联诉西巴拉里奥案"中，法院认为，"可以给礼让定义为国际大家庭的一个成员对另一个成员所应有的相互礼貌——礼让规则是法院所执行的法律的一部分"。[1] 一般而言，国际礼让不是国际法的渊源。然而，也有很多规则，从国际礼让逐渐演变为国际法规则，如布雷特法官在 1880 年的"比利时国会号"案件中指出，对于外国大使和国

---

[1]　参见［英］詹宁斯·瓦茨修订：《奥本海国际法》（第 1 卷·第 1 分册），王铁崖、陈公绰、汤宗舜、周仁译，中国大百科全书出版社 1995 年版，第 76 页。

家元首的管辖权豁免即是国际礼让的结果,[1] 而时至今日，该豁免规则已成为国际社会所公认的国际法规则。

如本书第三章所述，当今社会大部分国家和地区都接受了依据效果原则而在域外适用本国的反垄断法。在欧盟，欧洲法院虽未明确承认效果原则，但也通过扩张适用属地管辖使得其实际上可以达到与效果原则相同的效果，而即使在坚持传统属地管辖的英国，也通过立法将其竞争法的适用范围从行为发生地扩大到行为履行地。由此导致了各国在行使其域外管辖权时，将无可避免地就同一案件产生管辖权的重叠与冲突，而无论是传统的属地管辖、属人管辖等规则，还是效果原则本身，均无法解决这种冲突和由此而产生的争议。有鉴于此，在反垄断法的域外适用领域引入国际礼让这一国际法中强调国家间相互尊重对方主权和利益的原则，对于协调这种国际管辖权冲突与矛盾无疑具有很大的实践意义。

根据经济合作与发展组织的理事会建议与各司法辖区开展反垄断规制国际协调与合作的实践，在反垄断域外适用领域，国际礼让分为消极礼让与积极礼让两种情形。

一、消极礼让

消极礼让又称为传统礼让，指一国在域外适用本国反垄断法时，应对相关国家的重要利益予以考虑。

消极礼让最初体现在一国对于反垄断规制的管辖权冲突进行单边协调的司法实践中。正如本书第三章所述及，在美国 1976 年的 Timberlane 木材公司案中，作为上诉法院的美国第九巡回法院即指出，效果原则的适用如果不考虑另一国的合法利益是不完整的，由此提出了需要考虑的相关因素，开创了以合理管辖对于效果原则进行适当的限制和修正的先河。[2] 在司法判例的基础上，美国 1982 年颁布的《对外贸易反托拉斯改进法》明确了适用效果原则时要求"有直接、实质和可合理预见的影响"的限制。而鉴于 Hartford 再保

---

〔1〕　参见［英］詹宁斯·瓦茨修订:《奥本海国际法》（第 1 卷·第 1 分册），王铁崖、陈公绰、汤宗舜、周仁译，中国大百科全书出版社 1995 年版，第 76 页。

〔2〕　Timberlane Lumber Co., et al. v. Bank of America Corp. et al., 549 F. 2d 597 (9th Cir. 1976).

险公司案中联邦最高法院在适用国际礼让问题上出现的倒退[1]，1995 年的《国际贸易反托拉斯执行指南》更是进一步重申了合理管辖，并明确其为"国际礼让"（即消极礼让）。美国以合理管辖对于效果原则的限制和修正，即体现了消极礼让在反垄断法域外适用过程中的运用。除美国外，如本书第三章所述，欧委会早在英国帝国化工等企业诉欧委会案中即提出了对效果原则的适用进行限制[2]，而德国法院则曾援引不干涉原则、禁止滥用管辖权原则等主张对依据效果原则域外适用本国反垄断法进行限制，均体现了消极礼让的思想。各反垄断司法辖区依据国际礼让（主要是消极礼让）对于其自身基于效果原则的反垄断法扩张适用进行适当限制，是其通过单边自我限制的方式对管辖权冲突的一种自我协调。然而，消极礼让实际上基于各司法辖区对其管辖权的自我约束，因此协调效果有限，前述 Hartford 再保险公司案就是美国在国际礼让适用上的一种倒退，中美维生素 C 案的重审结果也不容乐观，更遑论可能涉及国家战略利益的跨国并购反垄断案件，因为在任何时候，一国对于其他国家重要利益的礼让，都不可能优先于本国的重大战略利益。

在反垄断执法的国际合作中，消极礼让也是一项重要的合作原则。在消极礼让的约束下，一国在包括调查、决策和救济等反垄断执行程序的每一个阶段，都需对另一方的重要利益予以考虑，并及时通知另一方其执行活动的进展情况。由此可见，在国际合作领域，消极礼让主要立足于单方角度，旨在避免反垄断法域外适用可能导致的执法冲突，因此在很多反垄断执法双边合作协议中都有所体现。

二、积极礼让

积极礼让指一国就在本国境外发生但对本国市场产生反竞争影响的垄断行为，请求行为发生国反垄断主管机关根据其自身的反垄断法对该行为开展反垄断调查、提起诉讼、采取救济措施或其他适当的执法活动，而后者的反垄断主管机关应对前者的请求予以认真考虑。

积极礼让的思想在反垄断领域很早就已萌芽。1954 年在美国与德国签署

---

〔1〕　Hartford Fire Insurance Co. et al. v. California et al. 509 U. S. 764 (1993).

〔2〕　Imperial Chemical Industries Ltd. v. Commission, case 48, 57/69 (1972), ECR 619, CMLR 557.

的双边商务、航运友好条约中，即规定了对于那些对双方领域内的贸易往来
带来损害的限制竞争、限制市场进入，以及企业并购、企业间签署协议或其
他安排而形成垄断的行为，一方政府同意另一方政府关于前述垄断行为的磋
商请求，并根据其国内法采取相应的手段从合理的角度来消除这些损害。[1]
这表明双方已经将积极礼让的思想纳入了双边合作中。此后美国与法国、日
本、意大利等国签署的双边商业合作协议中都加入了类似的条款。而 1960
年，关税与贸易总协定（GATT）的专家组决议也建议，每一缔约国应对其他
缔约国提出的磋商请求予以适当考虑，如果缔约国认定相关商业行为将产生
危害性影响，则应采取适当的措施以消除此种影响。[2] 其虽未明确使用"积
极礼让"的概念，但该建议的内容无疑体现了积极礼让的思想。此后成立的
OECD 也始终对于反垄断领域的国际合作问题给予高度的关注。其在 1967 年
出台的《理事会关于成员国之间就影响国际贸易的限制性商业惯例开展合作
的建议》即体现了国际礼让的思想，其指出，成员国在适用本国反垄断法时
如涉及另一成员国的重要利益时，应在其法律许可的范围内通知另一成员国，
前者仍享有继续调查并作出最终决定的权利，但应适当考虑对方的利益及提
出的观点。[3] 此外，OECD 于 1973 年出台的《理事会关于影响国际贸易的限
制性商业惯例的协商和调解程序的建议》更进一步提出了正式的积极礼让条
款，其建议成员国在其他国家的企业从事的限制竞争行为危及自身利益时，
可请求与该国进行磋商，被请求国应基于自愿并在其自身反垄断法的范围内
采取适当的反垄断执法或者救济措施。[4]

　在总结以上早期实践的经验，并吸收 GATT 与 OECD 等国际组织的建议
的基础上，美国与欧盟 1991 年签署的双边反垄断合作协定被认为是现代意义
上第一个明确规定了积极礼让内容的反垄断执法合作协定。该协定以及双方

〔1〕 See OECD, Committee on Competition Law and Policy, Report on Positive Comity-Making International Markets More Efficient Though "Positive Comity" in Competition Law Enforcement, DAFFE/CLP (99) 19, adopted 6-7 May 1999, p. 8.

〔2〕 Ibid, OECD Positive Comity Report, 1999, p. 8.

〔3〕 See OECD, Council Recommendation Concerning Cooperation Between Member Countries on Restrictive Business Practices Affecting International Trade, 3 October 1967.

〔4〕 See OECD, Council Recommendation Concerning Consultation and Conciliation Procedure on Restrictive Business Practices Affecting International Trade, 3 July 1973.

于 1998 年专门就积极礼让问题签署的补充协定对于积极礼让的内涵及双边合作机制等问题进行了详细约定，为此后各国基于积极礼让开展反垄断执法的国际合作提供了经验与范本（其具体内容可详见本章第二节）。

与消极礼让要求的对另一国的利益予以充分适当的考虑相比，积极礼让更进一步，强调一国得以请求另一国依照后者的反垄断法对涉及损害前者利益相关反竞争行为开展相关执行活动。可见，消极礼让是立足于单方，强调一国在执行反垄断法时应避免对他国重要利益造成损害，而积极礼让通常是基于双边、多边协定而明确，其立足于双方，更为强调双方反垄断主管机构之间更为主动的沟通与合作，包含了国家间的积极合作与协调精神，对于解决反垄断法域外适用导致的管辖权冲突而言，具有更为显著的现实意义。

然而，与消极礼让在美国等国已经被写进实践指南并成为法院裁判的依据不同，积极礼让因涉及双方行为，其内涵本身即可体现出其自愿性的特征。如前所述，国际礼让并不是国际法的渊源，因此积极礼让本身也并不是一个具有法律强制力的国际法原则。是否适用积极礼让只能依靠各国反垄断当局的自由裁量以及其自身意愿。[1] 因此，对于被请求国来说，积极礼让并不意味着对于请求国的利益必然给予"充分和同情的考虑"，也不会在形式上减少被请求国适用其自身反垄断法的自由。而积极礼让本身的这种自愿性，也并未因其被明确写入政府间的合作协定而有所改变。几乎在所有涉及积极礼让的双边或多边反垄断执法合作协议中，相关国家也都保留了依照其自身反垄断法采取执行措施的自由。因此，从这个角度来看，积极礼让的法律约束力在当今世界的国际合作中是相当有限的，更遑论强制执行效力。因此，从国际条约法的角度来看，积极礼让的这一自愿性特征，与一般国际条约与协议的强制约束性相比，显然是不协调的。[2] 就此，欧盟曾向 WTO 提出将积极礼让纳入其竞争规则中，并赋予其一定约束力，即要求被请求国有义务开展相关调查并在期限内回复是否采取相关执行活动，如拒绝采取相关行动需充

---

〔1〕 See Bruno Zanettin, *Cooperation Between Antitrust Agencies at the International Level*, Hart Publishing, 2002, p. 184. 转引自戴龙：《反垄断法域外适用制度》，中国人民大学出版社 2015 年版，第 98 页。

〔2〕 参见张瑞萍：《反垄断国际合作中的积极礼让原则分析》，载《环球法律评论》2006 年第 2 期。

分阐明理由并提交相关证据。然而考虑到实践经验的欠缺，欧盟最终也放弃了这一提议。[1] 可见，在当今国际社会的现实环境下，将以自愿性为其主要特征的积极礼让上升至多边规则中的有约束力的原则，显然不太切合实际。

积极礼让的自愿性显然在一定程度上限制了其在反垄断执法的国际合作中的适用效果，然而，这种自愿性本身也是根源于反垄断法域外适用及其国际执法合作的特殊性。主要原因在于各司法辖区对于垄断行为的认定标准存在差异，尤其是适用合理法则的并购反垄断制度，以及其与本国/地区的产业政策、国家战略利益等为代表的社会整体效益的终极价值目标的密切联系，使得一国内对于反垄断法的适用与执行本身即带有很大的政策性与自由裁量性。因此，一项对请求国利益造成不利影响的反竞争行为，在被请求国可能并不被认定为违法行为。从这个意义上来看，自愿性是反垄断法中的合理法则在国际合作方面的体现。

三、国际法发展的不平衡性与国际礼让的现实意义

综上所述，国际礼让，无论是消极礼让还是积极礼让，其在现阶段均很难发展成为一套具有法律约束力的国际法规则，然而，这并不代表反垄断国际合作领域的国际礼让在国际法层面毫无意义。

纵观国际法的发展历程，其是为适应各方面的发展需要而逐渐形成、发展和完善起来的，因此，在包括反垄断法在内的各个领域，国际法的发展都是不平衡的。一般而言，当本国法与他国发生冲突时，各国际主体一方面在国内层面基于国际礼让进行自律，另一方面会在国际层面达成相关不具约束力的共识，如宣言、声明等，待时机成熟，则会从双边、区域、到普遍的顺序达成具有法律效力的条约。就条约本身而言，也有差异：有的条约虽然明确了义务性的规定，但因缺乏国家责任条款，所以难以追究缔约方的责任；有的条约虽然明确了国家责任，但缺乏争端解决机制，难以解决争端；而只有可以诉诸争端解决机构的条约，才是国际法意义上全面的条约。

---

〔1〕 See OECD, Committee on Competition Law and Policy, Report on Positive Comity-Making International Markets More Efficient Though "Positive Comity" in Competition Law Enforcement, DAFFE/CLP (99) 19, adopted 6-7 May 1999, p. 8.

　　具体在反垄断法领域，基于反垄断法域外适用的必要性，各国在国际法的传统属地管辖原则的基础上进一步丰富和发展出效果原则、单一经济实体原则、履行地原则等域外适用依据，通过执法和司法实践而域外适用本国的反垄断法；基于国际合作的必要性，各国际法主体之间有些达成了具有法律约束力且可以诉诸争端解决机构的多边条约（如欧盟竞争法），有些达成了要求遵守但缺乏必要争端解决机制的协定（如美国与欧盟在 20 世纪 90 年代达成的双边协定、北美自由贸易区的多边贸易协定），而有的主体则在国际活动中充分表现出了合作的意愿（如中美关于反垄断执法合作的谅解备忘录）。这充分说明，在反垄断法域外适用与国际合作领域，国际法的发展是不平衡的。在当前的国际环境下，各国际法主体之间由于其各自政治、经济、文化、法治传统以及反垄断立法与执法水平的差异，形成了发展程度不一的多样化的国际合作实践的现状。

　　此外，基于本书第二章的论述，鉴于反垄断法作为法经济宪法的公法性质，在涉及跨国并购反垄断的国际执法合作中，国家战略利益始终是一国在任何时候都不会放弃的最为根本的国家利益。如第三章中已经述及的波音与麦道并购案。因为该并购交易涉及美国重大国防利益，有利于大幅度提高美国航空业的国际竞争力，因此美国联邦贸易委员会无条件对该并购予以放行；而欧盟则出于共同体市场竞争秩序的考虑，认为其与共同体市场不相容。在此之前，美欧之间为协调双方在反垄断执法领域的合作，已经于 1991 年签署了双边合作协定，明确了有关消极礼让与积极礼让的双边执法合作的相关内容，但因缺乏争端解决机制，在涉及重大国家战略利益的跨国并购案发生时，合作协定即被束之高阁，为促成该项并购，美国政府甚至出面向欧盟施加压力，且不惜以贸易战相威胁。这也说明，在当前的国际环境下，出于国家战略利益的考虑，跨国并购交易本身以及跨国并购反垄断审查的不确定性，也进一步导致了各国在跨国并购反垄断领域开展国际合作也具有极大的不确定性，也侧面印证了在反垄断国际执法合作领域国际法的不平衡性，因而有待进一步发展与演进。

　　正基于此，在国家间尚未达成具有普遍约束力的多边条约、建立统一的争端解决机制的情况下，国际礼让的适用才更加具有现实意义。而在反垄断法的国际执法合作中，为更好地适用国际礼让，各司法辖区之间应就其各自领域内反垄断法意义上的行为的违法性达成一定的共识，对于一方发出的积极礼让请求所涉及的重大利益进行相对明确的界定，并对双方在调查、执法、决策、救济等所有程序中涉及的沟通机制进行明确约定，才可能实现在自愿性的基础上，最大效果地发挥积极礼让在反垄断执法国际合作中的实践意义。

第二节　跨国并购反垄断规制双边合作实践

一、反垄断规制的双边合作概况

所谓双边合作一般指两国/地区之间就反垄断执法而开展的合作与协调。国际上，围绕反垄断法域外适用的管辖权冲突而开展的双边合作与协调由来已久，截至目前，大致经历了三个阶段：

第一阶段，早期的消极合作阶段。自 20 世纪 50 年代末起，基于效果原则确立而引发的美国与其他国家的矛盾与冲突，美国与德国、加拿大即开始就其反垄断法执行问题进行一些通报和协商。1972 年，美国与德国签署了世界上最早的双边反垄断协定，旨在加强和协调双方反垄断执法合作。20 世纪七八十年代，鉴于个案中的管辖权冲突，美国于 1982 年与澳大利亚签署了双边合作协定，并于 1984 年与加拿大签署了合作备忘录，旨在防御一方依据效果原则单边行使管辖权而带来的管辖权与利益冲突。此外，1984 年法国与德国之间也在欧共体反垄断法实施权力下放的背景下签署了双边合作协定。总体而言，这一阶段的双边合作协定内容较为原则性，仅限于通知、调查等程序等，并不注重执法效果和积极合作。

第二阶段，20 世纪 90 年代至 21 世纪初期的积极合作阶段。随着经济全球化进程的加快，国际社会普遍意识到了反垄断双边合作的重要性，进入 20 世纪 90 年代以后，美国开始陆续与欧盟、加拿大、澳大利亚、以色列、墨西哥、智利、日本等签署了双边合作协定；除美国外，欧盟也与加拿大、日本等国签署了双边反垄断合作协定。以美国与欧盟 1991 年和 1998 年两个双边合作协定为代表，这一时期的反垄断双边合作无论在合作深度还是合作水平上都大大提高，双边合作的框架模式也基本定型。

第三阶段，21 世纪以后至今更为灵活的多样化合作阶段。进入 21 世纪以后，越来越多的发展中国家颁布了反垄断法并根据效果原则确立了其域外适用的效力，国际社会关于反垄断的双边执法合作也日益呈现多元化的模式，除美欧的推动外，其他国家在反垄断双边执法合作的态度上也愈发积极，作用日益凸显。一方面，已经形成双边合作传统的发达国家/地区之间的反垄断执法合作日益深化，如美国与加拿大于 2004 年就积极礼让原则进一步达成共识，并于 2014 年联合发布了最佳实践指南；美国与欧盟亦于 2002 年、2011 年分别达成最佳实践指南。另一方面，发展中国家也加入了反垄断双边合作的行列，越来越多的国家就反垄断双边执法问题达成双边协定或谅解，如美国分别与俄罗斯、巴西、印度达成反垄断合作的谅解备忘录；欧盟于 2009 年与韩国达成双边合作协定，并先后与巴西、俄罗斯达成了反垄断合作的谅解备忘录，等等。而我国作为世界上最大的发展中国家，也在《反垄断法》实施后，先后与美国、欧盟、韩国、日本、俄罗斯等国达成了关于双边合作的谅解备忘录。

二、美国与欧盟的双边合作实践

美国与欧盟是当今世界两个最主要的经济体，也是推动反垄断国际合作与协调的主要力量，迄今为止，几乎所有的专门性的反垄断双边合作协议都是由美国和欧盟推动缔结的。[1] 这意味着，美欧之间的合作与协调不仅吸收了其各自此前国际实践中的可行之举，而且其合作的经验也会向其他国家和地区传导，从而对缓和国际社会在反垄断领域的冲突产生积极影响。因此，本节中将以美国与欧盟之间开展的反垄断双边执法合作实践为例，对其并购反垄断规制的双边合作机制进行评析。

---

〔1〕 参见刘宁元：《反垄断法域外管辖冲突及其国际协调机制研究》，北京大学出版社 2013 年版，第 164 页。

（一）反垄断双边合作协定

1. 1991 年的反垄断双边合作协定

如本书第三章、第四章所述，尽管美国与欧盟的并购反垄断制度因政治、经济、文化、历史传统等原因仍存在很大差异，但总体而言分歧日渐缩小，尤其是双方在互相承认域外管辖权的基础上对于行使域外管辖权的必要限度的要求，以及并购反垄断审查的实体标准等方面也日渐趋同，使得双方的反垄断执法机构之间对于具有跨国反竞争影响的案件进行联合调查成为可能。而同时，在全球化的市场下，各国经济之间的关联日益密切，充分、有效地执行反垄断法对其各自市场的健康发展与贸易的高效运作尤为重要。在这一背景下，加强双方之间的反垄断双边执法合作无疑有利于促进其各自反垄断法的充分、有效执行。

基于以上，1991 年 9 月，欧委会与美国政府在华盛顿签署了《美国政府与欧盟委员会关于其竞争法适用之协定》（以下简称《1991 年合作协定》）。在美国，根据美国的国内法，《1991 年合作协定》由于未经美国参议院批准，因而不能优先于美国国内法而适用。而在欧盟方面，因该协议的签署主体是欧委会而引发了一些成员国对于其效力的质疑，法国由此向欧洲法院提起申诉，认为该协定的签订超出了欧委会被授权的范围。1994 年欧洲法院接受了法国的申诉理由，认为协定的签署主体应是欧盟理事会而不是欧委会。[1] 最终，1995 年 4 月，欧盟理事会和欧委会联合发表声明共同批准了该协定。

对于欧盟而言，《1991 年合作协定》的价值在于，其可以帮助欧盟建立一个多边反垄断机制，尤其在与美国反垄断执法机构的合作方面，可以制度性地开展反垄断执法活动。也正因如此，尽管存在前述合法性争议，欧委会仍然愿意承担这种风险，而积极地推进与美国政府的交涉并最后签署该协定。[2]

《1991 年合作协定》在欧盟的适用范围包括《罗马条约》第 85 条和第 86 条、《4046/89 号并购条例》以及欧盟内的各种实施条例；在美国的适用范围涉及《谢尔曼法》《克莱顿法》《威尔逊关税法》《联邦贸易委员会法》，但是

---

〔1〕　French Republic v. Commission, Case C-327/91, [1994] ECR1-3641.
〔2〕　参见戴龙：《反垄断法域外适用制度》，中国人民大学出版社 2015 年版，第 117~118 页。

不包括法律中涉及消费者保护的条款。

《1991 年合作协定》共 11 个条款，包括通知、信息交换、执行程序中的合作与协调、积极礼让与消极礼让等方面的重要内容，所涉内容广泛而具体，不仅为欧委会与美国反托拉斯执法机构的国际合作提供了框架，也为其他国家与地区反垄断双边合作提供了经典范本。事实上，美国在此后与其他国家签署的反垄断双边协定均不同程度地借鉴了《1991 年合作协定》的框架与内容。

（1）通知。根据《1991 年合作协定》第 2 条，当一方反垄断执法机关意识到其执行活动可能影响到对方的重要利益时，应当通知对方。该协定虽然并未对所谓的"重要利益"进行明确解释，但明确了以下适用于通知程序的五种情况：其一，一方的执行活动与对方的反垄断执法活动相关；其二，一方的执行活动所涉及的反竞争行为（除企业并购外）的重要部分发生在另一方的领土内；其三，一方的执行活动涉及的企业并购行为发生在一方或双方领域内，或该并购由依法注册于一方或双方领域内的企业控制；其四，一方的执行活动涉及另一方所要求、鼓励或批准的行为；其五，一方的执行活动所涉及的救济措施属于另一方明确禁止的行为。可以看出，如果案件可能涉及双方管辖，或者管辖权存在争议，或者双方对于反竞争行为的性质认定以及救济措施的性质认定可能存在不一致的，均应通知对方。对于通知的内容，第 1 条还明确其应符合充分性的要求，即一方通知的信息足以使得接收方做出初步判断。

此外，协定还进一步明确了对于双方而言，通知应当满足的时间要求。就并购交易而言，美国反托拉斯执法机构会在并购申报后、要求并购申报当事人补充信息或者材料或在其决定禁止交易时通知欧委会；而对于已向欧委会申报的并购，欧委会应在交易通过发布时或者其决定启动第二阶段调查时通知美国反托拉斯执法机构。在出现需要通知的其他事项时，一方应在正式作出禁止或批准的决定前通知对方。

（2）信息交换。信息交换是反垄断双边合作的重要内容。《1991 年合作协定》第 3 条明确，双方同意向对方的反垄断执法机构提供其已经掌握的与对方执法活动相关的信息。此外，根据协定，美国的反托拉斯执法机构与欧委会将定期进行双边会议，交换有关信息，对于涉及特殊交易或者实践的基本调查信息是基本的信息交换义务。因此，双方反垄断执法机构同意在一年内至少交换两次信息，内容涉及反垄断执法的实施细节、双方共同关心的经济产业、政策变化以及与适用各自反垄断法相关的涉及双方共同利益的其他问题。

《1991年合作协定》第8条明确了信息交换的保密要求。根据协定，双方可以交换其各自法律没有禁止分享的信息，并对于从对方处获知的信息予以保密。据此，由于美国与欧盟法律的限制，并购交易初次申报材料以及应执法机构要求而提交的文件，因涉及保密的商业信息而不能交换。此外，一方不能违反其保密义务而向对方披露相关信息。在实践中，为解决这一问题，双方的反垄断执法机构通常会要求并购申报方签署同意信息交换的标准化弃权书。

（3）执行程序中的合作与协调。对于双方之间的合作与协调，《1991年合作协定》第4条作出了一般性的规定，即如果执行行动对于双方而言均符合其法律和重大利益时，建议双方反垄断执法机构可为了相互的利益而协调其执行活动。在是否决定执法合作与协调的问题上，应予考虑的因素包括：其一，是否有利于双方资源的有效利用；其二，双方反垄断执法机关开展执行活动获取必要信息的能力；其三，双方反垄断执法机关为达执法目标而实施协调行为的能力；其四，减少执法成本的可能性。可见，该协定对于合作与协调的约定十分灵活，并同时明确了，在适当通知的前提下，任何一方的反垄断执法机构均可随时采取限制措施或终止其已经参加的合作和协调活动，并独立开展执法活动。

（4）积极礼让。《1991年合作协定》第5条明确了对于发生于一方境内但同时对另一方产生了不利影响的反竞争行为，双方同意应从双方利益出发，明确此种反竞争行为的性质，也即承认和明确了积极礼让原则。根据该协定，当一方确信发生于对方境内的反竞争行为将对其重要利益产生不利影响时，应及时通报对方，并请求对方反垄断执法机构对相关反竞争行为启动适当执行活动。需要明确的是，请求所涉及的反竞争行为应同时也违反了被请求方的相关法律。此外，基于积极礼让原则的自愿性，该协定进一步明确，第5

条的相关规定不构成对双方的任何限制，即被请求方有权根据其自由裁量权决定是否采取执行活动，与此同时，被请求方是否采取执行活动不影响请求方就涉及的反竞争行为直接采取相关的执行活动。

（5）消极礼让。避免执行冲突是反垄断双边执法合作的重要内容之一，《1991 年合作协定》第 5 条对此进行了相关安排，被认为是消极礼让原则的集大成者。[1] 该协定明确，双方需在其各自法律框架内，在其所有的反垄断法执行活动中，对另一方的重要利益予以考虑。为此，反垄断执法机构需特别注意通常会反映另一方重要利益的、其以前的相关法律、决定或者政策声明。同时，各方也意识到，在整个执行程序中，虽然在调查阶段也会涉及对对方重要利益的影响，但这一影响更多的还是体现于对相关反竞争行为的禁止、惩罚或救济中。为考虑双方的重要利益，双方在执行中寻求协调时应对以下因素予以考虑：其一，对于该项反竞争行为而言，在一方领域内采取执行活动与在另一方领土上采取相关措施相较而言的重要性；其二，相关反垄断执行行为的执行或者不执行对采取行动的一方领域内的消费者、供应商或其他竞争者产生的影响；其三，反竞争行为对采取执法活动一方的利益影响相较于对另一方利益影响的重要性；其四，是否存在促进或阻碍执行活动的合理预期；其五，相关执行活动与另一方的法律或经济政策是否冲突以及冲突的程度；其六，对执行活动所涉及的当事人及裁决义务承担者的影响程度。

2. 1998 年美欧关于积极礼让的补充协定

为了对《1991 年合作协定》第 5 条所明确的积极礼让原则进行更加详尽的阐述和补充，进一步推进双方就规制发生于一方领域内、但对另一方产生了实质不利影响的反竞争行为进行执法合作，双方于 1998 年 6 月分别在布鲁塞尔和华盛顿签署了《欧盟与美国政府关于执行在其竞争法时适用经济礼让原则的协定》（以下简称《1998 年补充协定》）。

《1998 年补充协定》共 8 个条款，主要内容即是对积极礼让原则下的双边合作机制进行了阐明。该协定规定，一方的反垄断执法机构可以请求对方的反垄断执法机构依其竞争法对相关反竞争行为开展调查并采取相关救济行

---

〔1〕 参见刘宁元：《反垄断法域外管辖冲突及其国际协调机制研究》，北京大学出版社 2013 年版，第 167 页。

动，而无论该行为是否也违反了提出请求的一方的反垄断法，也无论提出请求的一方的反垄断执法机构是否已根据其自身的反垄断法采取相关行动。此外，该协定还明确，在接受请求的一方采取执行行动的期间，提出请求的一方将暂停或延期其正在进行或拟采取的执行行动。

《1998 年补充协定》及其扩展的积极礼让原则极大提高了美国与欧盟反垄断法实施的有效性，然而，鉴于前述暂停或延期采取行动的规定，因美国与欧盟的并购反垄断审查程序都不允许延长或者中止并购审查，因此无法适用于跨国并购交易。

（二）国际合作实践指南

鉴于《1998 年补充协定》并不适用于跨国并购案，在波音与麦道并购案、美国通用电气与美国霍尼韦尔并购案中双方冲突集中凸显后，为"促进双方在充分知情的情况下做出并购审查决策，最大限度地减少双方当局审查结果不一致的风险，促进措施的一致性和协调性，提高调查效率，减轻并购参与方的负担，并提高并购审查的透明度"[1]，美国司法部、联邦贸易委员会与欧委会，于 2002 年 12 月联合发布了《关于并购调查合作的国际合作最佳实践做法》（以下简称《2002 年最佳实践》）。

《2002 年最佳实践》是专门针对跨国并购交易反垄断规制的双边合作指南。事实上，在此前，美国与欧盟的反垄断执法机构在并购审查的实践上已经积累了很多合作经验，该指南在总结前述经验的基础上，进一步明确了积极礼让原则适用的有效性。其主要内容包括以下几个方面：

（1）时间安排。《2002 年最佳实践》指出，如果美国与欧盟的并购执法机构在开展反垄断调查时，在时间安排上能或多或少地平行进行，将大大有助于提高双方合作协调的效率。据此，该指南建议双方在整个审查程序中能够相互通知其各自在并购调查上的重要时间节点及相关进展。此外，美国与欧盟的反垄断执法机构还应在适当时机与并购当事人举行联席会议以讨论时间节点安排问题。

（2）调查。《2002 年最佳实践》建议，在跨国并购审查的重要问题上，

---

　[1]　See The Best Practices on Cooperation in Merger Investigations, para. 2, available at http：//ec. europa. eu/competition/international/bilateral/eu_us. pdf.

美国与欧盟的反垄断执法机构在整个调查期间相互协作，互相通知工作进展，并更加广泛地分享可以公开获取的信息，讨论初步分析的结果，在保密信息的收集过程中密切配合，努力从并购当事人处获取必要的放弃保密要求之声明。

（3）交流。在交流协调方面，《2002 年最佳实践》建议双方的反垄断执法机构加强相互沟通，了解需要双方共同审查的并购交易。调查程序开始后，双方的反垄断执法机构均会指派一名联系人负责协调会议、调查时间节点安排以及信息的搜集，并达成双方反垄断执法官员在调查期间定期磋商的时间表。

（4）救济。鉴于并购当事人在不同反垄断司法辖区的救济承诺不可能完全一致，且一方的反垄断执法机构所能够接受的救济措施很可能对另一方产生影响，《2002 年最佳实践》建议，双方的并购反垄断执法机构应保证其各自所接受的救济措施不会给并购当事人带来矛盾的义务。因此，双方的执法机构应相互通知其各自所考虑的救济措施，并在适当的情况下，分享其各自拟接受的救济方案，或者与相关当事人共同参加联合会议进行协调。

在《1991 年合作协定》签署 20 周年之际，美国与欧盟的三家反垄断执法机构在肯定此前的有益合作并总结经验的基础上，联合发布了修订后的《并购调查合作的最佳实践做法》（以下简称《2011 年最佳实践》），对于并购调查中美国与欧盟反垄断执法机构之间的通知与交流、信息交换、协调各自执法活动以及并购救济等方面的相关执法合作细节进行了进一步的完善和丰富。

两个最佳实践指南为双方在跨国并购反垄断国际合作的宽度和广度上都提供了示范性的框架，增强了积极礼让原则在并购反垄断国际合作领域的适用性，对其他国家与地区的反垄断执法活动双边合作提供了范例。然而，指南只是建立在双方反垄断执法机构磋商基础上的合作框架，并不是具有法律约束力的条约。双方的反垄断执法机构仍各自保留是否履行这些最佳实践惯例的自由裁量权。

（三）双边合作机制在并购反垄断规制实践中的适用

《1991 年合作协定》及《1998 年补充协定》为美欧双方就具有涉外影响

的反垄断事务，尤其是对跨国并购交易的反垄断规制开展国际双边合作提供了有效的平台。"在涉及相互利益的所有案件中，协定从一开始就成为建立双方联系的标准，以便能够交换意见，并在适当的时候协调执行活动。"[1] 在实践中，自该协定签署以来，双方的反垄断执法当局之间进行了一系列的合作执法尝试。自该协定 1991 年签署后至 1999 年的几年中，美国与欧盟的反垄断执法机构就涉及双方利益的 689 个案件进行了合作，促进了其各自反垄断法的执行，也有益地推动了世界范围内反垄断执法的双边合作。[2] 其中，最为经典的双边合作案例即是美国与欧盟双方在 1993 年至 1994 年间对微软涉嫌垄断案开展的合作。该案是美欧反垄断当局签订双边合作协定后的第一起案例，也是迄今为止代表美欧反垄断法合作执法最为成功的案例之一。[3]

　　而在跨国并购反垄断领域，有许多案件也涉及双方之间的密切合作，主要体现在以下几个方面：

　　1. 实体分析

　　尽管美国与欧盟的反垄断执法机构在并购审查时，对于并购的反竞争效果的实体分析也自觉地适用大体相同的分析框架，并将这种一致视为避免不同结果的基本要素。[4] 在相关市场的界定方面，对于相关产品市场的界定，双方的执法合作有利于欧委会在并购审查中更多地适用 SSNIP 等经济学分析方法；而对相关地域市场的界定方面，由于属地主权的差异，双方的竞争执法机关仍更侧重于在各自的地域市场内的对于市场竞争秩序的影响，只有在相关地域市场具有全球性且包含美国与欧洲市场时，双方对于并购的反竞争评估才会出现更加实质性的合作。而对于反竞争效果评估，美国与欧盟的反竞争执法机构也会在并购调查中进行合作，以便对于那些对反竞争效果评估具有重要影响的事实问题达成共同谅解。

---

　　〔1〕　See Commission Report to the Council and the European Parliament on the Application of the Agreement between the European Communities and the Government of the Unites States of America regarding the Application of their Competition Laws，COM（99）439 of September 13，1999，p. 3.

　　〔2〕　See Anu Bradford，"Assessing Theories of Global Governance：A Case Study of International Antitrust Regulation（2003）"，*Stanford Journal of International Law*，Vol. 39：207，2003，pp.241-242.

　　〔3〕　参见戴龙：《反垄断法域外适用制度》，中国人民大学出版社 2015 年版，第 127 页。

　　〔4〕　参见黄晋：《合并控制法：以美国和欧盟为视角》，社会科学文献出版社 2013 年版，第 198 页。

2. 执法程序

在对于并购反垄断案件的合作执法中，美国与欧盟的反垄断执法机构通常会根据各自的审查程序采取步骤协调的平行反垄断调查程序。如在 1998 年 WorldCom 与 MCI 的合并案〔1〕中，美国司法部与欧委会在不同场合紧密联系，支持两地的并购审查官员就分析方法互相交换意见，协调所收集到的信息，再根据各自调查同时宣布审查结果，可以说是美国与欧盟的反垄断执法机构就执法调查开展双边合作的最佳合作实践的典范。而在此后的 MCI-WorldCom 与 Sprint 的并购案〔2〕中，欧委会的官员首次参加了并购当事人向美国司法部做出的首次陈述，且此后美国司法部和欧委会在 2 天内先后分别采取了有效措施禁止了该项并购交易。而在时代华纳与百代、美国在线与时代华纳、美国通用电气与美国霍尼韦尔并购案等跨国并购案件的审查中，美国司法部和联邦贸易委员会的代表也参加了欧委会召开的口头听证会。

3. 并购救济

《1991 年合作协定》签署后，美国与欧盟的反垄断执法机构之间关于并购救济的双边合作也显著增强。正如美国官员评论道：“即使交易因市场调节和反垄断实践中的双方主管机构提出了些许的不同意见，然而双方依然不会发生相互冲突，或者强迫交易申报人在遵守美国或者欧盟法律之间选择剥离或者许可的结果。”〔3〕 在此后的 2001 年，欧盟发布《关于第 4064/89 号理事会条例和第 447/98 号委员会条例项下可接受的补救的通告》事实上也受到了美国反托拉斯执法机构对剥离程序和某些类型的救济的有效性研究的影响。〔4〕

在必须采取跨国救济措施的情况下，双方越来越倾向于采取一致的救济措施以减少因双方采取措施不一致而给跨国并购交易带来的不必要成本，就

---

〔1〕 See Case IV/M. 1069, Commission Decision of July 8, 1998 (1999 O. J. L116/1).

〔2〕 See Case COMP/M. 1741, Commission Press Release IP/00/668 of June 28, 2000.

〔3〕 See Debra A. Valentine, "Building A Cooperative Framework Oversight in Mergers: The Answer to Extraterritorial Issues in Mergers Review", *Geo. Mason L. Rev.* 10, 1997, p. 525, pp. 527-28 and 531. 转引自黄晋：《合并控制法：以美国和欧盟为视角》，社会科学文献出版社 2013 年版，第 201 页。

〔4〕 See Mario Monti, "The Commission Notice on Merger Remedies-One Year after, CERNA, Paris", January 18, 2002 (Commission Press Release SPEECH/02/10 of January 18, 2002). 转引自黄晋：《合并控制法：以美国和欧盟为视角》，社会科学文献出版社 2013 年版，第 201 页。

此，美国与欧盟的反垄断执法机构往往会在作出最后决策前就救济措施展开讨论。在 Metso 与 Svedala 的并购案[1]中，欧委会与美国联邦贸易委员会最后即以相近似的附加条件而批准了该项交易，并几乎在同时批准了被剥离业务的买方。

（四）双边合作的冲突

此前所述双方在实践中的合作成果表明，美国与欧盟之间就跨国并购反垄断执法相关的合作取得了巨大的成功，也成为其他国家与地区纷纷效仿的典范。然而，鉴于跨国并购行为与卡特尔等反竞争行为相比，其并不适用本身违法原则，而合法性原则本身即赋予了反垄断执法机构以更大的自由裁量权；而正如本书第二章所述，各司法辖区在跨国并购反垄断规制中将更多地倾向于国家战略利益的考量，而非仅仅基于对竞争秩序的维护。基于以上，与国际卡特尔、滥用市场支配地位等限制竞争行为的反垄断合作相比，跨国并购的双边执法合作中也极易发生冲突。尤其是，美欧的双边合作只是政府间的合作协定，对双方的司法机构都没有直接的约束力，因此，双边合作机制在司法程序中无法发挥作用。据此，在前述相关的双边合作协定及行动指南签署及发布后，双方在跨国并购反垄断规制中的冲突仍然在所难免。

在相关市场界定中，尽管双方对于市场界定的方法已经基本趋同，然而在对于相关地域市场的界定上，尽管接受美国与欧盟双方反垄断调查的跨国并购交易活动大多具有跨大西洋或者全球规模，然而双方对于地域市场适当范围的讨论依然具有很多限制，主要原因即在于，出于国家/地区战略利益的考虑，双方的反垄断执法机构都更加关注相关并购交易在其各自地域市场内的反竞争影响。

另外一方面的合作执法冲突体现在并购救济方面。在一些案件中，尽管如前文所述，双方反垄断执法机构越来越倾向于采取一致的措施以避免加重并购当事人不必要的成本，由此而导致一方听取了另一方反垄断执法机构的意见，使得并购救济措施只需满足后者的监管要求。然而，在某些情形下，后者提出的救济要求很可能偏离前者的需求。尤其是在少数案件中，相关市

---

[1] See Case COMP/M. 2033, Commission Decision of January 24, 2001 (2004 O. J. L88/1).

场界定以及实体分析标准的差异使得双方对于同一跨国并购案实施了截然不同的救济措施。最为典型的案例即是波音与麦道并购案。正如本书此前已经多次述及，鉴于该项并购有利于显著提高美国航空业在全球市场上的国际竞争力，美国联邦贸易委员会无条件批准了该项并购，认为其不需要任何救济；而欧委会则认为该项并购与共同体市场不相容，要求波音公司做出一系列资产剥离的救济承诺后才最终对其放行。

以上说明，即使在双方积极推动开展反垄断合作框架的基础上，由于双方的跨国并购反垄断执法裁判均不可避免地会受到其各自国家战略利益的影响，而使得双方之间的合作更为困难。除波音与麦道并购案外，美国通用电气与美国霍尼韦尔并购案也更加凸显了这个问题。

三、关于双边合作实践的评价

当前，双边合作已经成为各国应对反垄断法域外适用带来的管辖权冲突的主要合作机制，这既有利于提高双方的反垄断执法透明度，推动了其各自反垄断法的有效执行，也有助于加强双方之间的交流与沟通，通过磋商来解决双方的分歧。但无可否认的是，双边合作的机制仍存在着实践困境，无法从根源上解决跨国并购反垄断规制带来的冲突。这些实践困境主要体现在以下几个方面：

第一，从效力上看，如前所述，双边合作的主要形式即为合作双方的反垄断执法机构签署合作协定或者达成谅解备忘录，立法的层级较低，对于其各自的司法机构都没有法律约束力。

第二，从性质上看，双边合作大多体现了国际礼让原则的内容，而如本章第一节所述，国际礼让原则的特征即是自愿性，因此，相关的双边合作协定大多不具有强制力，也缺乏必要的争端解决机制。

第三，从内容上看，由于双方合作的内容大多是执行程序上的合作，并不涉及实体规则，而各司法辖区的反垄断实体规则虽然日渐趋同，但仍存在差异。尤其在各司法辖区均以相关市场的界定作为反垄断实体分析的首要前提的情况下，以其各自法域范围作为界定相关地域市场的逻辑起点也决定了此后对于跨国并购的反竞争效果的实体分析结果存在差异的可能性。加之跨国并购案件的反垄断审查事关本国/地区市场秩序及本国/地区企业的国际竞争力问题，由此也导致了在触及国家战略利益的案件中，双方都会基于各自的立场，根据各自的实体规则作出对于其自身有利的决策，而不会基于国际礼让原则而予以让步。

第四，从主体上看，双边协调的主体只涉及协定的签署双方，然而，随着当前世界经济一体化的日益加深，经济贸易关系日益呈现出多边性的特征，对于跨国并购而言，其经济势力的跨国影响往往不止波及两个国家。当今国际社会那些大型跨国企业之间的并购，无不涉及向多个国家/地区的反垄断执法当局进行并购申报，如 2018 年完成的拜耳与孟山都之间的并购，就向 30 个国家和地区的反垄断执法机构提交了并购审查申请。在这一国际背景下，仅仅是两个司法辖区之间的双边合作，显然无法更好地对这些具有世界性影响的跨国并购案件的反垄断规制进行有益协调，而通过若干个双边合作协定来协调解决具有世界影响的跨国并购反垄断规制问题，显然也不是一个经济且有效的方式。

由上可知，有鉴于各司法辖区实体规则及其分析框架的差异，以及国家利益及其他政治因素的影响，在缺乏有效的争端解决机制的情况下，在反垄断规制领域，尤其对于跨国并购的反垄断规制而言，双边合作机制仍具有一定的局限性。但无论如何，其在合作双方之间搭建了一个合作解决争端的平台，也形成了一整套沟通与协调的框架机制，使得双方在并购反垄断规制的调查、决策、救济等主要方面可以加强信息交换与政策沟通。从这个角度来看，跨国并购反垄断规制的双边合作仍具有很大的实践意义，其也是当前国际社会解决跨国并购反垄断规制域外适用导致的冲突的一个最具现实意义的合作机制。

第三节　跨国并购反垄断规制区域性合作实践

区域一体化是当前经济全球化的重要体现，在当今国际社会，区域性国际组织也日益发挥着越来越重要的作用。各区域性国际组织内部在反垄断执法合作方面的探索与合作，也取得了一定的实践性经验。

一、欧盟的区域性合作实践与经验

作为当今世界一体化程度最高的区域性国际组织，欧盟在反垄断规制领域形成了迄今为止一体化程度最高、机制最为完善也最具代表性的法律制度，也由此决定了欧盟及其竞争法的双重属性：作为一个独立的反垄断司法辖区的欧盟的统一反垄断法律制度；作为一个区域性一体化国际组织的欧盟在反垄断规制领域形成的多边国际合作成果。作为欧盟竞争法重要组成部分的并购反垄断制度也不外如是。因此，在本书此前的论述中，无论是域外适用，还是实体标准及其分析框架，以及本章第二节所述之美欧的双边合作机制，均是以欧盟作为一个独立的反垄断司法辖区、欧盟竞争法作为独立的反垄断法律制度而展开论述。而在本节中，将从欧盟作为一个区域性一体化组织、欧盟竞争法作为反垄断规制的区域性多边合作成果的角度，来分析和探讨欧盟在跨国并购反垄断规制区域性合作方面的实践与经验。

（一）欧盟竞争法统一立法的进程

第二次世界大战以后，为走出战争阴影，实现经济振兴，1951年，荷兰、比利时、卢森堡、意大利、法国、联邦德国6国共同签署了《巴黎条约》，组成了欧洲煤钢共同体，系欧共体的前身。虽然欧洲煤钢共同体时代的一体化进程主要体现在经济与金融方面，然而当时的《巴黎条约》第65条、第66条也体现了早期的反垄断规制内容。及至1957年，上述6国共同签署了《罗马条约》组建了欧洲共同体，其第85条、第86条继承了原《巴黎条约》的反垄断规制内容，明确了对于限制竞争协议、滥用市场支配地位的反垄断规制，但是删除了关于企业并购规制的内容。因此，正如本书第四章所述，在此后的很长时间内，欧委会对于企业并购的规制，都是基于对《罗马条约》第86条滥用市场支配地位的解释。此后，欧委会于1989年颁布了《4046/89号并购条例》，欧盟竞争法的三大规制体系终于得以完善。

随着欧共体成员国从原来的6国增加至12国，为进一步加快欧洲一体化进程，1992年，欧共体12国于荷兰马斯特里赫特签署了《欧盟条约》，将原《罗马条约》第85条、第86条调整为《欧盟条约》的第81条、第82条，成为欧盟竞争法的核心条款。及至 2004 年欧盟理事会颁布了修订后的《139/2004 号并购条例》，欧盟的竞争法体系，尤其是对于并购的反垄断规制进一步得到了更新与完善。

2007 年欧盟 27 个成员国在葡萄牙里斯本签署了《修订建立欧盟条约和欧共体条约的里斯本条约》（以下简称《里斯本条约》）。《里斯本条约》对于原《欧盟条约》的反垄断法内容基本未做修订，而是将其序号由第 81 条、第 82 条调整为第 101 条和第 102 条。

至此，《里斯本条约》第 101 条和第 102 条构成了欧盟竞争法的实体法的重要部分。欧盟理事会制定的现行《139/2004 号并购条例》作为条约的授权性立法构成了欧盟对于并购反垄断规制的实体规则的重要内容。

（二）欧盟跨国并购反垄断规制的合作机制

如前文所述，欧盟在反垄断法领域的合作协调，是通过签署统一条约或根据条约授权制定相关的条例等形式明确反垄断规制的实体规则，设置了专门的反垄断法实施机构即欧委会统一执行共同体范围内的反垄断执法事务，并设置了专门的司法审查机构即欧洲初审法院与欧洲法院。在跨国并购反垄断规制领域，欧盟的合作机制具体体现在以下几个方面：

1. 并购反垄断规制相关法律制度的协调

基于"条约必须遵守"的习惯国际法原则，2002 年欧盟理事会曾通过《关于执行条约第 81 条和第 82 条制定的竞争规则的第 1/2003 号理事会条例》，要求成员国竞争主管机关和法院优先适用《欧盟条约》第 81 条和第 82 条规定来处理相关限制竞争行为。而欧盟的并购反垄断规制并无直接的条约渊源，其两个并购条例均系欧盟理事会根据《欧盟条约》授权而制定的规则，且从欧盟层面来看，其并未强制性要求各成员国法律的统一性，而是在充分尊重各成员国国家主权的基础上，通过并购条例设置合理的标准，根据不同并购案件的规模与影响，在欧委会与各国反垄断执法机构之间科学地分配管辖权。

因此，虽然大多数欧盟成员国为与欧盟的并购规则相协调纷纷根据《139/2004 号并购条例》修改了各自的并购反垄断规制的实体标准，尤其是长期坚持 MD 标准的德国也于 2013 年通过《反对限制竞争法》的第八修正案接受了欧盟的 SIEC 标准。而脱欧前作为欧盟成员国的英国 2002 年《企业法》最终采用了美国的 SLC 标准作为并购反垄断规制的实体标准,且始终未根据《139/2004 号并购条例》对其实体标准进行修订。而从程序上看,各成员国的并购审查程序与欧委会也各不相同。因此,对于欧委会与各成员国并购反垄断主管机构而言,在其各自管辖权范围内的案件并非适用同一套实体与程序规则,欧委会对其管辖权内的案件适用《139/2004 号并购条例》,而各成员国对其各自管辖权内的案件适用其各自的反垄断规则。

2. 欧委会与各成员国之间的管辖权划分

(1) 共同体规模的认定标准。根据欧盟的并购条例,划分欧委会和各成员国之间管辖权的标准即"共同体规模"——当某项并购达到并购条例所规定的共同体规模时,由欧委会行使排他的反垄断管辖权,而对于未达共同体规模的并购交易,由各成员国根据其国内法行使反垄断管辖权。

1989 年出台的《4046/89 号并购条例》第 1 条第 2 款即明确了共同体规模的基本判断标准:①参与并购的企业在全球市场的总营业额超过 50 亿欧元;②至少有两个参与企业中的每个企业在共同体市场的营业额均超过 2.5 亿欧元,除非每个参与企业在共同体市场上的总营业额的 2/3 以上都来自于同一成员国。

2004 年修订后的《139/2004 号并购条例》在保留前述基本判断标准的基础上,还增加了判断共同体规模的补充标准:①所有参与企业在全球市场的总营业额超过 25 亿欧元;②在至少三个成员国中的每个成员国,所有参与企业的总营业额超过 1 亿欧元,且至少有两个企业的总营业额超过 2500 万欧元;③至少有两个参与企业中的每个企业在共同体市场的总营业额均超过 1 亿欧元。除非每个参与企业在共同体市场上的总营业额的 2/3 以上都来自于同一成员国。

与《4046/89 号并购条例》确立的基本判断标准相比,《139/2004 号并购条例》增加的补充标准大大降低了并购申报门槛,扩大了欧委会的排他性并购反垄断管辖权之范围。

(2) 共同体规模之例外。在前述共同体标准的基本判断标准与补充标准基础上,《139/2004 号并购条例》还明确了以下几种例外情形:

第一，符合共同体规模之标准，但仍由成员国并购反垄断主管机构管辖，具体包括三种情形：①根据最密切联系原则，如果一项并购的其中一个参与并购的企业其年度营业额的 2/3 以上均来自于同一个成员国，则即使其营业额符合前述共同体规模的基本判断标准与补充判断标准，也不认定为其具有共同体规模，而应视为该成员国的国内并购，由该成员国依照其国内法对其进行并购反垄断审查。②根据《139/2004 号并购条例》第 9 条，在某一成员国的管辖范围内特定市场上，如果一项具有共同体规模的并购交易对其将产生严重反竞争效果，则该成员国可以申请由其对该并购交易行使管辖权。如欧委会在经审查确定存在"特定市场"后，则进一步审查在该特定市场范围内，该项并购是否构成严重妨碍有效竞争的实体标准。无论审查结果如何，欧委会均有权自由裁量是否将该项并购交易移送至请求国来行使反垄断管辖权。该条款主要为了解除已经建立了历史悠久且相对完善的并购反垄断制度的德国对于欧委会管辖权的疑虑，因此也被称为"德国条款"。③根据上述并购条例第 21 条第 4 款，如果一项并购交易涉及公共安全、新闻自由以及审慎原则，成员国可以不经通报欧委会，而直接采取措施对相关市场的竞争予以保护；而如果一项并购涉及其他公共利益，成员国需事先通报欧委会并向其阐明理由，由欧委会进行审查后决定是否将该并购案的反垄断管辖权移交予该成员国，未事先取得欧委会的同意，成员国所采取的相关措施将被认定为无效。

第二，虽未达共同体规模之标准，但仍交由欧委会管辖的情形。1989 年制定《4046/89 号并购条例》时，经彼时尚未出台并购反垄断制度的荷兰建议，于第 22 条第 3 款中规定，对于根据并购条例不认定为具有共同体规模的并购交易，如果成员国认为该项交易将对共同体市场的竞争产生重大影响的，该成员国可以请求欧委会对该项并购行使管辖权。因此，该条也被称为"荷兰条款"。此后，1997 年对并购条例的修订规定了此种情形适用于多个成员国共同向欧委会移送管辖。而在《139/2004 号并购条例》出台时，虽然大部分成员国均制定了并购反垄断制度，但基于部分成员国并购审查能力不足而适用该条的可能性仍未消除，基于此，同时也为了使欧委会能够集中优势资源加强对共同体规模案件的审查以提高效率，《139/2004 号并购条例》进一步强化了该情形下成员国的主动请求权，而并未采取欧委会主动的审查模式。

（3）"一站式"申报审查制度。《4046/89 号并购条例》首次确立了"一站式"申报审查制度，即对于经认定符合共同体规模的跨国并购交易，并购方只需向欧委会进行并购反垄断申报，由欧委会行使排他性的一次性审查权，在单一程序中进行，而无须同时向成员国申报，成员国也不得对该项并购交易进行再次审查。

《139/2004 号并购条例》在此基础上，进一步扩大了"一站式"申报审查制度的适用范围：一方面，为避免对并购交易的周期造成不当延长，《139/2004 号并购条例》还规定了并购申报前由欧委会向成员国移送管辖制度，即在并购申报前，并购当事人如认为该项并购对成员国的特定市场具有重大竞争影响的，可以书面证明相关影响并向欧委会申请将该项并购移交成员国管辖，以确保并购交易被最适格的反垄断主管机关所批准。对于该项申请，尽管欧委会将征求成员国的书面意见，但对于是否向成员国移送管辖的问题，由欧委会自由裁量而决定。如欧委会同意移送管辖，则并购当事人只需向相应成员国反垄断主管机构申报，而无须再向欧委会履行申报义务。另一方面，对于那些不具有共同规模的并购案件，如果根据各成员国的国内法，将向不少于三个成员国进行并购申报的，并购当事人可在申报前向欧委会申请将该项并购交易移交欧委会管辖。如果在 15 个工作日内所涉成员国均未提出反对意见，则欧委会取得该项并购的专属管辖权，成员国不得再对该项并购交易进行审查。如果任一相关成员国反对，则该并购案不得移送欧委会管辖。

扩张的"一站式"申报审查制度一方面体现了最密切联系原则，确保与并购导致的反竞争影响具有最密切联系的成员国得以对并购行使管辖权，另一方面解决了因部分成员国并购反垄断申报门槛过低而极易导致的多重申报的困境，避免多重管辖权带来的法律冲突以及不稳定性。因而，有利于降低并购当事人的申报成本，提高审查透明度，提高并购反垄断审查的效率，对于欧盟内部各成员国之间的并购反垄断管辖权及法律冲突的解决有着深远的意义。

3. 建立欧洲竞争网络

为建立有效的法律框架，对跨境反竞争行为进行有力规制，加强各成员国反垄断主管部门之间的沟通与合作，确保欧盟竞争法始终适用于全体成员国，欧委会与欧盟成员国的反垄断主管当局共同组建了欧洲竞争网络（European Competition Network，以下简称"ECN"）。作为一个讨论与合作的论坛，成员国可利用 ECN 通过组建成员来自各成员国反垄断机构的特定行业的专家小组、针对某一具体项目的国家专家工作组以及成员国间正式沟通渠道等方式，在及时通知、协助调查、信息交换以及共同讨论等方面开展合作。

（三）欧盟并购反垄断规制一体化经验评析

作为一个由主权国家组成的国家联合体，无论是早期根据《罗马条约》而组建欧共体，还是发展至后来根据《欧盟条约》改组并依据现今的《里斯本条约》成熟运作的欧盟，其制定和推行各项经济政策的核心目标都是推进和加快欧盟市场的一体化进程，防止关税与贸易壁垒，防范各类反竞争行为。因此，竞争政策始终是推动欧盟区域经济一体化的核心内容之一。而其对并购的反垄断规制，从早期并无明确规定，到对《罗马条约》进行扩张解释，再到最后出台并购条例并进一步修订而日趋完善，科学划分了欧委会与各成员国反垄断主管机构之间的并购反垄断审查管辖权，确立了其各自的执法分工与合作机制，有效避免了因各成员国分别实施本国反垄断法而导致的冲突，也同时节省了并购交易的成本，提高了审查透明度。因此，可以说，欧盟作为跨国并购反垄断规制的区域性合作领域的成功范例，体现了当今国际社会区域化反垄断国际合作的最高水平，也为日后全球性的跨国并购反垄断合作提供了宝贵经验。

然而，由于特殊的政治、经济、历史、文化等条件的限制，就当前以及未来很长的一段时间来看，欧盟的区域合作模式无论在其他区域还是在全球范围内都具有不可复制性。首先，早期欧共体的形成及其竞争法的发展系基于其特有的历史与政治环境。作为两次世界大战的主战场，欧洲大陆的政治、经济发展都遭到严重破坏。尤其二战后形成了美国与苏联两个超级大国的对立，而多国林立的欧洲大陆作为两大阵营的中心地带，加强联合、共同促进各国经济发展，以摆脱超级大国的势力渗透，构筑和维护和平与安全的内部环境，恢复欧洲的国际地位，增强其在国际事务方面的话语权，成为西欧各国的共识。《罗马条约》的签署和欧共体的建立均是基于以上特定的政治历史背景。而为防范垄断行为损害共同体市场内的有效竞争、进一步推进欧洲市场一体化，不断完善其竞争法、加强各成员国之间的反垄断执法合作无疑成为最有利的法律工具。其次，早期欧共体的成员国基本上都是西欧的老牌资本主义国家，经济发展水平普遍较高，各国之间政治、经济的发展水平和制度体制差异不大，在文化、宗教、价值观等方面也具有很大程度上的一致性，为其经济一体化的实现提供了客观的条件。最后，欧洲国家的整体法治化水平较高。尤其是欧洲作为国际法的发源地，欧洲国家对于组建一体化国际组织以谋求共生发展，以及为此目的的国家主权和管辖权的让渡有着深刻的理解，这也为欧盟出台和实施统一的反垄断政策，尤其在并购反垄断领域科学划分欧委会与成员国反垄断主管机构之间针对个案的管辖权奠定了坚实的法治基础。以上种种，都构成了欧盟区别于当今世界其他地区及区域一体化组织的独有的主、客观条件。

此外，从另一个角度来看，在欧盟内部，脱欧前的英国作为传统的判例法国家，与作为传统大陆法系发源地的欧洲大陆国家在法治传统与历史文化上的差异始终存在；而欧盟东扩以后，随着经济发展水平较为落后、政治与文化差异较为显著的中东欧国家加入欧盟，也引发了欧盟内部的不平衡因素的凸显。尤其是 2016 年英国的脱欧公投促成其国内立法通过《退出欧盟法案》并启动历时两年半的脱欧谈判才脱欧成功。这说明，一体化条件得天独厚的欧盟其内部的国际合作进程也频遭挫折，而对于当今世界其他地区及区域一体化组织而言，在与国家主权密切相关的反垄断规制领域，尤其是体现了国家战略利益的跨国并购反垄断规制领域，进一步开展深度的多边合作仍存在着不小的难度。

二、北美自由贸易区的区域性合作实践

（一）NAFTA 框架下的竞争规则

1992 年 8 月，美国、加拿大和墨西哥三国共同签署了《北美自由贸易协定》（North American Free Trade Agreement，以下简称"NAFTA"）成立了北美自由贸易区。NAFTA 于 1994 年 1 月 1 日正式生效，其奠定了北美自由贸易区的法律技术框架，内容涉及货物贸易、服务贸易、政府采购、竞争政策、

外国直接投资、知识产权、劳动力和环境等内容。而其中，有关反垄断规制及其国际协调的相关内容主要体现在第 15 章的 5 个条款（即第 1501～1505 条）中。由于第 1505 条属于定义性条款，因此与构建反垄断区域协调制度直接相关的条文主要是 NAFTA 第 1501～1504 条。

第 1501 条确立了成员国之间反垄断立法与执法过程中的合作机制。根据该条规定，成员国应对于禁止限制竞争行为以及对其采取适当执行措施的法律制度予以维持，且应就其他成员国适用其相关规则的有效性进行随时协商。此外，该条明确了为促进自由贸易区内反垄断制度的有效执行，各成员国的反垄断主管当局的合作与协调十分必要。因此要求各成员国之间进行反垄断实施和政策相关的司法协助、通报、协商和交换信息。

第 1502 条明确了 NAFTA 竞争政策原则上并不禁止垄断性企业的存在。但是为了规范垄断性企业的市场行为，该条同时又做出了限制性规定，如垄断性的企业设立不得影响其他成员国的利益、成员国应确保垄断性企业在 NAFTA 范围内运作等。

第 1503 条明确了关于国营企业的规定。该条规定 NAFTA 并不妨碍成员国维持或建立国营企业，但成员国在通过立法控制、管理监督或采取其他措施管理国有企业时，应当确保该企业不得违反其所应承担的义务。同时，成员国应确保其维持或建立的国营企业在货物或服务销售中，对在其境内的其他成员国的投资者给予非歧视待遇。同时，该条款明确排除了 NAFTA 的争端解决程序在反垄断执法合作中的适用。

第 1504 条明确了建立贸易与竞争工作组的相关内容，即 NAFTA 委员会应建立一个由各成员国代表组成的贸易和竞争工作组，向委员会报告工作。工作组将着重考虑竞争规则的发展，特别是竞争与贸易的关系并就自由贸易区内反垄断法、竞争政策和贸易之间关系的相关问题，向委员会提出适当的工作建议。

（二）USMCA 框架下的竞争规则

2018 年 11 月 30 日，北美三国领导人在阿根廷首都布宜诺斯艾利斯签署了《美国—墨西哥—加拿大协议》（United States-Mexico-Canada Agreement，以下简称"USMCA"），以替代已经施行了 24 年之久的 NAFTA。与 NAFTA

相比，USMCA 的涵盖内容更为广泛，涉及农业、原产地规则、海关管理与贸易便利化、贸易救济、技术性贸易壁垒、跨境服务贸易、金融服务、知识产权、劳工权益、数字贸易、竞争政策等方方面面的内容。其中，关于竞争政策的内容体现于第 21 章。[1] 与 NAFTA 相比，USMCA 的竞争政策更多地体现了成员国之间开展反垄断合作的相关内容，在竞争政策的合作与协调方面取得了重大发展。

就成员国反垄断当局的执行活动而言，USMCA 充分体现了消极礼让的理念，要求：①在类似情况下对其他成员国的相关主体给予国民待遇；②酌情考虑其执法活动对其他成员国反垄断当局开展相关执法活动的影响；③将与本国领土以外的行为或资产有关的救济措施限于与对本国领域内商业贸易的损害有适当联系的范围内。对于并购的调查，USMCA 允许成员国反垄断当局和并购参与方及早进行磋商，以便就交易提出意见，包括就潜在的决定性问题发表意见。

而就竞争领域的国际合作而言，USMCA 也体现了积极礼让的理念，其要求各成员国已充分认识到其反垄断当局之间必须开展合作与协调，以促进反垄断执法的有效进行。为此，USMCA 要求成员国的反垄断当局应努力在其执行各自竞争法律和政策时开展合作，包括通过调查协助、通知、协商和信息交流等方式开展合作。USMCA 还明确各方应寻求进一步加强各自反垄断当局之间的合作与协调，特别是在自由贸易区内妨碍市场效率和减少消费者福利的商业做法方面；各成员国的反垄断当局应寻求就其竞争政策和在执行各自国家的竞争法方面进行合作，其中可包括协调引起共同执法关切的调查，且这种合作应符合每一方的法律和重要利益，符合各自关于法律特权和商业秘密及其他机密信息披露的法律，并应在合理可用的资源范围内进行；要求各成员国的反垄断当局可在现有或可能发展的机制的基础上开展合作。此外，USMCA 充分认识到成员国可通过分享其在制定和执行本国竞争法和政策方面的不同经验而获益，为此各成员国的反垄断应考虑执法开展相互商定的技术合作活动，包括培训方案。

---

〔1〕 Available at https：//ustr. gov/sites/default/files/files/agreements/FTA/USMCA/Text/21_Competition_Policy. pdf.

　　此外，USMCA 进一步明确，第 21 章的竞争规则不适用于 USMCA 框架下的争端解决机制。

　　（三）北美自由贸易区反垄断合作机制的评价

　　NAFTA 作为首个由发达国家和发展中国家共同订立的自由贸易协定，设专章规定了竞争政策的区域性协调，具有划时代的意义。NAFTA 的签署大大降低了三个成员国之间在贸易和投资等方面的壁垒，推动了北美地区的贸易和经济的发展，经过十余年的发展，北美自由贸易区已经成为全球最大的自由贸易区之一。而 NAFTA 框架下的北美自由贸易区内的反垄断区域性执法协调，为各成员国之间的合作和协调提供了保障，形成了北美自由贸易区内应对跨国并购和反垄断的共同体制。2018 年签署的 USMCA，反映了北美地区市场发展和贸易结构的新特点。虽然其名称中不再冠以"自由贸易"的字眼，其关于禁止成员国与"非市场经济国家"另行签署自由贸易协定的条款也被国际社会诟病为"毒丸条款"，然而不可否认的是，相较于 NAFTA 而言，其在反垄断合作领域取得了重大的进展，充分体现了国际礼让的原则，有利于推动三国之间跨国并购反垄断合作取得实质性发展。

　　然而，欧盟的经验告诉我们，反垄断执法合作领域高水平的区域性协调机制取决于其区域内的一体化程度[1]，由于美国、加拿大、墨西哥三国的政治、经济发展水平以及反垄断立法与执法水平的不平衡性，使得无论是 NAF-TA 还是 USMCA，其框架下的反垄断执法合作相关内容几乎完全从属于美国的反托拉斯政策和美国分别与其他两个成员国签署的双边反垄断执行协定。因此，北美自由贸易区的区域性反垄断执法合作也带有较为明显的局限性。无论是 NAFTA 还是 USMCA，从其签署及运作模式来看，其更为尊重各成员国国内法的规定，并未试图建立任何凌驾于主权国家之上的反垄断规则，也没有计划建立统一的对于限制竞争行为进行违法性判断的实体标准。[2] 也由此反映出，北美自由贸易区的竞争政策协调相关议题在美国的主导下，并未旨在设立一个具有强制约束力的机制对其反垄断法的域外适用加以限制。因

---

　　〔1〕　参见谢晓彬：《外资并购反垄断规制的国际协调》，载《法律科学》2011 年第 6 期。

　　〔2〕　参见漆彤：《竞争政策区域合作机制探析——以 APEC、NAFTA 和 EU 为例》，载《武大国际法评论》2007 年第 1 期。

此，在实体标准、程序规则等问题上，三个成员国仍各自坚持国家主权原则而适用本国的国内法。此外，无论是 NAFTA 还是 USMCA，其框架下的反垄断国际合作机制均明确排除了争端解决机制的适用。

这说明，与欧盟相较，北美自由贸易区在区域性反垄断执法合作层面仍处于较低层次，协调力度仍然相对有限。然而无可否认的是，USMCA 的签署说明北美地区在反垄断的区域性执法合作方面取得了进一步的进展，为其他地区的区域性反垄断执法合作又提供了一个新的范例。

三、亚太经合组织框架下的区域性合作实践

（一）APEC 框架下的竞争政策区域协调

亚太经合组织（Asia-Pacific Economic Cooperation，以下简称"APEC"）成立于 1989 年，是亚洲—太平洋地区最高级别的政府间经济合作机制，也是其重要的官方经济合作论坛。APEC 主要关注竞争政策和贸易、投资政策的关系问题，致力于推动各成员之间的竞争合作，实现亚太地区的贸易和投资的自由化和便利化，也由此形成了区别于欧盟和北美自由贸易区的独特竞争政策合作模式。

1. APEC 竞争协调的合作宗旨

APEC 自 1993 年的西雅图部长会议即确定了其加强各成员间的经贸联系，促进商品、服务的流通，实现贸易和投资自由化的宗旨[1]，形成了多级运行机制，并为此专门成立了贸易与投资委员会。该次会议开启了亚洲—太平洋地区的竞争政策合作的序幕，并为日后的合作协调奠定了基础。

1994 年在印度尼西亚茂物会议召开的第二次首脑会议确立了 APEC 实现贸易和投资自由化的目标，即"茂物目标"。而为实现这一目标，APEC 于 1995 通过了《关于茂物宣言执行情况的大阪行动议程》（以下简称《大阪议程》），该文件明确提出将竞争政策作为一个重要领域而列入 APEC 贸易投资自由化的议程，并具体规定了在竞争政策领域内各成员的单边行动和集体行

---

〔1〕 See Annex 2-Declaration on an Asia-Pacific Economic Cooperation Trade and Investment Frame-work, 1993 APEC Ministerial Meeting, November 17-18, 1993, available at https：//www.apec.org/Meet-ing-Papers/Leaders-Declarations/2015/2015_aelm/2015_Annex-B.

动义务。这也进一步表明竞争政策的区域性合作开始受到 APEC 的各成员的重视。

2. APEC 竞争协调的合作原则

1999 年，APEC 奥克兰部长会议上签署了《APEC 关于促进竞争和管制改革的原则》，明确了 APEC 竞争政策合作的非歧视、广泛性、透明度及责任性的四大原则，并明确了这些原则的非约束性质。其中，所谓非歧视，指同等条件下应对本国和其他成员的不同经济体非歧视地适用其竞争与管制规则；所谓广泛性，指竞争与管制规则应广泛适用于所有商业活动，而无论其是民营或是国营性质，也无论是商品或服务领域；所谓透明度，指所有竞争与管制相关的政策法规及其适用执行均应符合透明度要求；所谓责任性，指成员的相关主管机构对于竞争与管制政策的制定、实施及管理、执行等负有可问责的责任。《APEC 关于促进竞争和管制改革的原则》是 APEC 关于竞争政策合作达成的重大成果，也标志着 APEC 的竞争政策协调自此进入实质合作阶段。

此外，就透明度原则，APEC 于 2002 年领导人会议通过了《关于执行 APEC 透明度标准的声明》，明确了透明度原则的总体原则、具体原则以及机密信息。

3. APEC 竞争协调的执行框架

现阶段，APEC 各成员在竞争政策和法律工作组的指导下推进单边行动计划和集体行动计划相结合的执行框架。

1996 年，APEC 根据《大阪议程》设立了竞争政策和放松管制工作组，专门讨论推进竞争政策和放松管制的更为有效措施等问题。2008 年，该工作组更名为竞争政策和法律工作组。该工作组以促进亚太区域内各成员的竞争法律和政策的合作为目标，研究合作对贸易和投资的影响，明确各成员间的合作领域。工作组由各成员反垄断执法机构的特定官员构成，一般每年召开一次会议。

为实现贸易和投资自由化的茂物目标，1994 年的《大阪议程》确立了各成员可以选择单边行动计划和集体行动计划相结合的机制。所谓单边行动计划，即各成员可根据其自身情况制定行动计划，涉及贸易和投资自由化的所有领域，包含竞争政策领域。所谓集体行动计划，指根据《大阪议程》确定的共同措施，由 APEC 制定集体行动计划，各成员共同实施执行，包括就具体问题的非正式磋商、信息的交流与沟通等，同样涉及竞争政策的领域。单边行动计划与集体行动计划相结合的竞争合作与执行框架，是在承认亚太地区各成员政治、经济发展的多样性与不平衡性的基础上提出，各成员通过制定符合自身情况的单边行动计划，有效执行相关竞争政策，并在区域性协调合作的基础上推动了 APEC 竞争政策的发展，有利于更有效率地实现贸易和投资自由化的茂物目标。

（二）关于 APEC 框架下的竞争政策合作机制的评价

APEC 在推进区域性竞争政策合作共识的基础上，确立了推进合作的指导原则和执行框架，其单边行动计划与集体行动计划相结合的机制有利于"完善亚太地区的市场竞争环境，最大限度地促进市场机制有效运行，促进竞争，增进终端消费者福利"这一目标的实现。[1] 此外，作为一个区域内政府间合作论坛，APEC 突破了传统的区域经济合作模式，具有开放性、灵活性和非歧视性的特征，使得其框架下的竞争政策合作不仅建立在各成员内部竞争政策的基础上，还吸收了来自非成员的司法辖区的相关经验；也使得其开放性政策不仅有利于促进各成员之间的竞争政策协调，也可被非成员吸收适用。APEC 也由此在竞争政策的国际合作建立起了一种有别于欧盟、北美自由贸易区等具有排他性的传统区域一体化国际组织的新型区域性反垄断合作模式。

然而，APEC 合作机制的开放性、灵活性也同样决定了其在反垄断区域执法合作方面的局限性，具体表现在：

第一，各成员的多样性加剧了 APEC 在区域内协调合作的难度。APEC 的 21 个成员遍布太平洋沿岸的亚洲、大洋洲以及美洲，既包括发展中国家/地区、也包括发达国家/地区乃至美国这样的超级大国，既包括资本主义国家/地区、也包括社会主义国家/地区，既包括具备完善反垄断制度与执法体系的国家/地区、也包括反垄断制度刚刚起步的国家/地区。政治、经济、文化、历史、法律制度与政治体制等多方面的差异性与不平衡性，使得各成员在反

---

〔1〕 See the Osaka Action Agenda, 1995, available at https://www.apec.org/Publications/1995/12/Osaka-Action-Agenda-1995.

垄断的执法合作方面达成一致的协调合作机制，在理论上和实践上都存在的一定的难度。

第二，APEC 形成的相关文件、动议并不具有法律约束力。截至目前，APEC 的竞争政策合作仍处于松散型的合作阶段，并没有设立常设机构，重要事项主要通过每年一次的部长会议和领导人非正式会议决定，相关会议成果则是以宣言、声明等形式发布，并未签订具有约束力的条约或多边协定，其形成的相关文件只是为各成员提供了建设性的参考意见，并不涉及反垄断领域内的任何程序性或者实体性内容，对各成员也不构成强制约束机制。从这个角度来看，APEC 仅仅以论坛的形式为各成员提供了平等对话和交流意见的平台，主要通过协商的方式来协调和指导各成员的行动，并未旨在建立以让渡国家主权为基础、具有超国家机构性质的反垄断多边合作相关的行动章程。

因而，可以说，现阶段 APEC 在竞争政策合作方面仍处于探索阶段，其组织形式本身也决定了其框架下难以形成有约束力的反垄断法的执法合作机制。尤其在与国家主权与国家战略利益密切相关的跨国并购反垄断执法合作领域，如欲建立 APEC 框架下的有效合作机制，在理论和实践上都存在着相当的难度。

第四节　跨国并购反垄断规制的全球性多边合作实践

一、世界贸易组织框架下的多边合作实践

世界贸易组织（World Trade Organization，以下简称"WTO"）脱胎于《关税与贸易总协定》（General Agreement on Tariff and Trade，以下简称"GATT"）。作为当今世界最大的国际贸易组织，WTO 拥有 164 个成员，成员贸易总额占全球贸易额的 98%，因此亦有"经济联合国"之称。

WTO 的法律框架系各成员通过谈判形成的一系列多边条约，由《建立世界贸易组织的马拉喀什协定》及其四个附件组成：附件一包括与货物贸易相关的多边协议、《服务贸易总协定》（General Agreement on Trade in Services，

的条款和内容。例如,《贸易技术壁垒协定》为防止贸易壁垒,要求各成员不得对外国企业构成歧视,其采取的行为不得超过其维持合法目标所必需的程度。鉴于认识到进出口卡特尔对国际市场竞争秩序的破坏性影响,《保障措施协议》规定各成员不得实施任何诸如出口限制、有秩序的市场安排或者其他对于进出口类似的措施,包括出口限制、出口价格或进口价格监控体系、出口或进口监督、强制进口卡特尔以及酌情发放进出口许可证等,并且不得鼓励或者支持和上述措施具有相同作用的非政府措施。

2. 第二层次,关于建立国际统一的反垄断政策和法律机制的探索

这一层次旨在实现实质意义上的反垄断多边国际合作和协调。

在 GATT 的前七个回合谈判中,有关反垄断国际协调的多边规则一直未能进入到谈判议程,直至 1996 年才加入到即将成立的 WTO 的多边贸易规则的乌拉圭回合谈判中,但由于各成员之间争议太大,始终没有形成一整套系统的规制体系。在 1993 年,由德国、美国等国的反垄断专家组成的国际反垄断法典工作小组向 GATT 提交了《国际反垄断法典草案》(Draft International Antitrust Code,以下简称"DIAC"),旨在将其作为 WTO 框架下统一规范反垄断政策及其合作与协调问题的多边贸易协定。

DIAC 要求成员一旦加入,则应根据 DIAC 的义务要求采取相关措施,如据此修改其反垄断相关法律制度,成立专门的反垄断执法机构,对反垄断法的豁免进行必要的清理等。此外,DIAC 明确了各成员采纳其规则的五项基本原则:①实体性国际标准原则。DIAC 成员方对于跨境垄断行为的规制的实体规范应实行国际标准;②最低标准原则。DIAC 成员方需要以其所议定的最低标准对其国内反垄断法律制度进行相应的修改和完善;③国民待遇原则。在采纳和实施最低标准时,各 DIAC 成员方对国内外经济实体应一视同仁;④国际程序动议原则。保证国际标准在国内与国际的有效实施,各 DIAC 成员方都应采取充分的程序性安排;⑤排他原则。DIAC 只适用于跨境垄断行为,而不仅针对某一特定国家之内的反垄断行为。

在对企业并购的规制方面,由于德国反垄断专家的主导,DIAC 主要吸收了欧盟《4046/89 号并购条例》的相关基本内容,对于并购的含义及规制对象、事前申报制度、反竞争效果的评价标准等内容进行了规定;同时,还明

确了对于跨国并购案件的统一反垄断规制，即在相关司法辖区的反垄断执法机构意见出现分歧时，相关跨国并购案件应提交至国际统一的反垄断执法机构裁决。

该草案提出后，由于分歧巨大而未获通过。其根本原因在于，由于反垄断法本身属于一国公法范畴，尤其跨国并购的反垄断规制又可能涉及一国的重大战略利益，在国际社会尚未就反垄断的实体判断以及国家主权的让渡达成一致共识的情况下，构建全球性的超国家的体制框架将对成员方的主权构成很大挑战。同时，DIAC 过于具体的实体性规则忽视了国家间存在的现实差异。[1] 然而，作为一个内容全面、体系完善的统一实体规则，DIAC 的提出揭开了 WTO 框架下建立统一反垄断规则，对跨国并购反垄断行为进行有效规制并实现实质性协调合作的序幕。在此后，《多哈宣言》首次规定了有关竞争政策谈判的内容和未来多边竞争规则的基本框架。然而，由于 WTO 各成员就相关问题的争议始终存在，使得 WTO 框架下有关竞争规则的多边谈判至今未取得实质性进展。

（二）关于 WTO 框架下反垄断多边合作机制的评价

就第一层次的 WTO 框架下现有协定中已经包含的相应竞争规则而言，其虽对各成员均具有约束力，但相关规定只是散见于 WTO 的各个多边协定之中，较为散乱，并未形成系统的反垄断规则，也不涉及反垄断多边执法合作的相关问题。而且，所涉及的相关规则仅在特定的垄断行为或者行业涉及政府时才触发效力，并不能直接规制私人企业的垄断行为。此外，这些规则基本上只针对滥用市场支配地位的卡特尔行为，并未对跨国并购进行有效的反垄断规制。

而对于第二层次而言，在国际层面实现统一的反垄断政策与法律机制的建设，从理论与实践上来看，应包含两个基本要素，即统一的反垄断实体规则与统一的反垄断执行机制。与下文将要论述的 UNCTAD、OECD、ICN 相比，WTO 的一个最为显著的优势即在于，其相关多边协定对各成员均具有法律约束力，且在 WTO 框架下拥有运行良好的争端解决机制。在这个基础上，

---

〔1〕　参见白树强：《全球竞争政策——WTO 框架下竞争政策议题研究》，北京大学出版社 2011 年版，第 171~172 页。

只要各成员之间就反垄断实体内容及执行程序达成一致协议，并纳入 WTO 的争端解决机制中，即可实现全球范围内的多边反垄断执法合作与协调。因此，WTO 一度被作为全面建设国际反垄断法律制度的重要平台。[1] 然而，WTO 作为一个政府间多边贸易组织，一方面，其相关条约义务只针对政府行为，无法对私人行为进行直接规制；另一方面，虽然贸易自由与市场秩序是相辅相成、基本目标一致的两个方面，然而以 WTO 框架协调反垄断多边执法将导致 WTO 对于反垄断政策的讨论总是建立在贸易的背景上，而面临生产者与最终消费者的利益取舍难题。此外，在国际层面，发展中国家囿于市场经济发展水平以及反垄断立法与执法水平的差异，对于竞争规则的多边谈判始终持谨慎态度，而主张推进反垄断多边执法合作的发达国家之间对于相关问题的立场也不尽一致。基于以上种种原因，虽然各成员在 WTO 框架下对于统一反垄断规则，促成跨国并购的反垄断规制的国际合作与协调的探索的脚步从未停歇，但相关的谈判进程却因各国政治、经济、文化、历史、政治体制以及国家利益的巨大差异，以及对于让渡国家主权的疑虑等原因，始终未能取得实质性进展，WTO 平台上的反垄断多边合作和协调已因相关议题被撤销而暂停。

另外一个不容忽视的现实是，近年来，美国一直在阻碍 WTO 上诉机构成员（即法官）的任命，使 WTO 的争端解决机制面临着在未来某天无法正常运行的风险。更有人预测美国会退出 WTO。[2] 争端解决机制的弱化，也进一步弱化了在 WTO 平台上开展实质性的反垄断国际执法合作的可能性。

二、联合国贸易和发展会议框架下的多边合作实践

联合国贸易和发展会议（United Nations Conference on Trade and Development，以下简称"UNCTAD"）是联合国的常设机构之一，其成立于 1964 年，主要工作领域是贸易与发展、资金与投资、技术以及可持续发展等，是联合国系统内唯一综合处理该等领域内相关问题的政府间机构。由于彼时的

---

[1] 参见刘宁元：《反垄断法域外管辖冲突及其国际协调机制研究》，北京大学出版社 2013 年版，第 364 页。

[2] 参见车丕照：《是"逆全球化"还是在重塑全球规则？》，载《政法论丛》2019 年第 1 期。

一些国际经济组织，如关税与贸易总协定、国际货币基金组织和世界银行等未能妥善应对发展中国家的经贸问题，UNCTAD 的成立是基于发展中国家对于国际市场的关注，旨在为发展中国家提供一个能够讨论其经济发展相关问题的论坛。

（一）UNCTAD 框架下反垄断多边合作的重要成果

反垄断合作和协调一直是 UNCTAD 关注的众多领域中一个重要的内容。在这方面，UNCTAD 做了大量的工作，成果涉及竞争政策和法律的所有方面，包括各类会议决议、相关问题报告、专题研究成果、同行评审报告等。UNCTAD 框架下的该等合作成果对各成员并不具有法律约束力，但是在推动国际社会的反垄断合作与协调方面具有重要的价值。其中，最具影响力的莫过于以下两个文件：

1.《原则与规则》

1980 年，联合国大会通过了《一组管制限制性商业行为的多边协定的平等原则与规则》（以下简称《原则与规则》），且每隔五年将由 UNCTAD 主持的联合国会议对其所有方面进行审议。《原则与规则》目的是通过鼓励和保护竞争、控制资本和经济势力的集中、鼓励革新等来扩大国际贸易，主要反映了发展中国家对限制跨国企业的垄断势力和建立国际经济新秩序的要求和愿望，重在保护发展中国家在贸易和发展方面的利益。

《原则与规则》内容几乎覆盖了竞争政策和法律所应包含的所有内容，其要求各成员按照既定原则适用并有效执行本国的反垄断法，要求跨国企业在进行跨国投资与并购时重视东道国的反垄断法。在反垄断合作方面，其要求国家通过协助的方法，在国家、地区和国际层面采取相互行动，以消除或有效地处理经济发展的限制性商业行为。其建议国家间应形成适当机制或适用现有国际机制，以利于各成员在符合保密原则的条件下交换限制性商业竞争行为的信息，并建议国家间以适当方式就管制限制性商业行为的相关政策问题进行多边协商。此外，《原则与规则》还制定了专门针对发展中国家的优惠原则，赞成给予最不发达国家和其他发展中国家优惠待遇和差别待遇原则。

在反垄断全球合作和协调的视野内，《原则与规则》的通过是一个重要的里程碑，也是反垄断政策领域迄今为止仅有的一项在联合国这种全球性的合作框架下获得批准的多边合作与协调的法律文件。

2.《竞争示范法》

《竞争示范法》是由 UNCTAD 组织专家制作并以 UNCTAD 名义发布的，向所有成员推荐的竞争法框架体系。自发布后，该《竞争示范法》即伴随着《原则与规则》的审议和各成员反垄断法律制度的发展而不断修订完善，旨在向所有成员，特别是发展中国家提供一个能够反映最佳实践的法律规制框架。

《竞争示范法》内容涵盖反垄断的方方面面，包括限制竞争协议、滥用市场支配地位、影响市场集中的并购等行为的认定、惩罚与救济、上诉、损害赔偿等，在规制企业并购方面，明确了影响市场集中的并购交易的通知、调查和禁止程序。此外，《竞争示范法》还有一个重要的部分，即评论，这一部分以前述规定的内容为基础，结合各成员的现行立法选择和国内、国际实践来进行评论。

《竞争示范法》对各成员的国内反垄断立法和相关竞争政策的发展起到了重要的示范作用。

（二）关于 UNCTAD 框架下反垄断多边合作机制的评价

作为 UNCTAD 框架下反垄断多边合作最富代表性的两个文件，《原则与规则》以及《竞争示范法》对于推动各成员竞争政策的协调都具有一定的积极意义。然而，尽管如此，《原则与规则》的相关规则仍不够明确，且并无法律拘束力，因此并未在此后的国际实践中对商业贸易产生实质性影响；而《竞争示范法》只是 UNCTAD 发布的一个学术性文件，并无法律约束力。这充分暴露了在 UNCTAD 框架下，其虽然以联合国大会的形式通过了具有一定影响力的反垄断多边协调文件，但却并未形成具有法律约束力的国际规则——尽管发展中国家一直致力于推动《原则与规则》成为具有法律约束力的国际规则，但因与发达国家之间巨大分歧而始终未获成功。这也充分表明了在反垄断合作领域进行多边规则谈判的困难性，也进一步说明，UNCTAD 对于跨国并购的反垄断国际合作的实质性协调效果十分有限。

三、经济合作与发展组织框架下的多边合作实践

经济合作与发展组织（Organization for Economic Co-operation and Development, 以下简称"OECD") 是由 37 个市场经济国家组成的政府间国际经济组织, 其成员国主要是发达国家。自成立至今, OECD 在推动国际竞争合作方面起到了重要的作用。

(一) OECD 框架下的竞争政策合作平台

自组建之日起, OECD 就一直致力于关注竞争法领域的国际协调, 金融和企业事务处以及竞争委员会是其直接负责竞争政策和法律的两个专门机构。

金融和企业事务处作为 OECD 秘书处的下设机构, 工作范围是在竞争政策与法律、反腐败、企业管理、金融市场投资等领域确定政策、设计最佳实践指南以维持市场公开、竞争和可持续发展, 通过国际合作打击滥用市场优势地位和经济类型犯罪。[1]

竞争委员会作为 OECD 创建初期建立的众多委员会之一, 专门负责收集和研究各成员国以及其他国际组织的竞争政策与相关信息, 通过发展最佳实践指南和促进成员国主管当局之间竞争与合作措施, 提高竞争政策和相关法律的执法效率与质量, 支持合理的国内竞争政策并推动竞争政策的国际趋同以避免潜在冲突, 促进成员国与非成员国之间的政策对话和司法合作。[2]全球竞争论坛与关于竞争政策的最佳实践圆桌会议是其组织发起的两个重要的反垄断合作与协调机制。全球竞争论坛致力于传播 OECD 各成员的经验与最佳实践, 同时获取其他非成员国的经验与实践信息, 为成员国、观察员以及其他非成员国竞争当局提供直接沟通的平台, 并为私营部门和非政府组织提供促进政策对话的机制。[3]而关于竞争政策的最佳实践圆桌会议每年都围绕竞争政策和法律方面的多元化主题举办召开, 旨在为全球范围内各国/地区政府提供竞争政策和法律方面的最佳实践模式。[4]

(二) OECD 框架下跨国并购反垄断多边合作的重要成果

自设立以来, OECD 就竞争政策的多边国际协调发布和制定了一系列国际性文件, 对国际社会的反垄断执法实践具有很大的实践指导意义。比较有代

---

〔1〕 Available at http://www.oecd.org/daf/.

〔2〕 See Directory of Bodies of the OECD C (2008) 134 & CORR1 and C/M (2008) 17, item 219.

〔3〕 See Council decision C (2008) 208/FINAL.

〔4〕 Available at http://www.oecd.org/document/38/0, 3476, en_2649_37463_2474918_1_1_1_37463, 00.html.

表性的包括：1967 年 OECD 公布了《理事会关于成员国就影响国际贸易的反竞争行为开展合作的建议》（以下简称《合作建议》），该《合作建议》推动了美国、德国、澳大利亚、法国、欧盟等司法辖区之间的反垄断双边合作实践，并促成了其相关双边合作协定的签署。《合作建议》于 1986 年、1995 年分别进行了修订，其最新的版本在吸收美欧双边反垄断成果的基础上，就通知、信息交换、协商、调解等国际合作的各方面都进行了明确规定，更增加了关于反垄断合作调查与援助的条款，更为注重有效合作与协作调查，在跨国并购的反垄断审查合作方面给予了更多关注；1999 年 OECD 出台了《积极礼让报告：通过竞争执法中的"积极礼让"提高国际市场的效率》，将国际礼让划分为积极礼让和消极礼让，并对其分别进行了阐释，明确了积极礼让对于解决反垄断法域外适用之冲突的重要意义。

而在跨国并购的反垄断规制及国际协调方面，OECD 也发布了一系列无拘束力的建议、报告、指南等，旨在帮助成员和非成员建立合理、完善的规制机制。如 1976 年 OECD 颁布了《跨国企业准则》，并历经多次修订，该准则规定了跨国企业尤其是在发展中国家设有分支机构的跨国企业应同时兼顾东道国以及可能受企业行为影响的其他国家的反垄断法规，并自我限制不实施垄断行为，为跨国企业行为提供了有益参考，成为 OECD 最具影响力的指导性文件之一。1999 年，OECD 在总结各国关于企业并购的反垄断申报程序的基础上，出台了《关于跨国并购通知的报告》，为各成员国提供了可供参考的申报程序范本。

（三）关于 OECD 框架下反垄断多边合作机制的评价

在强调经济发展与合作的价值追求中，竞争政策和法律无疑是 OECD 关注的重要部分。作为一个主要由发达市场经济国家组成的政府间国际组织，其成员国在反垄断理论与立法、执法实践等方面都处于领先水平，因此，其相关研究成果也更具有前瞻性和创新性，对非成员国的反垄断立法与执法也起到了积极的指导作用。而其在反垄断多边执法合作方面也取得了丰硕的研究成果，对国际社会的合作实践具有很大的指导意义。

然而，同样也因为 OECD 的主要成员国均为反垄断立法与执法水平较高的发达国家，使得其对于竞争政策和反垄断执法合作的关注主要局限于发达的市场经济体制国家之间的双边与多边合作，对于广大发展中国家参与反垄断执法合作的关注明显不够。因此，其相关的研究成果并不具有普遍适用性。此外，OECD 作为合作论坛性质的国际经济组织，其组织形式较为松散，所形成的相关研究成果也都是以理事会建议和研究报告的形式予以发布，虽然对于统一反垄断立法与执法，推动国际社会反垄断多边合作等具有很大的研究价值和借鉴意义，但是对各成员并不具有法律约束力，更没有统一的争端解决机制。因此，OECD 框架下的多边协调机制也并不能彻底解决跨国并购反垄断规制导致的国际冲突，其对于多边合作的全面性以及实质性协调效果都是十分有限的。

四、国际竞争网络框架下的多边合作实践

国际竞争网络（International Competition Network，以下简称"ICN"）于 2001 年在美国政府的倡导和推动下建立，是当前国际社会在竞争领域非常活跃的国际组织。ICN 旨在为各司法辖区的反垄断当局提供一个直接沟通与交流的平台，促进反垄断法实施的一致性，并寻求促进有效的国际合作。因此，ICN 的成员主要是当今国际社会各司法辖区的反垄断执法当局，同时，也得到了世界各地广泛的非政府顾问网络的支持。

（一）ICN 框架下跨国并购反垄断多边合作的重要成果

作为一个开放性的非正式国际组织，ICN 在合作方式上采取最佳实践的概念，即在不试图统一各司法辖区反垄断法实体规定，且不干涉各国主权的前提下，就各司法辖区在反垄断执行中的有关问题予以关注，且仅限于经验交流、讨论共同关心的问题或发布无法律约束力的建议文件等，也被称为反垄断国际执法合作中的"由下至上方案"。[1]

ICN 共有 6 个工作组，包括 ICN 运营工作组、倡导工作组、执法机构效能工作组、卡特尔工作组、并购工作组以及单边行为工作组，其主要以全体一致通过的方式开展工作、履行职能，并在相关领域内取得了丰硕成果。

就并购反垄断规制方面，2002 年 ICN 在那不勒斯举行第一届年会后，由

---

〔1〕　参见于馨淼：《我国反垄断法国际合作的模式选择》，法律出版社 2012 年版，第 178 页。

美国司法部主持的并购工作组分为 3 个子工作组开展工作，分别是美国联邦贸易委员会主持的申报和程序子工作组、英国公平贸易办公室主持的分析框架子工作组和以色列反托拉斯执法机构主持的调查技术子工作组。经过各小组的分析、研究、调查等工作，并购工作组形成了一系列工作成果：发布了《并购申报审查基本原则》，建立了一套并购申报和审查的基本原则；同时发布了《并购申报程序建议规范》，提出了"适当地域联系"作为并购申报交易管辖权连接点的建议规范，采用了清晰和易于理解的申报门槛以及弹性的合并申报时间，该建议规范至今仍是 ICN 多边协调的最重要成果之一；在对 12 个不同反垄断主管机构所使用的并购指南进行分析，尤其是主要侧重于对市场界定、单边效应、协同效应、效率以及市场进入等进行分析的基础上，形成了《并购指南工作手册》，并在第三届年会上提交了并购工作报告。

2018 年 2 月，ICN 在印度新德里召开年会，来自 70 多个司法辖区的近 500 名代表出席了会议。会议展示了 ICN 各个工作小组在竞争倡导、提升执法机构效能等方面所取得的成就。其中，机构效能工作组提出了竞争执法"程序正义"方面的新建议，而并购工作小组提出了在跨国并购审查中降低成本的一些建议，涉及国际合作、申报时点、审查时间等方面。[1]

（二）关于 ICN 框架下反垄断多边合作机制的评价

综上可以看出，ICN 与 OECD 相似，主要通过为各成员提供沟通、讨论的对话平台，以及发布研究报告和推荐意见等方式，旨在为各国反垄断执法机构提供参考、逐步实现国际层面反垄断实体和程序内容的一体化，并推进各成员相互之间的执法合作与信息交换。根据最近的一项外联调查，接受调查的反垄断主管机构中有 96% 的机构和国家使用 ICN 的工作产品和报告，94% 在机构和国家内部分发这些产品和报告，77% 的机构使用 ICN 的报告作为参考，46% 的机构使用 ICN 的报告进行员工培训，40% 的机构使用 ICN 的报告进行推广，而 69% 的机构表示，他们正在积极主动地致力于采用 ICN 推荐

---

　〔1〕　Available at https：//www. internationalcompetitionnetwork. org/wp－content/uploads/2018/07/ICN2018PR. pdf.

的做法。[1] 这说明 ICN 框架下的工作成果在国际社会产生了巨大影响，对各司法辖区的反垄断立法、执法实践，以及其相互间的执法协作实践都具有积极意义。

　　然而，ICN 并不属于政府间国际组织，其框架下形成和公示的各种报告、建议书以及倡议文件等对成员而言并没有法律上的约束力，并且其在反垄断规制的法律执行层面缺乏有效的机制确保效果的达成，亦即在其框架内尚无一个确保协调效果稳定有效的机制。此外，与 OECD 类似，ICN 的所有理论探讨和实践经验也都是基于对发达国家的先进经验的总结，以及对于发达国家所面临的实践问题的思考，对于相当多的发展中国家和地区来讲，ICN 的倡议和建议没有考虑其在跨国并购反垄断规制领域可能面临的更多实际情形和特殊需求，故而 ICN 在跨国并购反垄断规制的国际多边执法合作方面所发挥的作用也是十分有限的。

　　综上所述，鉴于当前国际市场上的跨国并购所导致经济势力的跨国影响往往不止波及两个国家，也不仅局限于某一区域性国际组织内，因此从理论上看，无论是双边合作，还是区域性多边合作，都无法经济且有效地解决具有世界影响的跨国并购反垄断规制问题。全球性的多边执法合作无疑是有效解决域外适用反垄断法所导致的冲突、实现有效国际合作的最佳途径。然而，作为一国经济宪法的反垄断制度始终以实现社会整体效益作为终极价值目标，且无论是区域性多边反垄断执法合作，还是全球普遍性反垄断多边规则的达成都不可避免地涉及部分管辖权的让渡问题，这使得反垄断规制的多边合作充满了不确定性。而与卡特尔等垄断行为相比，跨国并购因其对一国经济的双刃剑影响，对其反垄断规制必然涉及一国产业政策协调及国家战略利益问题。因此在跨国并购反垄断规制方面开展实质性合作，如承认外国司法判决等显得更为困难。2019 年 7 月的海牙国际私法会议举行的第二十二届外交大会上谈判通过了《承认与执行外国民商事判决公约》，尽管该公约在中国代表团的努力下，将反垄断争议事项纳入了公约的适用范围，但也仅适用于固定价格、围标、限制出口或者配额、划分市场（通过分配消费者、供应商、地

---

　　[1]　Available at https：//www.internationalcompetitionnetwork.org/wp‐content/uploads/2018/09/Fact-sheet2009.pdf.

域、商业渠道等）等核心卡特尔，不适用于并购反垄断事项。也正因如此，即使在 WTO 这种具有完善争端解决机制的全球性多边合作平台上，相关的谈判也很难取得实质性的推进，更遑论 UNCTAD、OECD、ICN 等发布的相关文件对各成员无法律约束力亦无相应的争端解决机制的国际组织。由此可知，在相当长的一段时间内，通过普遍性的多边条约来实现跨国并购规制的全球性统一多边合作并不具备相应的主客观条件。而且，在各区域一体化组织其内部协调程度暂时无法达到如同欧盟内部的协同水平的前提下，在跨国并购反垄断国际合作领域也难以达成具有约束力且可以诉诸争端解决机构的区域性多边合作机制。由此可知，在当前的跨国并购反垄断国际合作领域，双边合作机制虽然并没有那么经济和高效，也暂时并不具有有效的争端解决机制，但其表达了缔约双方之间的合作意愿，也设置了沟通与协调的具体条款，其合作协调的难度仍然低于多边合作协调的难度，无疑是当前最具现实意义的合作机制。

第六章　我国跨国并购反垄断规制及国际合作

第一节　我国跨国并购的反垄断规制现状及完善建议

一、我国跨国并购反垄断规制的价值目标及其与产业政策的协调现状

（一）我国反垄断法的多元价值目标

我国《反垄断法》第 1 条明确规定了其价值目标为"预防和制止垄断行为，保护市场公平竞争，提高经济运行效率，维护消费者利益和社会公共利益，促进社会主义市场经济健康发展"。由此可见，我国通过立法的形式明确了《反垄断法》的多元价值目标，这既符合当前主流的经济学与经济法学理论，具体价值目标的设定也符合我国当前大力发展社会主义市场经济的基本国情。

然而，前述《反垄断法》第 1 条的规定显然过于抽象和模糊，其具体的价值之间也缺乏必要的逻辑关系：所谓"市场公平竞争"究竟是指竞争结果的公平还是指基于对竞争秩序的维护而实现的竞争过程的公平；"经济运行效率"究竟指资源配置效率还是指企业的生产效率；"消费者利益"是指市场上终端消费者的利益还是全社会所有消费者（包括生产者）的利益；"社会公共利益"又该如何界定；公平竞争、经济运行效率、消费者利益与社会公共利益之间是目的与手段的关系还是处于同一位阶的相互独立的关系。这些都是根据当前的《反垄断法》尚无法得出明确结论的问题，而显然，任何不同的解释都会导致《反垄断法》在实践中具体实施结果的差异性。

此外，正如本书第二章所述，竞争自由是维护有效的竞争秩序的最基本、最重要的目标，而我国的《反垄断法》第 1 条规定的立法价值目标中，只有"保护市场公平竞争"的内容，没有充分体现对于竞争自由的保护。同时，由于我国的竞争政策在我国当前政策体系中的重要性并不凸显，进一步使得市场机制、自由竞争价值的重要性被严重忽略。

2020 年 1 月的《反垄断法征求意见稿》中，虽然顺应知识经济和互联网经济的发展，在第 1 条的价值目标中增加了"鼓励创新"这一项，但是对于其他方面并未做调整。

（二）我国当前的产业政策在并购反垄断规制中的制度模式

本书第二章中已经述及，各国并购反垄断规制在产业政策的影响下，产生了德国、英国的专门机构干预模式，欧盟的概括性立法模式，以及美国的执法平衡模式。而根据我国《反垄断法》第 27 条之规定，我国反垄断执法机构在审查并购案件时，应对以下因素予以考察：①并购企业的市场份额与市场控制力；②相关市场的市场集中度；③并购对于市场进入、技术进步的影响；④并购对于消费者和其他相关企业的影响；⑤并购对国民经济发展的影响；⑥我国反垄断执法机构根据其自由裁量权认定的应当考虑的可能对市场竞争产生影响的其他因素。由此可见，我国采用了欧盟的概括性立法的模式，并加入了兜底条款，可以在灵活性的基础上一定程度保证法律的稳定性，而免于像日本一样因产业政策与竞争政策的相互作用而频繁修改《反垄断法》。然而，第 27 条的兜底条款显然赋予了反垄断执法机构相当大的自由裁量权——基于该条款的规定，任何基于产业政策因素的考虑而作出的并购反垄断决定都是有明确法律依据的。虽然第 28 条明确了并购"对竞争产生的有利影响明显大于不利影响"，以及"符合社会公共利益"这两项豁免因素，然而我国《反垄断法》及配套实施细则对于反竞争效果抵消因素的相关规定十分粗糙，而"社会公共利益"本身更是一个内涵模糊的概念，使得第 28 条规定的例外豁免并未能对第 27 条的兜底条款赋予的自由裁量权起到实质性的限制效果。而事实上，在我国当前的政策环境中，由于竞争政策本身的重要性并不凸显，社会主义市场经济体制本身尚不够健全，即使在《反垄断法》颁布后，竞争政策与产业政策的冲突与矛盾也在所难免。尤其对于企业并购而言，由于其本身具有扩大企业生产规模、提高竞争力、实现规模效益的积极作用，而其反竞争效果在短期内又不会十分凸显，在我国尚未确立竞争政策的优先地位的现状下，加之目前对于并购反垄断规制的豁免规则（抗辩事由）的规定十分模糊的制度背景，大大降低了我国并购反垄断规制的审查、执行与救济活动的确定性与透明性。

二、我国跨国并购反垄断规制的域外适用现状

我国 2008 年 8 月 1 日生效的《反垄断法》第 2 条明确规定了该法的适用范围："中华人民共和国境内经济活动中的垄断行为，适用本法；中华人民共和国境外的垄断行为，对境内市场竞争产生排除、限制影响的，适用本法。"这一条明确了我国《反垄断法》对于分别发生于境内或境外的限制竞争行为的不同适用原则。前半段依据属地管辖原则，以限制竞争行为的发生地在我国境内为适用我国《反垄断法》的标准，这是我国国家主权的体现；而后半段则明确了《反垄断法》对于在我国境外发生的垄断行为的适用标准，要求该行为需对境内市场产生限制或排除竞争的影响，表明我国接受了美国反托拉斯法中的效果原则，并且从立法上确立了我国《反垄断法》的域外适用制度。

随着效果原则的适用，对于注册于国外的企业，如果其在国外策划或实施的行为对我国市场产生了排除、限制竞争的影响，即应受《反垄断法》管辖；从另一个角度而言，如果是我国企业在国际市场上从事的垄断行为，只要对我国市场竞争没有产生不利影响，也不需适用我国的《反垄断法》。

对于并购的审查方面，我国 2018 年修订的《并购申报规定》对需要向反垄断执法机构申报的并购做出了门槛规定，其第 3 条规定："经营者集中达到下列标准之一的，经营者应当事先向国务院反垄断执法机构申报，未申报的不得实施集中：①参与集中的所有经营者上一会计年度在全球范围内的营业额合计超过 100 亿元人民币，并且其中至少两个经营者上一会计年度在中国境内的营业额均超过 4 亿元人民币；②参与集中的所有经营者上一会计年度在中国境内的营业额合计超过 20 亿元人民币，并且其中至少两个经营者上一会计年度在中国境内的营业额均超过 4 亿元人民币。营业额的计算，应当考虑银行、保险、证券、期货等特殊行业、领域的实际情况，具体办法由国务院反垄断执法机构会同国务院有关部门制定。"2018 年 9 月，新组建的国家市场监督管理总局发布的《关于经营者集中申报的指导意见》也重申了这一申报标准。这说明，参与并购的企业只要营业额达到上述标准，无论其是否为中国企业，无论该并购行为是否在中国境内发生，也无论中国是否是其主要生产经营活动的场所，即使其在中国的市场份额在其全球市场份额中占比极小，中国反垄断法对该项并购亦有管辖权，其应向中国反垄断当局进行申报。

上述申报标准是参照中国市场经济发展的实际情况制定的，从金额上看，这个门槛与其他国家相比是比较高的。[1] 因此，《并购申报规定》第 4 条进一步规定："经营者集中未达到本规定第 3 条规定的申报标准，但按照规定程序收集的事实和证据表明该经营者集中具有或者可能具有排除、限制竞争效果的，国务院反垄断执法机构应当依法进行调查。"可见，为了弥补以营业额作为申报门槛的局限性，充分保护国内的市场竞争秩序，我国并购反垄断制度赋予了执法部门相当程度的自由裁量权。

值得一提的是，在 2020 年 1 月发布的《反垄断法征求意见稿》中，已经对反垄断执法机构制定和修改并购反垄断申报标准的权限，及其对于未达申报标准的案件进行调查的自由裁量权均进行了明确。该征求意见稿第 24 条明确，"经营者集中达到国务院反垄断执法机构规定的申报标准的，经营者应当事先向国务院反垄断执法机构申报，未申报的不得实施集中。国务院反垄断执法机构可以根据经济发展水平、行业规模等制定和修改申报标准，并及时向社会公布。经营者集中达到申报标准，经营者未依法申报实施集中的，或者经营者集中未达到申报标准，但具有或者可能具有排除、限制竞争效果的，国务院反垄断执法机构应当依法进行调查。"

实践中，我国原经营者集中的反垄断主管部门商务部已根据相关法律审查处理了一大批具有国际影响力的跨国并购案件，受到了世界各界的广泛关注，如可口可乐收购汇源案，日本松下株式会社收购三洋电机株式会社并购

---

[1] 参见尚明：《经营者几种反垄断审查立法和执法实践》，载中国世界贸易组织研究会竞争政策与法律专业委员会编：《中国竞争法律与政策研究报告（2011 年）》，法律出版社 2012 年版，第 1~2 页。

案，三大航运公司并购案等，其中可口可乐收购汇源案以及三大航运公司并购案是我国《反垄断法》实施以来，商务部处理的仅有的两起禁止集中的案例，彰显了我国反垄断执法机构运用《反垄断法》维护我国市场竞争秩序的决心。2018 年，国家市场监督管理总局组建后，承接了原商务部对于并购案件的反垄断审查职能，截至 2018 年底，其也陆续审查处理了法国依视路国际与意大利陆逊梯卡集团合并案、德国林德集团与美国普莱克斯公司合并案、美国联合技术公司收购罗克韦尔柯林斯公司股权案等一系列跨国并购案件。

鉴于我国拥有世界上最大的市场，尤其在当今的全球一体化的背景下，世界上几乎每一个有影响的跨国并购都会对我国的市场产生影响，据此，我国也比肩美国、欧盟，成为当今世界最具影响的反垄断司法辖区之一。域外适用我国的《反垄断法》是我国国家主权的体现，这不仅是一个重大的理论问题，而且也有着重要的实践意义。然而，我国《反垄断法》虽然借鉴了美国的效果原则，但在立法层面却缺乏对于效果原则的合理限制，亦缺乏对于国际礼让（即消极礼让）方面的考虑，容易引起我国与他国在并购管辖问题上的冲突。如对于非进口的涉外贸易或者商业，如发生外国投资者的境外并购活动对我国的进出口造成影响的情况时，我国的反垄断主管机关虽然可以依据《反垄断法》第 2 条以及《并购申报规定》行使管辖权，要求符合申报门槛的并购交易进行反垄断申报并对其进行调查与裁决，然而由于缺乏对于国际礼让的考虑，我国对于相关案件的管辖以及裁决，尤其是禁止集中或者附条件批准的相关决定很可能与并购交易所在的国的相关裁决产生重大的冲突与差异，而因此给我国与其他相关国家正式和有效地解决跨国并购的管辖权冲突造成一定的障碍。

三、我国跨国并购反垄断规制的实体分析现状

（一）我国跨国并购反垄断审查的实体标准

根据我国《反垄断法》第 28 条，"经营者集中具有或者可能具有排除、限制竞争效果的，国务院反垄断执法机构应当作出禁止经营者集中的决定。"2020 年的《反垄断法征求意见稿》亦保留了该等表述。可见，我国并购反垄断审查的实质性标准即"排除、限制竞争"标准。

根据本书第四章的论述，无论是 SLC 标准关于"实质性减少竞争"的表述，还是 SIEC 标准关于"严重妨碍有效竞争"的表述，其对于并购导致的反竞争效果均有一个表示程度的副词予以修饰，即"实质性"（substantial）或者"严重"（significant），表明只有并购所导致的反竞争效果达到一定的严重程度后，该项并购才得以被宣告为非法。然而，根据我国《反垄断法》第 28 条，我国的排除、限制竞争标准则不存在这种程度限制，即只要并购导致了排除、限制竞争的效果，无论其程度轻重，均有可能违反《反垄断法》而被禁止。这说明，相较于美欧以及其他适用 SLC 标准或 SIEC 标准的国家/地区而言，我国并购反垄断审查的违法标准门槛更低，规制更严。这使得我国的反垄断执法机构可以不考虑并购所导致的限制竞争效果的程度轻重，而对所有具有反竞争效果的并购行为均得以进行规制。这无疑也赋予了反垄断执法机构更多的自由裁量权，但同时也加大了其执法的负担。

此外，《反垄断法》第 27 条还明确了反垄断执法机构在并购审查时应予考虑的因素："①参与集中的经营者在相关市场的市场份额及其对市场的控制力；②相关市场的市场集中度；③经营者集中对市场进入、技术进步的影响；④经营者集中对消费者和其他有关经营者的影响；⑤经营者集中对国民经济发展的影响；⑥国务院反垄断执法机构认为应当考虑的影响市场竞争的其他因素。"在《反垄断法》实施一年后，彼时的并购反垄断主管机关即商务部便根据该条处理了第一起禁止集中的跨国并购案例，即可口可乐收购汇源案。

该案起源于美国可口可乐公司拟以 179 亿港元收购我国汇源公司的全部股份。可口可乐公司于 2008 年 9 月向我国商务部提起反垄断申报，商务立案初审结束后，认为该案规模较大、影响复杂，随即启动了进一步审查。商务部对该项并购可能造成的各种结果进行了评估，认为该项并购将产生如下不利影响：首先，可口可乐公司通过并购汇源公司，将有能力使其在碳酸软饮料市场上的支配地位传导到果汁饮料市场，对现有果汁饮料企业产生排除、限制竞争效果，进而损害饮料消费者的合法权益；其次，品牌是影响饮料市场有效竞争的关键因素，可口可乐公司通过并购汇源公司，其通过控制"美汁源"和"汇源"两个知名果汁品牌，对果汁市场控制力将明显增强，加之其在碳酸饮料市场已有的支配地位以及相应的传导效应，该项并购将使潜在竞争对手进入果汁饮料市场的障碍明显提高；最后，鉴于这项收购行为对于果汁市场的竞争秩序造成的影响，国内果汁市场的参与者受制于可口可乐公司的市场优势地位，其企业生存空间将受到挤压，这将抑制国内企业在果汁饮料市场参与竞争和自主创新的能力，给中国果汁饮料市场有效竞争格局造成不良影响，不利于中国果汁行业的持续健康发展。为了减少审查中发现的不利影响，商务部与可口可乐公司就附加限制性条件进行了商谈，可口可乐公司也先后提出了初步解决方案及修改方案。商务部对该等方案进行了评估，认为可口可乐公司针对影响竞争问题提出的救济方案，并不能有效减少此项并购产生的不利影响。据此，商务部认为此项并购交易具有排除、限制竞争效果，将对中国的果汁饮料市场有效竞争和果汁产业健康发展产生不利影响，并于 2009 年 3 月发出公告禁止了该项并购。[1]

该案作为我国《反垄断法》实施不久后商务部审查的第一例禁止集中的跨国并购案，也是国际上较为少见的完全禁止集中的跨国并购案，引起了国内外的巨大反响。尽管该案被视作我国年轻的反垄断执法机关在跨国并购案中运用《反垄断法》维护我国市场秩序的首次亮剑，但从商务部的审查认定上来看，该案的审查与分析还是存在很多不足之处：该案中商务部并未对相关市场进行界定即直接使用了"果汁市场"与"碳酸饮料市场"这两个概念，且对二者之间的关系并未予以明确；商务部认定该并购案会导致三个不利影响，但是并未明确阐述对于这三个影响的分析逻辑和论证的证据。这也反映出了《反垄断法》出台初期，我国反垄断主管机关在相关并购审查中仍然欠缺经验，且相关配套制度并不健全，以至于执法机关在实际的案件中缺乏明确的指导依据，反垄断执法也缺少应有的确定性与透明性。

有鉴于此，国务院反垄断委员会随即于 2009 年 5 月发布了《关于相关市场界定的指南》（以下简称《相关市场界定指南》），用以指导反垄断执法机构的相关市场界定工作，以提高反垄断执法的透明度；商务部也在吸收美欧先进理念并总结既有执法经验的基础上，于 2011 年 8 月发布了《关于评估经

---

〔1〕　参见中华人民共和国商务部公告 2009 年第 22 号，《商务部关于禁止可口可乐公司收购中国汇源公司审查决定的公告》，载商务部网站，http://www.mofcom.gov.cn/aarticle/b/c/200903/20090306108617.html，最后访问日期：2019 年 2 月 22 日。

营者集中竞争影响的暂行规定》（以下简称《评估竞争影响暂行规定》），进一步完善了我国并购反垄断审查的实体分析框架。

（二）我国跨国并购反垄断审查的实体分析框架

1. 相关市场的界定

《相关市场界定指南》第2条明确了相关市场界定对于"识别竞争者和潜在竞争者、判定经营者市场份额和市场集中度、认定经营者的市场地位、分析经营者的行为对市场竞争的影响、判断经营者行为是否违法以及在违法情况下需承担的法律责任等关键问题"的重要作用，并根据国际上通行的做法，将相关市场划分为相关商品市场与相关地域市场。此外，考虑到生产周期、使用期限等已构成商品不可忽视的特征，以及技术贸易、许可协议等创新因素的特殊性，《相关市场界定指南》还明确了特殊情况下需要界定相关时间市场与相关技术市场。

对于方法而言，《相关市场界定指南》第10条在肯定了界定方法并不是唯一的，在根据不同的实践情况使用不同的方法的基础上，引入了美国 SLC 标准与欧盟 SIEC 标准下普遍采用的假定垄断者测试作为相关市场界定的一种分析思路。其对于假定垄断者测试思路下 SSNIP 的检测设定为小幅度（一般为 5% 至 10%，可根据不同行业的具体情况进行相应调整）但很显著而且是非临时性（一般为 1 年）的价格上涨后，假定的垄断者是否还能保证有利可图。在这一基础下，其对于相关产品市场与相关地域市场界定的分析思路与美国、欧盟都是相同的。此外，为避免以垄断价格作为基准价格来界定相关市场，而出现"玻璃纸案谬误"[1]——即在美国政府诉杜邦公司案的市场界定中，杜邦公司对其已经是垄断价格的玻璃纸维持高价引起一些消费者转而选择不太完善的替代品，这些反面证据（以及较高需求交叉弹性的影响）使得杜邦公司足以说服法官相关市场是广泛的，其不构成垄断者[2]——以致对相关市场界定过宽，从而无法正确确定市场垄断势力，《相关市场界定指南》第11条进一步明确，"原则上，在使用假定垄断者测试界定相关市场时，选取的基

---

〔1〕 参见美国律师协会反垄断分会编：《合并与收购：理解反垄断问题》（第3版），黄晋译，北京大学出版社 2012 年版，第 41 页。

〔2〕 United States v. E. I. du Pont de Nemours & Co. , 351 U. S. (1956).

准价格应为充分竞争的当前市场价格。但在滥用市场支配地位、共谋行为和已经存在共谋行为的经营者集中案件中，当前价格明显偏离竞争价格，选择当前价格作为基准价格会使相关市场界定的结果不合理。在此情况下，应该对当前价格进行调整，使用更具有竞争性的价格。"

2. 反竞争效果

商务部的《评估竞争影响暂行规定》借鉴美欧经验，导入了对于单边效应与协同效应的分析。其第 4 条规定："评估经营者集中对竞争产生不利影响的可能性时，首先考察集中是否产生或加强了某一经营者单独排除、限制竞争的能力、动机及其可能性。当集中所涉及的相关市场中有少数几家经营者时，还应考察集中是否产生或加强了相关经营者共同排除、限制竞争的能力、动机及其可能性。当参与集中的经营者不属于同一相关市场的实际或潜在竞争者时，重点考察集中在上下游市场或关联市场是否具有或可能具有排除、限制竞争效果。"显然，该条第 1 款是对并购产生的单边反竞争效果进行评估的规定，第 2 款是对协同反竞争效果进行评估的规定，而第 3 款则是对非横向并购反竞争效果进行评估的规定。然而，这一条只是对反竞争效果进行评估的原则性规定，内容过于笼统，缺少对系统的分析框架和科学的分析机制的阐述与明确，与美国、欧盟等反垄断立法更为先进国家的精细化立法以及以案说法的编注体例还存在很大的差距，[1] 以至于对反垄断主管机构执法实践的指导性有限，增加了反垄断执法的不确定性因素，降低了执法透明度。

3. 市场份额与市场集中度

市场份额与市场集中度是《评估竞争影响暂行规定》在并购的实体分析中最为重视的两个因素。其第 5 条指出，"市场份额直接反映了相关市场结构、经营者及其竞争者在相关市场中的地位。"并明确了判断企业是否取得或增加市场控制力时应予综合考虑的因素：①并购企业在相关市场的市场份额以及相关市场的竞争状况；②并购企业产品或服务的替代程度；③相关市场内其他竞争者的生产能力，以及其产品或服务与并购企业的产品或服务的替代程度；④并购企业控制销售市场或者原材料采购市场的能力；⑤并购企业

---

〔1〕　参见应品广：《论我国经营者集中反垄断审查标准的选择》，载《经济法论丛》2013 年第 2 期。

商品购买方转换供应商的能力；⑥并购企业的财力和技术条件；⑦并购企业下游客户的购买能力；⑧应当考虑的其他因素。

对于市场集中度，《评估竞争影响暂行规定》吸收了当今世界衡量市场集中度的两大方法，即 HHI 指数和 CR_n 指数。然而，该规定只明确了这两种方法的测算方式，但未明确如何根据测算结果对非集中的市场与中度集中、高度集中的市场进行区分。

4. 反竞争效果的抵消因素

《评估竞争影响暂行规定》第 7 条指出，如果发生并购之后相关市场进入门槛并没有提高，该市场内其他企业对于并购交易方的排除、限制竞争行为能够做出反制行为，即可抵消该并购交易的限制竞争影响。同时，该规定也明确了及时性、可信性和充分性是市场进入的重要衡量指标。

同时，《评估竞争影响暂行规定》第 8 条、第 9 条、第 10 条、第 11 条分别明确了并购对技术进步、消费者利益、市场上的其他竞争者以及国民经济的发展均存在积极和消极两方面的影响。此外，其第 12 条明确反垄断主管机构还应综合考虑并购对于公共利益以及经济效率的影响、参与并购的企业是否为濒临破产的企业、是否存在抵消性买方力量等因素。如果并购方可以证明该项并购对竞争产生的有利影响明显大于不利影响，或者符合社会公共利益的，商务部可以作出对经营者集中不予禁止的决定。

然而这些规定仍存在前述过于笼统和原则、不具备可操作性的问题。

四、完善建议

（一）关于我国《反垄断法》的价值目标及其与产业政策的协调

1. 进一步明确我国《反垄断法》的多元价值目标

如前所述，鉴于《反垄断法》目前对于其价值目标的规定过于抽象和模糊，因此，有必要至少以立法解释的方式对其所列的价值目标进行明确界定，并进一步明确其多元价值目标之间的逻辑关系。

竞争秩序是反垄断法价值目标存在的基础，通过对竞争秩序的保护，才能实现反垄断法的价值预设和制度目的。尽管我国《反垄断法》预设了多元的价值目标，但是其中的诸多价值目标均不宜脱离竞争秩序价值而独立地成为其立法价值目标。因此，我国的《反垄断法》应以竞争秩序作为首要价值目标，其他立法目的的实现也须以市场秩序价值的实现为前提条件。据此，当前《反垄断法》的"保护市场公平竞争"无疑应解释为通过对市场竞争秩序的保护来实现竞争过程的公平。然而，通过对竞争秩序的维护而实现的公平远不止于此，"维护消费者利益"（此处指终端消费者）也应是公平价值的题中之意。而对于通过竞争秩序的维护实现的"经济运行效率"的价值目标，也应从广义上予以解释，既应包括微观上的企业生产效率，也应包括整个社会的资源配置效率。此外，尤其在我国国有企业以国家政策为支撑、行政性垄断大量存在的社会背景下，充分的竞争自由也应作为竞争秩序的重要内涵而在我国《反垄断法》的价值目标中予以明确体现。综上，竞争秩序以及因此而实现实质公平、经济效率与竞争自由，均应在我国《反垄断法》的价值目标中予以体现。

此外，现行反垄断法关于维护"社会公共利益""促进社会主义市场经济健康发展"体现了我国《反垄断法》追求社会整体效益的终极目标。然而，由于社会公共利益内涵的不确定性，在实践中应谨慎解释以防公共利益的泛化。此外，"促进社会主义市场经济健康发展"也决定了我国的《反垄断法》不仅要关注效率、公平、自由等直接体现为良好竞争秩序的直接价值目标，同时也应关注市场的开放性、统一性、有序性等实现良好竞争秩序的前提。

2. 在并购反垄断规制审查制度中应予明确考虑的产业政策的具体因素

竞争政策与产业政策的关系，本质是市场机制与政府宏观调控的关系。现代市场经济无疑更强调市场在资源配置中的基础作用，只有市场机制失灵时，才需要政府干预发挥作用。而对于政府干预而言，产业政策的施行无疑是其重要的干预手段。有鉴于此，在我国大力发展社会主义市场经济的背景下，应树立竞争政策优先于产业政策的地位。在企业并购，尤其是跨国并购的反垄断规制领域，由于并购本身对于企业扩大生产规模、提高综合竞争力的积极作用，使得并购反垄断规制更容易受到产业政策的影响而偏向于以产业政策为主鼓励集中的道路。日本《禁止垄断法》的历次修订以及其并购反垄断规制与产业政策的博弈历程在当今的世界一体化的政治、经济环境下已不再具备模仿复刻的主客观条件，更遑论日本的产业政策本身也并非完美。

过实施细则或者执法操作指南的形式对于此种"直接、实质和可合理预见的影响"的具体衡量因素予以明确，可以参考的因素包括：是否存在影响我国境内市场竞争及进出口贸易的意图、是否构成我国《反垄断法》的垄断行为并足以产生相关法律责任、相关反竞争效果的可预见性，等等。

2. 适当考虑国际礼让

鉴于域外适用本国的反垄断法涉及与其他国家反垄断法适用的冲突问题，在国际社会就此类冲突尚未形成具有强制执行力的国际规则之前，国际礼让的适用则显得十分必要。正如本书第三章已经述及，从历史上看，美国在效果原则刚刚确立的初期，由于推行单边主义而过度扩张适用本国的反托拉斯法，曾经引发严重的冲突与争议，以至于引发了一些国家的对抗性立法；而后其确立了合理管辖对于效果原则的适当限制，但由于在 Hartford 再保险公司案中对于国际礼让的适用出现了倒退，使得效果原则进一步扩张，引发了国内外的广泛批评；至 1995 年的《国际贸易反托拉斯执行指南》再一次明确强调了其反垄断法执法机关在执行反托拉斯法时应对国际礼让的相关因素予以考虑；虽然在个案中对于国际礼让的解释存在不确定性，但是在涉及域外适用反垄断法时适用国际礼让适度平衡与他国的利益冲突已成为美国法院的共识。德国法院的司法判例也基于国际公法原则的考虑，体现了其对于其他国家重要利益予以适当考虑的原则。由此可见，在域外适用本国反垄断法的过程中，将国际礼让（此处主要指消极礼让）运用于本国反垄断法的执行活动中，对于一国立足于本国的角度对其反垄断法域外适用产生的与其他国家的冲突与矛盾进行单边协调、减少国际就反垄断执行问题而产生的管辖权与法律适用的冲突而言，显得尤为必要。

有鉴于此，对于我国而言，在现行《反垄断法》的框架下，从我国的角度出发，要求我国的反垄断执法机关在具体案件的审查处理中运用国际礼让，也即消极礼让，适当考虑和尊重其他国家的重大合法利益也十分必要。同时，由于国际礼让本身内涵的宽泛性以及我国相关实践经验的欠缺，我国也宜通过实施细则或者执法操作指南的形式，明确在适用国际礼让时应予考虑的相关因素，为反垄断执法机构提供明确的实践指导，以提高反垄断域外适用执法活动的透明度。具体的衡量因素可包括：①行为人以及基于行为人的垄断行为而受害的相关方的国籍；②适用我国《反垄断法》采取执行活动、作出决策以及采取救济措施等与行为发生地所在国的法律与相关政策相冲突的程度；③行为发生地所在国采取执行活动的范围；④与行为发生地所在国相比我国所受反竞争影响的显著性；⑤与行为发生地所在国相比适用我国《反垄断法》开展执行活动的效率性等。

（三）关于我国跨国并购反垄断规制的实体标准

根据前面的论述不难看出，我国现行《反垄断法》及并购规制相关的配套规定对于并购审查实体标准的相关规定借鉴了美欧等地的先进并购反垄断审查经验，但相关规定过于原则，缺乏实践指导意义，与美欧等地相对完善的反垄断审查体系相去甚远。为进一步建立和完善我国的并购反垄断实体分析体系，本书认为应从以下几个方面着手进行制度建设。

1. 明确并购反垄断规制的实体标准

如前所述，我国目前《反垄断法》中的排除、限制竞争标准的范围过于宽泛。考虑到任何并购都可能具有"双刃剑"的影响，既有利于扩大企业规模，提高效率，实现规模经济和规模效应，同时也必然会对竞争产生或多或少的不利影响。尤其对于跨国并购而言，本国企业实施的跨国并购行为无疑有利于进一步提高本国相关产业的世界影响力，而外国企业对本国企业实施的跨国并购作为外国直接投资的一种形式，在一定程度上也有利于带动本国相关产业的发展。而我国《反垄断法》本身也提及了主管机构在评估并购的影响时应考察其对国民经济发展的影响。因此，对于所有可能产生排除、限制竞争影响的并购行为均予以规制无疑并不符合并购反垄断制度的初衷，有必要在实体标准中对并购的反竞争影响的程度予以限制，即严重排除、限制有效竞争。

另外，纵观美国 SLC 标准与欧盟 SIEC 标准的发展历程，不难看出，二者虽然表述有所不同，但发展至今，其内涵已经高度趋同。美国的 SLC 标准作为一个内涵不断发展的标准，其在形式上虽然始终未予修订，但在不同政治、经济背景下都被赋予了不同的价值追求，尤其在美国司法主导并购规制的模式下，其在不同的时代背景下被判例法赋予了不同的解释与内涵。相较而言，欧盟的 SIEC 标准则是在欧洲大陆原有市场支配地位标准的基础上为与美国的

SLC 标准实现趋同而创设，其在"严重妨碍有效竞争"的基础上，仍保留了传统的以市场支配地位作为认定是否构成"严重妨碍有效竞争"效果的一个重要因素，与 SLC 标准相比，其衡量方式的确定性更强。而我国作为反垄断法的新兴国家，对于企业并购的反垄断规制也只有 12 年的执法历史，经验的欠缺加之较大的自由裁量权会进一步导致法律适用的不确定性。从这个角度来看，本书建议我国借鉴欧盟的 SIEC 标准，将取得或加强市场支配地位作为评估是否构成严重排除、限制有效竞争的要素之一，以进一步提高执法审查的透明度与确定性。

2. 明确市场集中度标准与安全港标准

HHI 指数与 CR$_n$ 指数是当今世界普遍采纳的两大衡量市场集中度的指标，我国《评估竞争影响暂行规定》虽然明确了这两种指标均可以作为评估标准，但并未明确其相关指数对市场集中度认定的直观影响，也并未确立安全港标准。安全港的功能在于一方面可以过滤掉一大部分不会对竞争造成严重影响的并购，使得反垄断执法机构可以集中精力去关注那些会产生严重排除、限制有效竞争效果的并购；另一方面不论对于执法机构还是对于并购方而言，都可以增加并购反垄断审查的可预测性，降低成本。[1] 因此，我国有必要进一步明确 HHI 指数与 CR$_n$ 指数各自的指数标准以据此对非集中的市场、中度集中的市场和高度集中的市场进行划分；同时应确立相应的安全港标准，明确在各类集中度的市场上，何种程度的并购可推定为不会产生严重排除、限制有效竞争的影响，因而可以免受反垄断审查。

同时，纵观世界各国/地区的市场集中度标准，即使是在同一衡量方法下，其指标确定也因各自的发展水平而各有不同，如美欧对于 HHI 指数标准的差异。有鉴于我国当前仍属于发展中国家，整体的规模经济与规模效应仍有待提高，在此背景下，在企业并购尤其是跨国并购领域，仍应鼓励中小企业通过并购扩大规模，鼓励国内企业通过海外并购实现走出去进而提高国际影响力，也应进一步吸引外资并购以充分发挥国内的资源优势，带动经济增长，因此我国的市场集中度标准可以适当提高；同时，可考虑建立强安全港

---

〔1〕 参见应品广：《论我国经营者集中反垄断审查标准的选择》，载《经济法论丛》2013 年第 2 期。

标准——即安全港门槛下的并购直接推定为不具有严重排除、限制竞争影响而一律不予禁止，以进一步提高反垄断执法的确定性。

此外，相应的市场集中度指标和安全港标准应建立在对各行各业、各类市场的集中度的充分调研基础上，并充分运用相关经济学的方法予以佐证，并根据我国市场经济的发展与产业政策的调整而适时更新。

3. 明确反竞争效果的评估标准

我国的《评估竞争影响暂行规定》虽然提及了应对并购的单边效应与协同效应予以考量，但却严重缺乏可操作性。因此，对于并购的单边效应与协同效应，都应借鉴美欧，确立明确的评估标准：对于单边效应而言，应综合考虑产品/服务的差异性与可替代性以及并购方的产能、市场份额、竞争者的替代供给、市场进入等多方面因素，同时考虑并购给创新和产品多样化带来的影响，从多维度出发，构建单边效应的评估框架；而对于协同效应而言，应综合考虑并购后共谋的便利性与可能性、并购前的共谋历史、共谋的可维持性（即有利可图）以及共谋内部的稳定性等因素，并结合行业壁垒、消费者的特点、其他竞争者的表现、交易的透明度等多方因素，构建协同效应的评估框架。

4. 明确抗辩事由的适用条件

如前所述，《评估竞争影响暂行规定》明确了市场进入、技术进步、消费者福利、其他相关企业、国民经济发展、经济效率、破产企业、抵消性买方力量以及社会公共利益等因素对于反竞争效果的抵消作用，但对于以抵消因素作为抗辩事由的体系较为散乱，且并未明确其适用条件。

市场进入是多数国家/地区并购反垄断审查中均予以承认的抗辩事由。《评估竞争影响暂行规定》虽然已经明确了市场进入的及时性、可信性、充分性要求，但仍应进一步对其适用条件予以明确：对于及时性而言，可以考虑参考欧盟及美国此前的经验设置为 2 年，并对于研发周期较长的企业适当延长期限；对于可信性而言，应对其他竞争者进入市场后的有利可图性予以考察，尤其在我国当前行政性垄断和行业垄断比较突出的情况下，应更关注法律与行政方面的壁垒；对于充分性而言，应考察市场进入的程度和范围是否足以抵消并购的反竞争效果。

对于并购对技术进步、消费者福利、其他相关企业、国民经济发展以及经济效率的影响，总体而言，均可归入效率抗辩的内容，但应明确这种效率必须是为并购所特有的，而且可以通过可靠举证予以证实。但需要指出的是，在我国当前经济发展不平衡、规模经济尚未形成的市场背景下，对于效率抗辩因素的考虑应更多地体现宏观经济的要求，在注重消费者福利的前提下，也应适当考虑企业扩大规模以实现规模经济的发展需求。

破产抗辩也是当今世界并购反垄断审查所普遍承认的抗辩事由。借鉴美欧的经验，同时考虑到破产企业并购重组的社会效益，我国对于破产的适用条件也应从以下几个维度综合考虑，并进行充分举证：①相关企业的状况是否已经资不抵债；②是否存在其他可替代的对竞争影响更小、更为经济的重组方式；③如果不进行并购是否会导致相关资产退出市场等。此外，在我国现行的破产法律制度下，鉴于企业内部总公司与分公司之间很容易通过内部交易与关联交易来人为制造分公司资不抵债的财务状况以规避法律，因此，对于美国实践中的破产分公司的抗辩应谨慎引入并谨慎评估。

买方势力是进入 21 世纪以后欧盟和美国先后提出的并购反垄断审查抗辩事由，我国《评估竞争影响暂行规定》也有所提及，但只是提出了应对其予以考虑，就具体的适用而言，应综合评估以下因素予以完善：买方的市场份额及市场支配力、买方对于其上游厂商的依赖程度及议价能力、买方寻求替代性产品/服务及其供应商的难度、买方在其竞争市场上的定价能力，等等。

此外，就《评估竞争影响暂行规定》提及的社会公共利益而言，其作为一个典型的不确定概念，如不对其加以明确限制而直接由执法机构进行解释和自由裁量，极易导致公共利益的泛化，进而损害法律的稳定性和执法的确定性。有鉴于此，本书建议以列举形式明确在并购反垄断审查中应予考虑的公共利益的具体内容，如国家安全、公共安全等，并在执法中审慎处理可能涉及公共利益的并购案件，谨防公共利益的泛化与滥用。

总而言之，我国在完善并购反垄断规制的实体标准及分析框架时，应借鉴美欧的先进理念与实践经验，但不宜照搬，而应根据我国目前的政治经济状况予以综合衡量来拟定相关的评估标准，注重经济学分析方法在反垄断审查评估中的运用，并根据我国的宏观经济发展状况进行适时调整，以实现并购制度尤其是跨国并购制度与国家产业政策以及经济发展水平的协调。

第二节　我国参与跨国并购反垄断规制
国际合作的现状及策略探讨

一、我国参与跨国并购反垄断规制国际合作的现状

（一）我国参与跨国并购反垄断双边合作之现状

在我国《反垄断法》颁布前，国家工商行政管理总局就已与澳大利亚竞争与消费者委员会、日本公平贸易委员会、韩国公平交易委员会等相关国家的反垄断执法机构以及 OECD 建立了长期的合作关系。20 世纪 90 年代，我国即已分别与俄罗斯、哈萨克斯坦签署了关于反不正当竞争与反垄断领域的合作协定。进入 21 世纪以后，我国还分别与欧盟、美国签署了关于竞争政策的对话协议，建立了双边对话机制。而随着 2008 年《反垄断法》的实施，我国的三大反垄断主管部门——国家发展和改革委员会、商务部和国家工商行政管理总局就执法合作问题与其他国家的反垄断当局也纷纷达成相关共识。

截至 2018 年，我国的反垄断执法机构已经与包括美国、欧盟、英国、日本、韩国、俄罗斯、巴西、哈萨克斯坦等近 30 个反垄断司法辖区的反垄断执法机构签署了超过 50 个反垄断执法国际合作文件，形式包括联合声明等宣言、约定了实质合作内容的合作谅解备忘录以及个案审查合作指引，等等。[1] 其中已经签订的 14 个企业并购领域双边反垄断备忘录中，均已纳入个案执法合作条款。[2] 其中，与美国及欧盟之间就跨国并购领域开展的执法合作，是截至目前我国反垄断执法机构参与反垄断国际执法合作的代表性成果。

---

〔1〕　参见林航：《经营者集中反垄断审查的国际合作》，载《中国市场监督研究》2018 年第 9 期。

〔2〕　参见国家市场监管总局：《提高经营者集中案件的审查效率》，载中华人民共和国中央人民政府网站，http：//www.gov.cn/xinwen/2018-11/16/content_5341118.htm，最后访问日期：2019 年 3 月 9 日。

1. 与美国之间的双边合作

2011 年 7 月，为加强中美反垄断领域合作，中国三家反垄断执法机构即国家发展和改革委员会、商务部和国家工商行政管理总局与美国反托拉斯执法机构司法部、联邦贸易委员会共同签署了《中美反托拉斯和反垄断合作谅解备忘录》（以下简称《中美合作备忘录》）。

根据《中美合作备忘录》，中美双方均认识到在双方的反垄断执法机构之间开展技术合作，建立良好的沟通渠道与长期合作框架，不仅有利于营造使双方反垄断法及相关政策得以合理、有效实施的环境，促进市场有效运行，增进消费者福利，更有助于改善和加强中美两国之间的关系。有鉴于此，《中美合作备忘录》的主要目的在于在两国反垄断当局之间建立长期合作框架，促进双方相关法律制度与政策的有效执行。双方的合作框架包括两部分内容：一是由双方反垄断执法机构共同参加的竞争政策年度高层对话，任一方均可以提议在共同对话的框架下成立专题工作组，就相关竞争政策和法律的具体问题进行讨论。二是双方反垄断执法机构可以在共同对话之外就反垄断执法和政策单独开展高层或工作层面的沟通与合作，如一方负责反垄断政策、法律执行的部门发生重大变化，将及时通知另一方。

根据《中美合作备忘录》，中国反垄断执法机构和美国的反托拉斯执法机构将在如下方面加强合作：一是相互及时通报各自竞争政策及反垄断执法方面的重要动态；二是通过开展竞争政策和法律方面的活动，加强双方的能力建设；三是根据实际需要，双方进行反垄断执法经验交流；四是就竞争执法和政策事项相互寻求信息或建议；五是就反垄断法律和相关配套立法文件的修改提出评论意见；六是就多边竞争法律和政策交换意见；七是在提高企业、其他政府机构以及社会公众竞争政策和法律意识方面交流经验。[1]

此外，《中美合作备忘录》进一步明确，其旨在建立一种建议性框架，并不具有法律拘束力，不限制各方根据其他双边或多边协议或安排向对方寻求或提供协助，也不排斥其他技术合作项目。

《中美合作备忘录》系在中美反垄断和反托拉斯现有合作成果的基础上，

---

〔1〕 参见《中美共同签署反托拉斯和反垄断合作谅解备忘录》，载中华人民共和国中央人民政府网站，http://www.gov.cn/gzdt/2011-07/27/content_1914969.htm，最后访问日期：2019 年 3 月 9 日。

建立了合作机制，丰富了合作内容，创新了合作方式，进一步深化了中美双方反垄断领域的合作。在该《中美合作备忘录》的框架下，同年，我国商务部与美国司法部及联邦贸易委员会就企业并购案件的个案合作指引达成了一致意见。该合作指引的内容主要包括：强调了双方应遵守各自法律，在职责范围内开展工作；明确了双方就同一案件进行审查时的合作方针和内容，以及合作过程中的保密义务等。同时，双方也进一步同意，该指引并不对双方创设任何具有法律约束力的权利或义务，也不限制双方各自开展与其他组织或机构的交流与合作。[1]

2. 与欧盟之间的双边合作

2012 年 9 月，国家发展和改革委员会、国家工商行政管理总局与欧委会签署了中欧《关于反垄断法领域合作的谅解备忘录》（以下简称《中欧合作备忘录》）。根据《中欧合作备忘录》，中欧双方将在以下方面开展交流活动：就竞争立法的进展和执法经验进行交流，就提升双方竞争执法机构的运营交流经验，就多边竞争合作活动进行交流，就如何增强企业和广大公众对竞争和反垄断法的法律意识交流经验，就中欧竞争法领域技术合作的协调机制交换意见和经验。如果双方的执法活动涉及相同或相关事项，双方可就该事项交换非保密信息，交流经验观点乃至直接协调各自的执法活动。[2]《中欧合作备忘录》在中欧反垄断现有合作成果的基础上，建立了长期合作机制，丰富了合作内容，创新了合作方式，深化了双方在竞争领域的合作。与《中美合作备忘录》相比，在信息交换乃至协调双方的执法活动方面，《中欧合作备忘录》明显迈出了更为实质性的步伐。然而，《中欧合作备忘录》的签署方并不包含商务部，因而明确排除了企业并购反垄断执法的适用。

有鉴于此，2015 年 10 月，商务部与欧委会专门就跨国并购的反垄断执法合作签署了《中国商务部与欧盟竞争总司关于企业并购案件审查合作的实务指引》，同意就双方均审查的企业并购案件开展执法合作，并对合作范围、合

---

〔1〕　参见《中美就反垄断政策和执法工作进展情况举行会谈》，载中华人民共和国中央人民政府网站，http：//www.gov.cn/jrzg/2011-11/30/content_2006541.htm，最后访问日期：2019 年 3 月 9 日。

〔2〕　参见《工商总局与欧盟委员会竞争总司签署反垄断备忘录》，载中华人民共和国中央人民政府网站，http：//www.gov.cn/gzdt/2012-10/22/content_2248733.htm，最后访问日期：2019 年 3 月 9 日。

作内容、交流程序和信息保密等作出规定。[1] 该指引为双方在整个并购审查过程中的有关审查程序和审查实体问题，包括相关市场界定、损害理论、竞争影响评估和救济措施的设计等方面的沟通提供了便利。

根据上文所述，我国的反垄断执法机构与其他反垄断司法辖区在执法合作方面已经开展了广泛的交流与合作，并取得了一定的成果。尤其在并购反垄断审查的国际合作方面，双边合作的领域已经涵盖相关市场的界定、反竞争效果评估、损害理论的适用、并购救济措施、未依法申报的认定和处罚等内容，与各司法辖区开展了广泛的执法合作，包括百威英博收购南非米勒并购案、陶氏和杜邦并购案等多个附条件审批的并购案，都是各司法辖区合作协调的结果，尤其是商务部于 2017 年审查的陶氏和杜邦并购案被欧盟称为是"双边竞争合作的典范"。[2]

然而，整体而言，我国签署的双边反垄断合作协定并不多，尤其在跨国并购的反垄断审查领域的双边合作协定数量更少，且合作对象主要为发达国家。从前述我国与美国、欧盟的双边执法合作的实践中可以看出，我国现阶段在跨国并购反垄断领域的双边执法合作存在以下几个问题：

一方面，我国反垄断执法机构开展国际合作的经验仍然欠缺，对待企业并购反垄断领域的执法合作的态度更为谨慎。以中国与美国、欧盟之间开展的双边合作为例，作为世界上最具有代表性的三个反垄断司法辖区，在美国与欧盟之间的双边执法合作已日臻成熟且全面的积极性的合作的基础上，我国分别与美国、欧盟达成的谅解备忘录与个案合作指引均只有寥寥几个条文，从内容上看更为简略和粗糙，属于框架性的合作意向；同时，在通知与沟通、合作与协商、信息交换等具体的合作方式方面的约定也处于起步阶段，远未达到全面合作或积极合作的水平。虽然中欧、中韩之间的合作备忘录已经涉及了必要时协调双方执法活动的内容，但由于商务部并不是签署主体，所以并不适用于跨国并购反垄断规制的双边执法合作。商务部作为 2018 年机构改

---

〔1〕 参见《第 10 次中欧竞争政策对话在北京举行》，载中华人民共和国中央人民政府网站，http://www.gov.cn/xinwen/2015-10/16/content_2947818.htm，最后访问日期：2019 年 3 月 9 日。

〔2〕 参见 2017 年商务工作年终综述之九：《贯彻新发展理念 扎实做好新时代反垄断工作》，载中华人民共和国中央人民政府网站，http://www.gov.cn/xinwen/2018-01/09/content_5254852.htm，最后访问日期：2019 年 3 月 9 日。

革前的企业并购的反垄断主管部门，其对外签署双边合作备忘的数量明显少于国家发展和改革委员会与国家工商行政管理总局，也很少涉及信息交换的内容，反映了我国反垄断执法机构基于国家战略利益出发，对于跨国并购反垄断执法领域的合作持谨慎态度。

另一方面，双边合作的内容均未涉及国际礼让的内容。诚如本书第五章所述，无论是积极礼让还是消极礼让，其在反垄断的执法合作中均具有重要的实践与现实意义。然而，从我国当前签署的双边合作谅解备忘录来看，其均未体现国际礼让的内容。其中一个重要原因在于，在我国的当前阶段，无论是理论界还是实务界，对于国际礼让的相关研究与实践都尚不成熟，在反垄断立法层面也未对其予以明确确认，在这一背景下，由于对反垄断执法合作领域的国际礼让的考虑涉及国家主权和国家战略利益等重大问题，反垄断执法机构不宜也无法将其纳入双边合作的范畴之中，也由此决定了我国当前阶段开展的双边合作只能停留在初级探索阶段。

此外，除《中美合作备忘录》外，其他的双边反垄断合作基本上都是由三家反垄断执法机构在其管辖范围内分别对外开展，对于企业跨国并购的反垄断执法合作由商务部对外独立签署相关执行合作协定，双边合作工作从整体上缺乏协调性。这是由我国长久以来反垄断执法管辖权由国家发展和改革委员会、商务部和国家工商行政管理总局分别行使的历史环境决定的。因此，在 2018 年机构改革后，对于整合了原三家反垄断执法机构职责的国家市场监督管理总局而言，如何在原有双边合作框架的基础上继续深入持续地开展反垄断双边合作，也将是这个新生的反垄断执法机构所面临的一个重要课题。

（二）我国参与跨国并购反垄断多边合作之现状评析

在区域一体化经济合作已经成为当今世界另一主要趋势的背景下，欧盟作为当今世界一体化程度最高的区域性组织，其在反垄断区域性多边合作，尤其是跨国并购反垄断审查方面的合作模式，以管辖权的让渡为基础，较好地处理了欧委会与成员国反垄断执法机构之间的关系。北美自由贸易区的 NAFTA 虽然内容广泛，竞争政策亦是其重要内容之一，但完全从属于美国反托拉斯法以及美国分别与加拿大、墨西哥之间签署的双边反垄断执法协定；最新的 USMCA 在竞争政策的国际执法合作方面取得了重大进展，体现了国际

　　在全球性多边合作方面，我国一方面应加强与 OECD 及 ICN 等全球性国际经济组织的合作与沟通，吸收其在跨国并购反垄断多边执法合作方面的先进理论经验；另一方面，显然当前在 WTO 框架下建立全球统一的反垄断执法规则并不现实，但鉴于反垄断规制多边合作对于解决全球竞争领域的冲突与矛盾具有重大的理论与现实意义，国际社会并不会停止对于竞争政策的多边合作机制的探索以及多边合作谈判，因此，WTO 框架下的多边竞争规则多边谈判的重启仍可期待。有鉴于此，我国也应积极对相关问题展开研究，尽早表明态度和立场，争取在多边规则的制定中获得更多的话语权；待多边竞争规则的谈判重启时，积极参加并推动相关谈判，并站在发展中国家的角度，在承认各成员政治、经济发展水平与经济体制多样化的基础上，强调全球性多边竞争规则的制定应体现对发展中国家的特别考虑和差别待遇，降低发展中国家的市场进入门槛，改革反倾销等措施以防其对发展中国家的滥用，以维护我国利益。

参考文献

一、中文部分

（一）著作及编著类

1. ［英］詹宁斯·瓦茨修订：《奥本海国际法》（第 1 卷·第 1 分册），王铁崖、陈公绰、汤宗舜、周仁译，中国大百科全书出版社 1995 年版。

2. 周忠海主编：《国际法》（第 2 版），中国政法大学出版社 2013 年版。

3. 马呈元：《国际刑法论》（增订版），中国政法大学出版社 2013 年版。

4. 王晓晔：《反垄断法》，法律出版社 2011 年版。

5. 卫新江：《欧盟、美国企业合并反垄断规制比较研究》，北京大学出版社 2005 年版。

6. ［美］W. 基普·维斯库斯、小约瑟夫·E. 哈林顿、约翰·M. 弗农：《反垄断与管制经济学》（第 4 版），陈甬军、覃福晓等译，中国人民大学出版社 2010 年版。

7. ［美］乔治·J. 施蒂格勒：《产业组织和政府管制》，潘振民译，上海三联书店 1989 年版。

8. ［美］戴维·格伯尔：《全球竞争：法律、市场和全球化》，陈若鸿译，中国法制出版社 2012 年版。

9. 漆彤：《跨国并购的法律规制》，武汉大学出版社 2006 年版。

10. 刘和平：《欧盟并购控制法律制度研究》，北京大学出版社 2006 年版。

11. ［美］戴维·J. 格伯尔：《二十世纪欧洲的法律与竞争》，冯克利、魏志梅译，冯克利、冯兴元统校，中国社会科学出版社 2004 年版。

12. 李国海：《英国竞争法研究》，法律出版社 2008 年版。

13. 戴龙：《反垄断法域外适用制度》，中国人民大学出版社 2015 年版。

7. ［德］约瑟夫·德雷斯:《德国卡特尔法的欧洲化和经济化》，王卫东译，载《中德法学论坛》第 4 辑。

8. 王健:《2002 年英国〈企业法〉与英国竞争法的新发展》，载《环球法律评论》2005 年第 2 期。

9. 戴龙:《日本反垄断法实施中的竞争政策和产业政策》，载《环球法律评论》2009 年第 3 期。

10. 杨荣:《日本企业合并政策与产业政策协调关系的变迁》，载《世界经济与政治论坛》2005 年第 5 期。

11. ［日］神作裕之:《日本公司法中的公司分立制度》，朱大明译，载《清华法学》2015 年第 5 期。

12. 陈小燕:《反垄断法域外适用的二元观与我国立法的完善——以"效果原则"为限》，载《湖南社会科学》2014 年第 5 期。

13. 谢晓彬:《外资并购反垄断规制的国际协调》，载《法律科学》2011 年第 6 期。

14. 张瑞萍:《反垄断国际合作中的积极礼让原则分析》，载《环球法律评论》2006 年第 2 期。

15. 漆彤:《竞争政策区域合作机制探析——以 APEC、NAFTA 和 EU 为例》，载《武大国际法评论》2007 年第 1 期。

16. 胡甲庆:《美国合并反垄断分析的晚近发展——以美国 2010 年〈横向合并指南〉为中心的考察》，载《中国社会科学院研究生院学报》2012 年第 5 期。

17. 刘英国:《由"支配地位"到"严重阻碍有效竞争"——欧盟企业合并控制法的实体标准改革评析》，载《辽宁大学学报（哲学社会科学版）》2008 年第 2 期。

18. 王晓晔:《市场界定在反垄断并购审查中的地位和作用》，载《中外法学》2018 年第 5 期。

19. 戴龙:《反垄断法中的相关市场界定及我国的取向》，载《北京工商大学学报（社会科学版）》2012 年第 1 期。

20. 应品广:《论我国经营者集中反垄断审查标准的选择》，载《经济法论丛》

2013 年第 2 期。

21. 韩春霖:《横向并购反垄断审查中的效率与反竞争效应权衡》,载《经济与管理研究》2017 年第 6 期。

22. 张世明、马立国:《更为经济的方法:欧盟经营者集中控制实体标准论衡》,载《内蒙古师范大学学报(哲学社会科学版)》2017 年第 5 期。

23. 游钰:《反垄断法价值论》,载《法制与社会发展》1998 年第 6 期。

24. 兰磊:《反垄断法唯效率论质疑》,载《华东政法大学学报》2014 年第 4 期。

25. 王艳:《论反垄断法的价值目标冲突及协调》,载《政法论丛》2015 年第 3 期。

26. 叶卫平:《反垄断法的价值构造》,载《中国法学》2012 年第 3 期。

27. 林航:《经营者集中反垄断审查的国际合作》,载《中国市场监督研究》2018 年第 9 期。

(三) 网址及其他

1. 王晓晔:《德国控制企业合并的立法与实践》,载中国法学网,https://www.iolaw.org.cn/showArticle.aspx? id=1036.

2. 王先林:《我国〈反垄断法〉实施成效与完善方向——写在〈反垄断法〉实施十周年之际》,载《中国工商报》2018 年 8 月 9 日,第 6 版。

3. 《日本向必拓发出最后通牒,要求限期提供申报材料》,载商务部反垄断局网站,http://fldj.mofcom.gov.cn/article/i/200812/20081205935577.shtml.

4. 中华人民共和国商务部公告 2014 年第 46 号,《商务部关于禁止马士基、地中海航运、达飞设立网络中心经营者集中反垄断审查决定的公告》,载商务部网站,http://fldj.mofcom.gov.cn/article/ztxx/201406/20140600628586.shtml.

5. 中华人民共和国商务部公告 2009 年第 22 号,《商务部关于禁止可口可乐公司收购中国汇源公司审查决定的公告》,载商务部网站,http://www.mofcom.gov.cn/aarticle/b/c/200903/20090306108617.html.

6. 国家市场监管总局:《提高经营者集中案件的审查效率》,载中华人民共和国中央人民政府网站,http://www.gov.cn/xinwen/2018-11/16/content_5341118.htm.

7. 《中美共同签署反托拉斯和反垄断合作谅解备忘录》，载中华人民共和国中央人民政府网站，http：//www. gov. cn/gzdt/2011-07/27/content_1914969. htm.

8. 《中美就反垄断政策和执法工作进展情况举行会谈》，载中华人民共和国中央人民政府网站，http：//www. gov. cn/jrzg/2011 - 11/30/content_2006541. htm.

9. 《工商总局与欧盟委员会竞争总司签署反垄断备忘录》，载中华人民共和国中央人民政府网站，http：//www. gov. cn/gzdt/2012-10/22/content_2248733. htm.

10. 《第10次中欧竞争政策对话在北京举行》，载中华人民共和国中央人民政府网站，http：//www. gov. cn/xinwen/2015-10/16/content_2947818. htm。

11. 2017 年商务工作年终综述之九：《贯彻新发展理念 扎实做好新时代反垄断工作》，载中华人民共和国中央人民政府网站，http：//www. gov. cn/xinwen/2018-01/09/content_5254852. htm.

二、外文部分

（一）专著与期刊类

1. Eric Nerep, *Extraterrestrial Control of Competition under International Law：With the Special Regard to Antitrust Law*, PA Norstedt & Soners Forlag Stockholm, 1983.

2. Richard A. Epstein and Michael S. Greve, *Competition Laws in Conflict：Antitrust Jurisdiction in the Global Economy*, Aei Press, 2004.

3. Martyn D. Taylor, *International Competition Law：A New Dimension for the WTO?*, Cambridge University Press, 2006.

4. Maher M. Dabbah, *International and Comparative Competition Law*, Cambridge University Press, 2010.

5. Chris Noonan, *The Emerging Principles of International Competition Law*, Oxford University Press, 2008.

6. Einer Elhauge & Damien Geradin, *Global Competition Law and Economic*, Hart Publishing, 2007.

7. William C. Holmes & Dawn E. Holmes, *Antitrust Law Sourcebook*, *for the United States and Europe*, 2000.

8. J. Atwood and K. Brewster, *Antitrust and American Business Abroad*, New York Mc Graw Hill, 1981.

9. *Law Concerning the Communication of Document on Information of an Economic*, *Commercial*, *Industrial*, *Financial or Technical Nature to Foreign Individuals or Legal Persons*, reprinted in A. V. Lowe ed. , Extraterrestrial Jurisdiction, Llandysul Grotius, 1983.

10. Frank L. Fine, *Mergers and Joint Ventures in Europe: The Law and Policy of the EEC* 6, 2nd ed. , Graham & Trotman, 1994.

11. Bruno Zanettin, *Cooperation Between Antitrust Agencies at the International Level*, Hart Publishing, 2002.

12. Joseph P. Griffin, "Antitrust Aspects of Cross – Border Mergers and Acquisitions", *European Competition Law Review*, 1998.

13. Anu Bradford, "Assessing Theories of Global Governance: A Case Study of International Antitrust Regulation (2003) ", *Stanford Journal of International Law*, Vol. 39: 207, 2003.

14. Debra A. Valentine, "Building A Cooperative Framework Oversight in Mergers: The Answer to Extraterritorial Issues in Mergers Review", *Geo. Mason L. Rev.* 10, 1997.

15. Mario Monti, "The Commission Notice on Merger Remedies – One Year after, CERNA, Paris", January 18, 2002 (Commission Press Release SPEECH/02/10 of January 18, 2002).

16. Eleanor Fox, "Trade, Competition, and Intellectual Property—TRIPS and Its Antitrust Counterparts", 29 *V. and J. Transnat'l L.* 481, 1996.

17. Robert H. Bork, *The Antitrust Paradox: A Policy at War with itself*, Basic Books, Inc. Publishers, 1978.

18. Vijay SV Selvam, "The EC Merger Control Impasse: Is There a Solution to this Predicament?", *European Competition Law Review*, Vol. 25, No. 1, 2004.

19. Aparna Viswanathan, "From Buyer Beware to the Confident Consumer: Does Enterprise Act Create a World Class Competition Regime", *International Company and Commercial Law Review*, 2003.

20. Herbert Hovenkamp, *Economics and Federal Antitrust Law*, West Group, 1985.

21. David Banks, "Non-Competition Factors and their Future Relevance under European Merger Law", Analysis section 3, *European Competition Law Review*, 1997.

22. Dodge, William S., "International Comity in American Law", 115 *Columbia Law Review*, 2015, pp. 2120-2124.

（二）判例类

1. S. S. Lotus (France v. Turkey), 1927 P. C. I. J. (ser. A) No. 10 (Sept. 7).

2. American Banana Co. v. United Fruit Co., 213 U. S. 347 (1909).

3. United States v. Aluminum Co. of America, et al., 148F. 2d 416, 443 (2d Cir. 1945).

4. United States v. Bowman, 260 U. S. 94 (1922).

5. Blackmer v. United States, 284 U. S. 421 (1932).

6. Strassheim v. Daily, 221 U. S. 280 (1911).

7. Lamar v. United States, 240 U. S. 60 (1916).

8. Ford v. United States, 273 U. S. 593 (1927).

9. Thomsen v. Cayser, 243 U. S. 66 (1916).

10. United States v. Nord Deutscher Lloyd, 223 U. S. 512 (1912).

11. Timberlane Lumber Co., et al. v. Bank of America Corp. et al., 549 F. 2d 597 (9th Cir. 1976).

12. Mannington Mills, Inc., v. Congoleum Corp., 595 F 2d 1287, 1290ff. (3rd Cir. 1979).

13. Timberlane Lumber Co., et al. v. Bank of America Corp. et al., 749 F. 2d 1379 (9th Cir. 1984).

14. Animal Science Products, Inc. et al. v. Hebei Welcome Pharmaceutical Co., Ltd., et al. 585 U. S. (2018).

15. Timberlane Lumber Co., et al. v. Bank of America Corp. et al., 472 U. S. 1032. (2d ed. 1985).

16. Brown Shoe Co. v. United States, 370 U. S. (1962).

17. United States v. Philadelphia Nation Bank, 374 U. S. 321 (1963).

18. United States v. E. I. du Pont de Nemours & Co., 351 U. S. (1956).

19. Malaney v. UAL Corp., Case No. 3：10-CV-02858-RS, 2010 (N. D. Cal. Sep. 27, 2010).

20. United States v. Laboratory Corp. of America, No. SACV 10-1873AG (ML-Gx), 2011 (C. D. Cal. Fed. 22, 2011).

21. Hartford Fire Insurance Co. et al. v. California et al. 509 U. S. 764 (1993).

22. F. Hoffmann-La Roche LTD. et. al. v. Empagran S. A. et al., 542 U. S. 155 (2004).

23. Imperial Chemical Industries Ltd. v. Commission, case 48, 57/69 (1972), ECR 619, CMLR 557.

24. Commercial Solvents Corporation v. Commission [1974] ECR 215, 288.

25. Beguelin Import v. G. L. Import Export C-22/71, [1971] ECR. 949.

26. Ahlström v. Commission C-89/85, [1994] DEP.

27. Europemballage Corporation and Continental Can Co. Inc. v. Commission, Case 6/72, [1973] ECR. 215；[1973] C. M. L. R. 199.

28. JCSAT/SAJAC, Case IV/M. 346, June 30, 1993.

29. French Republic v. Commission, Case C-327/91, [1994] ECR1-3641.

30. Gencor v. Commission, Case T - 102/96 [1999] ECR II -753.

31. General Electric / Honeywell v. Commission, Case No. Comp / M. 2220, 2001.

32. Boeing / McDonnel Douglas v. Commission, Case IV / M. 877, 1997.

33. United Brands Company v. Commission, Case 26/76, (1978) ECR 207.

34. Hoffmann-La Roche & Co AG v. Commission, Case 85/76, (1979) ECR 461.

35. Nestle / Perrier, Case IV/M 190, (1992), OJL356/1.

36. Mannesmann / Vallourec / Ilva. Case No. IV/M. 315-(EEC) No. 4064/89.

后　记

　　2020年注定是将被载入史册的一年。年初爆发的新冠肺炎疫情短期内席卷全世界，整个社会陷入"大封锁"状态，全球经济停摆，国际货币基金组织（IMF）预测称，世界经济正面临大萧条以来最严重的衰退。人们被迫困在家里，重新审视那些此前因走得太快而来不及深思的问题。而我也在这被困家中的几个月里，完成了本书最后的修改和整理工作。

　　本书系在我的博士论文基础上进一步整理和完善而来，从选题、构思、开题，到撰写、修改、答辩，再到修订、完善直至付梓，历时三四余年。在这期间，国际形势已然风云变幻：从英国脱欧、美国退出TPP、WTO上诉机构停摆，逆全球化浪潮暗流汹涌；到中美贸易战升级、美国长臂管辖权扩张，民粹主义与贸易保护主义再次抬头；再到2020年新冠疫情全球爆发，中美关系愈发紧张，全球产业格局的变革也如箭在弦上。在这一背景下，中国企业的海外并购之路更加水深浪急，对于并购反垄断规制的域外适用及其国际合作的研究之重要性也日益突显。然而多年的实务工作经验也使我深知，理论的研究始终会滞后于实践的发展，且囿于时间、精力以及经验的差距，本书的撰写虽然已是站在前人的肩膀之上，但无疑也只能窥见这一领域的冰山一角。即将付梓之际，我亦诚惶诚恐。

　　工作多年之后再重回校园，四年的读博时光令我倍感珍惜。十分感谢我的导师马呈元教授。本书的成文，大到选题、框架，小到文字表述、注释修辞，都离不开恩师细致入微的指导与点拨。他以博学和睿智启发着我对于相关问题的思考，以严谨不苟的精神影响了我的治学态度，并为我们搭建了诸多的学术交流平台，提供了丰富的研究资源。博士四年，正是恩师在学业上的悉心教诲、严格要求，在生活上的时时关怀帮助，并且对我的工作给予了最大的理解和支持，我才得以顺利完成学业。恩师谦逊睿智的人格魅力、一丝不苟的治学风范也将使我受益终身。

感谢戴龙教授在论文撰写前期对于本书的构思、结构和观点等方面给予的指导和探讨。感谢高健军教授、史晓丽教授、朱利江教授、车丕照教授、赵建文教授在论文答辩阶段给予我的启发与建议。本书也引证了许多学者的观点，在此一并表示感谢。

感谢我的同学张蕾蕾、卜令强、齐宸在校期间为支持我安心工作、专心论文，协助我处理学校的各项事宜。感谢我的好友孟夏和朱瑞雪在我撰写论文的冲刺阶段，牺牲休息时间帮我校对、订正文稿。还要感谢时任中合共赢资产管理有限公司的总经理董帆先生、副总经理陈健先生两位领导，在工作期间对于我读书、写论文给予了极大的理解和支持。他们的支持和关怀，一直是我顺利完成学业的强大助力。

最后，要特别感谢我的家人。我的爱人董飞，在我为撰写博士论文而挑灯夜战期间，他在另一张书桌前帮我校对文稿、订正引注、整理资料直至深夜，并承包了一切家务提供后勤支持，以致推迟了自己的论文答辩期限。父母亲人无条件的包容与关爱，在任何时候都支持我心无旁骛地完成论文。求学多年，亲人始终是我最温暖也最坚实的依靠。

时至初夏，虽然国外疫情形势依旧严峻，但国内的抗疫工作已经取得了阶段性的胜利。没有一个冬天是不可逾越的。此时，窗外已然生机勃勃。

2020 年 5 月 28 日